U0112593

施爱东 著

中国龙的发明

近现代中国形象的
域外变迁

九州出版社
JIUZHOUPRESS

图书在版编目（CIP）数据

中国龙的发明：近现代中国形象的域外变迁 / 施爱
东著. -- 北京：九州出版社, 2024.4（2024.4重印）

ISBN 978-7-5225-2602-7

Ⅰ.①中… Ⅱ.①施… Ⅲ.①龙—图腾—文化研究—
中国 Ⅳ.①B933

中国国家版本馆CIP数据核字(2024)第040177号

中国龙的发明：近现代中国形象的域外变迁

作　　者	施爱东 著	
责任编辑	张艳玲	
出版发行	九州出版社	
地　　址	北京市西城区阜外大街甲35号（100037）	
发行电话	（010）68992190/3/5/6	
网　　址	www.jiuzhoupress.com	
印　　刷	天津裕同印刷有限公司	
开　　本	889 毫米×1194 毫米　　　32 开	
印　　张	12	
字　　数	257 千字	
版　　次	2024 年 4 月第 1 版	
印　　次	2024 年 4 月第 2 次印刷	
书　　号	ISBN 978-7-5225-2602-7	
定　　价	99.80元	

目 录

中国龙的
发明

一、龙的阶级属性与国族属性

中华民族都是"龙的传人",这一理念早已深入人心。中央电视台自有"春节联欢晚会"以来,几乎每一个龙年,主持人都会毫无悬念地说出"龙是中华民族的图腾"这样的闪光金句,巨龙也会毫无悬念地翻腾在晚会舞台上,歌手也会毫无悬念地高歌《龙的传人》:"古老的东方有一条龙,它的名字就叫中国。古老的东方有一群人,他们全都是龙的传人。"

岁月轮回,我们迎来了又一个新的龙年。如今的中华民族,正意气风发、昂首挺胸地对着西方世界说"不",各大媒体一定会反复演绎和宣传"飞龙在天"的自豪感。龙,既是我们的身份自信,也是我们的文化自信。

可是我们要知道,龙虽然是古老的,但是"古老东方"这个概念恰恰是现代的,甚至"民族国家""图腾"之类,都不是源自中国本土的概念,而是西方视角的文化概念。将龙视作民族国家的象征符号，在龙前冠以"中国"二字，也是很晚近的事。

龙，从来就不与普罗大众一个阶级。自有龙史以来，虽然龙观念一直变动不居，但龙纹始终是庙堂身份的标志。皇帝称真龙天子，帝王世家称龙族，能使用龙纹是尊贵身份的象征。元代更是从制度上确立了龙与帝王世系的排他关系。忽必烈至元七年（1270年），刑部议定，除了官办缎匹外，民间不许织造有日、月、龙、凤图案的布匹，"如有违犯之人，所在官司究治施行"（《大元圣政国朝典章》）。明清两代相沿成习，严厉禁止下官百姓僭用龙纹。17世纪的俄国使臣尼古拉（Nicolae Spataru Milescu，1636—1708年）也说："皇族以外，任何人都不敢使用黄色和五爪飞龙，如发现有谁使用，即处以极刑。"（《中国漫记》）

中国龙——作为民族国家象征的龙，或者泛指所有中国人的龙，对于20世纪之前的中国人来说是不可思议的，这种乱伦悖礼的僭越概念不可能从中国文化的土壤中自然生长出来。用龙来作为整个国家的象征符号，只有在需要区分国别的语境当中，才能体现其实际功能，也就是说，中国龙这个概念只有在中外文化的碰撞和交流当中，才有可能被生产出来。

由帝王龙向中国龙的转换，其实是龙的阶级属性向国族属性的转换。闻一多说："数千年来我们自称为'华夏'，历代帝王都说是龙的化身，而以龙为其符应，他们的旗章，宫室，舆服，器用，一切都刻画着龙文。总之，龙是我们立国的象征。直到民国成立，随着帝制的消亡，这观念才被放弃。然而说放弃，实地里并未放弃。正如政体是民主代替了君主，从前作为帝王象征的龙，现在变为每个中国人的象征了。"（《伏羲考》）这段话只用了寥寥一百余字，就完成了龙在"民族象征—帝王象征—国家象征—每个中国人的象征"四者之间的角色转换，令人不得不感叹其诗性语言的巨大魅力。可是，闻一多并未阐述这些转换的具体因由。现在需要我们解决的问题是，中国龙是在何时、由何人、如何生产出来的，龙又是如何从帝王专属过渡到全民共享的。

二、知识分子的天下观与国家观

明嘉靖二十八年（1549年），葡萄牙冒险家伯来拉（Galeote Pereira）的走私商船在厦门附近一个深水港湾被中国官方查获，伯来拉因此被投入中国监狱，直到1552年获释，其间他与中国囚犯有过密切的交流。伯来拉感到特别奇怪的是，中国人居然不知道自己是中国人。他说：我们习惯把这个国家叫作China，把百姓叫作Chins，可是，当问起中国人为什么叫这个名称时，他们却说，"没有这个名字，从来都没有过"。伯来拉非常好奇，接着又问："你们整个国家叫什么名字？如果有别的民族问你们是哪国人，你们怎样回答？"中国人认为这是个很奇怪的问题，他们给出的最终答案是："古代有很多国王，尽管现在都归一个统治，每个国仍拥有它最初的名字，这些国就是……省。……国家现在叫做大明（Tamen），居民叫做大明人（Tamenjins）。"（《十六世纪中国南部行纪》）

顾炎武说的"天下兴亡，匹夫有责"，是善恶价值的兴衰问题，他的原句是："保国者，其君其臣，肉食者谋之；保天下者，匹夫之贱，与有责焉耳矣。"经过近现代知识分子改装后的"国家兴亡，匹夫有责"，则转换成了国家政权的存亡问题。政权存亡意味着什么？《日知录》说："易姓改号，谓之亡国。"国是一家一姓之国，不是全民之国。自古以来，文人士大夫效忠的只是当朝天子，孔尚任在《桃花扇》中借史可法之口，点出所谓的亡国之痛不过是"吴头楚尾路三千，尽归别姓"。

自有中国史以来，除了南北对峙的宋代曾有短暂的邻国或敌国观念，大多数太平时期，在普通中国人的观念中，基本没有空间维度上的国家观，而只有混沌的天下观，以及时间维度上的朝代观。他们声称自己是大明人或大清人，是为了区别古代的大宋人或大唐人，而不是邻国的日本人或朝鲜人。在他们看来，华夷关系只是中心与边缘的从属关系，而不是国与国的并列关系，所以列文森（Joseph R. Levenson，1920—1969 年）说："近代中国思想史的大部分时期，是一个使'天下'成为'国家'的过程。"（《儒教中国及其现代命运》）

有学者专门对《筹办夷务始末》中的清代外交文献进行统计，发现在道光十七年（1837 年）之前，文献中一般自称"天朝"，极少称"中国"。鸦片战争之后，"天朝"的使用频率急剧衰减，"中国"的使用频率迅速上升，同时，在对英国的照会中，开始以"大清国"自称。至光绪年间，"大清国"和"中国"已经取代"天朝"成为正式外交词汇（《清季近代国家观念之构筑及其在边疆地区的适用》）。由时间维度"朝"向空间维度"国"的转换，是被迫无奈之举。"天朝"被"夷人"从天射落，降成凡间的"大清国"（同期日本文献只称"清国"），虽然还扭捏着放不下一个"大"字，但毕竟是以国与国的姿态对待"西洋国"了。

那什么是"中国"呢？北宋石介说："居天地之中者曰中国，居天地之偏者曰四夷，四夷外也，中国内也。"（《中国论》）这是中国人自己的解释，西方人当然不以为然。中国对应的英文是China，而不是 Central Kingdom，丝毫没有"天地之中者"的意思，日本译名"支那"也没这层意思。

"民族国家"的观念，是在反复遭受外族凌辱，帝国没落之后兴起的新观念。近代启蒙知识分子如梁启超之流，一直在试图廓清"国家"的观念："而国家者，政治之所自出也，故欲知宪政之为何物，必当先知国家之为何物。"（《宪政浅说》）康、梁之外，严复、陈独秀等一大批晚清知识分子，都曾著书立说，纷纷阐释何为国家。

作为民族国家的中国，也即现代意义上的中国，是由晚清知识分子重新发明的新概念，它不再是那个独居天地之中央，由一家一姓所主宰的溥天之下的王土，而是由全体国民共同拥有的现代国家。"中国"是一个被近代知识分子重新包装后的一体化新概念，"中"与"国"已经没有分拆阐释的价值，"中"字不再具有独立于国而存在的"天地之中"的意义。

三、中国龙纹的皇权属性

早在 16 世纪之前，就有一些欧洲传教士和冒险家来到中国，他们虽然没有见到真龙，但总有机会见到龙纹。因为这是一种纯粹想象的纹章，他们很难在欧洲文化中找到一种对应物，所以取其形似，一般写作"蛇"（Serpientes）。而且他们从一开始接触龙纹就被清楚地告知，这是"皇帝的纹章"（门多萨《中华大帝国史》）。这些被视作"蛇形"的龙纹图样，至迟在16世纪就已经传入欧洲，而且常常被人们当作珍贵的礼品奉献给教堂以作装饰之用。

最早将中国人的龙观念介绍给欧洲的，是意大利耶稣会士利玛窦（Matteo Ricci，1552—1610年）。这些介绍集中体现于金尼阁（Nicolas Trigault，1577—1628年）整理出版的《基督教远征中国史》（1615年）。利玛窦在手稿中一般将龙写作Dragoni，有时写作Dragone。1616年，金尼阁的侄子小金尼阁（D. F. de Riquebourg-Trigault）将此书译成法文时，一律将龙译作Dragon，这大概是中国"龙"与西方"Dragon"的第一次完整对译。

利玛窦之后，接踵而来的欧洲传教士全都自觉地将龙译作Dragon。作为旁观者，他们对于中国人的龙崇拜有着比中国士大夫清醒得多的认识，中国人常常为了龙的真假问题与他们展开辩论。中国人普遍认为龙是天上实有之神物，欧洲人则普遍持否定态度。基歇尔（Athanasius Kircher，1602—1680年）在《中国图说》中甚至毫不客气地指出："皇帝的服装以龙凤和许多贵重的珍珠宝石作为装饰品，这种着装的方式旨在引起他的臣民的敬畏感。"这话说得直白点，可以直接译成"龙凤是中国皇帝用来吓唬老百姓的装饰图案"。

明末清初的西人著述，总是会辟出大量篇幅介绍中国人的宗教信仰与民间迷信，但这些介绍中很少涉及龙的迷信，偶尔涉及，也多与风水信仰相关。也许是出于语言交流的障碍，他们对龙文化的介绍往往着重于龙纹，而不是龙传说。在涉及龙性质的问题上，几乎异口同声地指向中国皇帝，用安文思（Gabriel de Magalhães，1609—1677年）的话来说："中国皇帝的标记是龙，有五个爪，所以他的衣服及家具，无论用绘画还是刺绣，都必须用龙作装饰。所以，当你说龙眼，龙的眼睛，或龙衣，龙的衣裳，中国人都明白你说的是皇帝的眼睛和皇帝的服装，由此类推。"（《中国新史》）龙作为"中国皇权的象征"这一观点，几乎是明末清初所有来华传教士笔下的共识。

虽然这些传教士都是偶像崇拜的反对者，有时也对这条龙小加揶揄，但他们都客观地报道了龙在中国的地位以及龙纹的使用状况，并未刻意将龙丑化为海怪或妖魔，相反，这些传教士笔下的龙纹总是与皇家气派相伴出现。这样的介绍让那些本来就醉心于东方神秘文化的浪漫贵族心驰神往，中国皇帝御用的龙凤纹章大受青睐。17世纪，"巴黎、都尔及里昂的制造商，欲迎合国人的嗜好，仿制中国的以龙为图案的丝织衣料，有些仿制品是极其精致的"（利奇温《十八世纪中国与欧洲文化的接触》）。18世纪的欧洲贵族阶层，更是掀起了一股"龙旋风"，一些高端贵族甚至模仿中国园林风格建造"龙居""龙泉"一类的私家园林，过足了中国皇帝瘾。

欧洲本土龙多是海怪之类的恶魔，而来自中国的龙却是皇帝的纹章，两种略微形似的动物共用了一个名字叫Dragon。为了区别此龙与彼龙，欧洲人往往在Dragon前面加上一个限定词China或者Chinese，这大概是"中国龙"的最早源头。

四、龙纹作为一种符号资本

西方人看中国，颇有走马观花、旁观者清的好处，往往能撇开枝节直取本质，耶稣会传教士很早就注意到"皇帝—龙—天"三者之间的微妙关系。中国皇帝是天之骄子，需要依据天命来行使其神圣职权，因此，垄断了沟通天地的龙，也就等于垄断了"奉天承运"的神圣权力，"不但皇帝的服饰上绣有龙，在金银器皿上、屋顶上，以及室内的一切皇帝的用具上都绘有龙"（《中国漫记》）。

龙是皇帝的通天神兽，因而也是专制皇权的符号资本，这种符号资本具有神奇的魔力。安文思不无讽刺地指出："一名无耻的盗贼，备受畏惧和憎恨，只要让他换掉服装，戴上皇冠，披上龙袍，同一个人明天就受到全世界的爱戴尊敬，哪怕众所周知他出身贱微，但他们马上就称他为天子，天下的君主。"（《中国新史》）也正因如此，中国历史上的农民领袖或者大野心家，无不梦想着龙袍加身。

身处中国的西方人很容易看到也很容易理解龙与皇帝之间的"象征关系"，但是，对于那些并未亲历中国，却又喜欢谈论中国的人来说，要说清楚这层象征关系就有点麻烦，他们很自然地会从欧洲的既有图式中寻找一种便于理解的、对应的关系模式来加以解释。法国神父杜赫德（Jean-Baptiste Du Halde，1674—1743 年）就是这样一位著名的汉学大家，他从未到过中国，却在他那部著名的《中华帝国全志》中断言："飞龙形象完全是综合多种地上生物设计而成，还有其他一些古代钱币上也铸着龙的形象，龙无疑是中国人的国家象征（the Symbol of the Chinese Nation），正如鹰之于罗马。"

正因为杜赫德心中已经先有了"鹰与罗马"的既有图式，他才会武断地将"龙与中国"的关系简单地比附成"正如鹰之于罗马"。这种借助既有图式的简单比附很容易为欧洲人所理解和接受。《中华帝国全志》是18世纪欧洲人的中国知识总汇，也是一部具有持久影响力的经典名著。"龙是中国人的国家象征"的观念自此开始扩散。

将皇帝或者国王的纹章视作国家象征，无论对欧洲人还是对中国人来说，都是很容易理解的。路易十四的名言"朕即国家"，用《诗经》的语言即可译作"溥天之下，莫非王土；率土之滨，莫非王臣"。所以说，欧洲人将龙视作中国的国家象征，也是顺理成章的事。问题在于闻一多的后一个命题，从前作为帝王象征的龙，如何能够变为每个中国人的象征？

五、被西方媒体刻意丑化的龙形象

从18世纪的西方旅行家和传教士笔下，我们可以看到，现实中国守旧、腐朽的衰败景象，已经逐渐取代了中国地大物博、富足强大的传统印象。1847年之后，著名的"六不"总督、笃信道教的叶名琛主政广东，采取了一系列不可思议的"无为"措施来应对西方人的各种要求、抗议和侵犯，在欧洲赢得了巨大的古怪声名，1860年的伦敦漫画杂志干脆将他丑化成一条色厉内荏的恶龙。自此以后，英国漫画中的中国龙形象开始游离于中国皇帝的龙躯之外，既可以用来代表整个国家，也可以加身于肥胖而丑陋的"满大人"（Mandarin）。

第二次鸦片战争之后的西方辱华漫画，无论龙形如何千变万化，但"丑怪"的基本特征却是一致的，多数都会在龙头上竖起一根辫子，以标示其中国特色。1862年之后，清朝龙旗不仅普遍悬挂于水师舰船上，还被海外商人用作中国商品的广告标志，广泛出现在欧洲的各种报章杂志上。原本尊荣的龙纹不再是贵族阶层专享的纹章，而是悄然变身为遥远东方的、异文化的、"野蛮社会"的文化象征。

美国漫画中以龙作为中国标识，大约始于19世纪70年代末期。由于美国华工劳动力价格低廉，导致大批美国工人丧失就业竞争力，华工因此被视作最不道德、最肮脏的异教徒。创刊于1876年的漫画杂志《黄蜂》（The Wasp），从一开始就将种族歧视的矛头指向了华人，将华人视作垄断资本的帮凶。他们最初并非将华人画作龙，而是画作猪、蝗虫、老鼠、青蛙、蝙蝠、吸血鬼等丑物。但在1879年至1882年之间，该杂志接连发表多幅以龙为题材的漫画作品，以丑陋的龙来泛指在美华人。

这些西方漫画中的中国龙，大都采用了夸张的丑化手法，虽然与中国人画出来的龙相去甚远，但是由于这些龙身上组合了大量的"中国元素"，因此能让人一望而知是象征中国的龙，比如龙头上的辫子、龙身上的大清朝服、龙爪中的鸦片烟枪等。美国漫画的中国龙，总是与鸦片、瘟疫、肮脏、阴暗等概念联系在一起，让人望而生厌。

1900年庚子事变，中国在西方媒体上的形象跌至史无前例的低点，相应的辱华漫画也增至史无前例的高点。八国联军的野蛮行径被西方媒体描绘成了文明西方对愚昧东方的伟大战争，战争的象征性意义激起了西方许多漫画家强烈的创作欲望，他们模拟"圣乔治屠龙"的经典场景，创作了一系列远征军手刃中国巨龙的漫画作品。

在一幅题为《第一要务》(见图3-32)的美国漫画中，一条身上写着"义和团"的辫子龙，正在恶狠狠地赴向"文明女神"。女神手执长矛对着中国小皇帝说："你必须杀死这条龙。如果你不干，那就由我们来。"很显然，漫画中的中国龙不仅不再是皇帝的纹章，反而成了愚昧无产者的象征物。

六、"龙游浅水"的关键时间点

虽然西方人已经将龙视作全体中国人的标志，但在中国境内，除了太平天国诸王一度夺得龙纹使用权，龙，依然牢牢地控制在清王朝的手中，与"这些奴才"没有丝毫亲缘关系。龙旗依然是普通百姓觊觎而不得染指的"圣物"。

庚子事变是龙与民众关系的一个转折点。义和团因其"扶清灭洋"的宗旨得到清王朝的暗中支持，于是得寸进尺地制作了一批做工粗糙的龙旗，打着龙旗四处招摇。时值非常时期，大清王朝也只能睁一只眼闭一只眼，默许了龙旗被流民僭用。第二年，醇亲王载沣被派往德国赔礼道歉，途经上海时，上海各商会相约高挂龙旗欢送皇亲。面对商民如此"爱国"热情，醇亲王也只得再度默许。不过，龙旗自此一挂，就没有哪家商铺愿意再将它降下来了。

在西方列强的枪炮威逼下，中国从"天朝"降格为"大清国"，龙旗从帝王专用旗降格为国旗，国旗从纯官用降格为全民共用，龙也一步步走出皇家大院，开始走进寻常百姓的生活。曾经尊贵无比的龙纹，从帝王象征过渡到每个中国人的象征，已经具备了制度上的可能性。

可就在此时，辛亥革命一声炮响，帝制覆灭了，龙也遭遇了受株连、被打倒的凄惨命运。民族主义知识分子对这条象征专制皇权的"恶龙"深恶痛绝，他们将扯落龙旗、砸碎龙椅、赶跑真龙天子视作革命胜利的象征。龙被视作愚昧和落后的象征物，成为爱国知识分子的打倒对象，而不是尊崇对象。

要将已经被打倒的龙重新扶上神坛，并不是一件容易的事。时间转向 20 世纪 30 年代，由于日本帝国主义的步步紧逼，爱国知识分子急于生产一面全民共擎的抗日大旗，遂检出一个名叫"图腾"的新概念。他们首先将图腾曲解成"原始先民的族徽"，然后试图从上古文献中为中华民族找出这个族徽。他们找来找去，既试过龙、凤，也试过狮、虎、熊、象等，甚至试过植物和非生物。图腾学者们还没来得及达成共识，抗日战争结束，找族徽的工作也就顺势搁下了。

真正让龙的命运得以逆转是在 1979 年。由于 1978 年底台湾地区与美国"断交"，顿失"国际身份"的台湾地区社会人心惶惶，急于重建身份认同的台湾大学生侯德健创作了一首悲怆的《龙的传人》，歌曲一经发表，立即唱彻台湾地区，旋即风靡整个华人世界，很快传入祖国大陆。正值改革开放雄心勃勃准备走向

图 0-1 "龙文化"是 20 世纪 80 年代以来中国文化中最热闹的话题之一

世界的中国大陆，此时也亟需一批励志故事、励志歌曲以振奋人心，《龙的传人》恰逢其时地唱出了人们久违的龙感觉。

龙旗被砍倒 70 年后，无论官方还是民间，早已淡忘了负载于龙身上的种种屈辱记忆。《龙的传人》在"龙"前加上一个"巨"字，首先赋予其雄伟的身躯和无穷的力量，再将"拿破仑睡狮论"中的"沉睡""唤醒"诸概念移植到巨龙名下，将长江、黄河，以及黑眼睛、黑头发、黄皮肤等中国意象融入巨龙名下，不仅赋予巨龙以中国符号的身份，还将每一个中国人都定义成"龙的传人"。

"龙的传人""龙族"的新命题有效地将大陆、台湾及港澳地区，以及所有的海外华人牢牢地系于一体，呼应着中华崛起、巨龙腾飞的时代要求。以民族复兴的名义，社会各界纷纷加入了龙文化的生产行列，各种与龙相关的或未必相关的信息，都被落实到了龙的名下。正如霍布斯鲍姆（Eric Hobsbawm，1917—2012年）《传统的发明》所指出的，一种新发明的"传统"，不仅需要与遥远的过去相关联，还得不断形式化、仪式化，强制性地反复灌输，直到受众麻木地接受。

学术界所做的工作，主要是从理论上论证中国人作为"龙的传人"的合法性。龙学者们翻出了20世纪40年代来不及得到图腾学界认可的闻一多的《伏羲考》，为它重塑金身，详加阐释，尊为经典，以此作为中华民族自古以来即以龙为图腾的理论依据，衍生出一大批龙文化著作。

在新的民族主义浪潮中，随着《龙的传人》一次次走进央视春节联欢晚会，随着《伏羲考》的日益经典化，龙学者们配合着公众意愿，配合着时政需求，在这个天时、地利、人和样样具备的时代，最终完成了龙就是中国、我们就是中国龙的身份建构。

第一章

帝王将相
及其权力崇拜的
"龙政治"

讨论龙文化，最直接的思路是，首先辨析龙是什么，其次讨论龙源于何时、基于何物。大多数龙文化论著，也确实是从这个角度入手来进入写作的。可是，无论有多少种关于龙的定义，也无论有多少种龙起源论，都只能是盲人摸象，这根本就是一些永远不可能有正确答案的伪问题。

要追溯龙的起源及其本义，和抓住一条龙一样困难。无论龙这个概念是由什么人、出于什么目的而创立的，几乎在这个概念被第二个人使用的同时，龙的意义就已经发生了变化，不仅当时发生了变化，而且一直在变化，直到今天依然在变化着。

一、上古"龙"是一个集合名词

上古之龙最初也许是一个专用名词，但是，早在先秦就已经被当作代词和形容词广泛使用了。许多龙学家在讨论龙的起源时，往往忽略其代词和形容词特征，一律把它当成名词来讨论，因此，许多被形容或指代的对象也就被视作了龙本身。比如《周礼》称"马八尺以上为龙"，意思是八尺以上的马被视作像龙一样神骏。可是，许多论者却据此认为：龙就是八尺以上的马，马就是龙的原型。这种逻辑有点可笑。有人将山东日照比作"东方夏威夷"，如果据此认为日照就是夏威夷的原型，那就有点滥原型论了。就算八尺以上的马真能成龙，那也不能说马是龙的原型，因为白马是马，但马不是白马。

龙的概念从其诞生以来，就一直处于不稳定状态。正因为谁也不知道如何定义龙，所以，任何条状动物，都可能被视作龙。我们甚至可以看到这样一种现象：中国文化史上一切兽头条形的工艺或生活用品，只要原物上没有明确标示名称，全都可能被释作龙。张光直先生就曾揶揄道："龙的形象如此易变而多样，金石学家对这个名称的使用也就带有很大的弹性：凡与真实动物对不上，又不能用其他神兽（如饕餮、肥遗和夔等）名称来称呼的动物，便是龙了。"（《美术、神话与祭祀》）

早在甲骨文、金文时代，龙字的用法就已经非常多样。我们从上古有关龙的叙述和图像中似乎只能看出两点比较稳定的意思：一是很有威力的神性动物；二是蜿蜒条状动物。正因如此，大自然中的条状物，大凡蛇、蟒、鱼、鲵、虫、蜥蜴、鳄，甚至虎、猪，以及非生物的星座、闪电、彩虹、山脉等，全都被不同学者分别解释成了龙的原型。

我们从《山海经》可以看到，古人喜欢借用"龙形"来说明其他怪物的形状："其神状皆鸟身而龙首"（《南山经》），"其神状皆龙身而鸟首"（《南次二经》），"其神皆龙身而人面"（《南

图1-1 甘肃出土的
"尾交首上"人面蛇身
像彩陶瓶

次三经》),"其神状皆人身龙首"(《东山经》)。这些怪物都不是龙,只是身体的某些部位有点像龙。对于那些难以理喻的事物,我们往往需要借助共同知识,也即公众熟知的事物来进行类比,加以说明,于是,人们所共知的古怪龙头及其蜿蜒的鳞甲身躯,往往被借用来形容其他怪物。这些怪物若是被画在没有文字说明的器物上,一律会被现代龙学家们释作龙,并据此证明龙的崇高地位。

一个典型的例子就是甘肃西坪出土的"鲵鱼纹"彩陶瓶(见图1-1),几乎被所有的龙学家释为早期的龙纹彩陶。可是,《海外西经》上清清楚楚地写明在穷山之际、女子国北,有一个"轩辕之国",该国国民最显著的特征是"人面蛇身,尾交首上"。然而据笔者所见,仅马昌仪将此图正确地释为"轩辕国人"(《古本山海经图说》)。

许多人在谈论中国的文化特征时,会预设一种叫作"中国文化"的文化形态均质分布在中华大地上。事实上,不仅不同地域、不同历史阶段的人群对于龙的理解不一样,甚至每一个人所想象和理解的龙都与别人不一样,同一个人在不同场合所论及的龙也不是同一性质的龙。

所以说,上古之龙,并不是特定动物的专有名词,而是所有不知名的条状神秘动物的集合名词。既然是一个集合名词，我们要具体讨论其功能特征也就非常困难。尽管许多龙学家对于龙的起源做过精细考释，可是由于上古龙形象本身的多义性和不确定性，几乎所有的考释都只能是盲人摸象。

基于龙性不可捉摸的特点，本章只能悬置对于龙的起源和意义的追究，选择从我们有可能梳理清楚的部分现象出发，讨论汉以后龙在帝王生活中的地位变迁，以及历代帝王对于龙的态度。

二、龙是天地间最重要的交通工具

出土的汉代及先秦文物中频繁出现各种龙纹，可是我们不得不指出，这些龙纹几乎全是装饰意义的。一个明显的现象是，尽管龙纹反复出现于各种祭祀用的金石器皿中，但总是作为辅助形象而出现。龙纹一般处在画面下部或边侧位，或是作为一种程式性装饰图案，少有居于主位的（见图 1-2、图 1-3）。也就是说，"它们都不会是被祭祀的对象，祭祀对象应该是更高的神"（刘志雄、杨静荣《龙与中国文化》）。这一点也可从《左传》中得到证明，比如昭公十九年，郑大水，龙斗于洧渊，国人请为禜祭，当即遭到子产拒绝，其理由是："吾无求于龙，龙亦无求于我。"（《春秋左传正义》）

检索《史记》，几乎找不到有祭龙的记载。龙之所以为神物，是因为龙与神同在，《史记·秦始皇本纪》记载博士为秦始皇占梦时提道："水神不可见，以大鱼蛟龙为候。"可见大鱼和蛟龙都只是水神的征候，而非神本身。

图 1-2 河南新郑出土的春秋蟠龙方壶，虽然
壶身和壶底各有两条龙，但一眼就能看出龙只
在其中起装饰作用，而非崇拜对象。现藏台北
历史博物馆

图 1-3 春秋时期盥洗用具铜匜，把手是一条可怜的龙。现藏中国国家博物馆

龙在上古祭祀仪式中主要是作为沟通天地的媒介、人神交通的使者或助手而出现的。韩非子说："夫龙之为虫也，可扰狎而骑也。"（《史记·老子韩非列传》）这大概也是龙最基本的巫术功能。传说中的部落首领，都是能够自由往返于天地之间的大巫师，沟通天、地、人是他们最重要的职能之一，因此，占有沟通天地的各种工具，"包括对古代仪式的用品、美术品、礼器等的独占，是获得和占取政治权力的重要基础，是财富与资源独占的重要条件"（张光直《考古学专题六讲》）。这就像当今政府规定什么级别的官员能够使用什么品牌的轿车一样，对特定品牌轿车的占用，是一种政治权力的象征。

龙就是古代王侯的红旗轿车，所以太史公一针见血地指出："天用莫如龙，地用莫如马。"（《史记·平准书》）说白了，龙就是天上的马。既然龙与马同类，当然可以交配接种："青海周回千余里，海内有小山，每冬冰合后，以良牝马置此山，至来春收之，马皆有孕，所生得驹，号为龙种，必多骏异。"（《魏书·吐谷浑传》）

上古帝王和神巫多以龙为驾。孔子告诉宰我：黄帝"乘龙扆云"；颛顼"乘龙而至四海"；帝喾"春夏乘龙，秋冬乘马"（《大戴礼记·五帝德》）。屈原《九歌》11 首，提及驾龙者多达 6 首。《史记·赵世家》也记载赵孝成王四年："王梦衣偏裻之衣，乘飞龙上天，不至而坠。"可知龙是神人遨游天地最普通的交通工具。

《山海经》提及的龙很少有独立神格，常常只是作为神的坐骑而出现："南方祝融，兽身人面，乘两龙。"（《海外南经》，见

图1-4　宋人绘《九歌》图卷局部，神人端坐于龙舆，侍者牵龙索于侧。现藏中国国家博物馆

图1-5）"西方蓐收，左耳有蛇，乘两龙。"（《海外西经》）"流沙之西，有人珥两青蛇，乘两龙，名曰夏后开。"（《大荒西经》）上古神巫不仅乘龙，而且动辄乘两龙，这大概有点像现在的某些老板，喜欢四轮驱动越野车，马力足，跑得快。

　　最离谱的是，《海外东经》说："东方勾芒，鸟身人面，乘两龙。"这位勾芒，明明自己鸟身，有翅，却还要"乘两龙"（见图1-6），这不摆明是波音飞机压迫宝马汽车吗？

　　自汉以降，乘龙的仙人（见图1-7）多得难以胜数，据葛洪《抱朴子内篇》介绍："凡乘蹻道有三法：一曰龙蹻，二曰虎蹻，三曰鹿卢蹻。"三种交通工具中，龙蹻位列第一，"或存念作五蛇六龙三牛交罡而乘之，上升四十里，名为太清"。乘龙的条件并

图 1-5　南方祝融，兽身人面，乘两龙

图 1-6　东方勾芒，鸟身人面，乘两龙

图 1-7　乘龙女仙太真王夫人

不高，只要服用黄帝九鼎神丹，就能"与天地相毕，乘云驾龙，上下太清"。

《汉武帝内传》描写西王母带着豪华车队来会汉武帝时："群仙数万……唯见王母乘紫云之辇，驾九色斑龙，别有五十天仙，侧近鸾舆。"因为驾龙的神仙比较多，王母娘娘为了凸显其座驾的超级豪华，还得挑选一些长相漂亮的"九色斑龙"。葛洪《抱朴子内篇》说到老子的导师元君的座驾，配置更是奢华："骖驾九龙十二白虎。"九和十二都是至尊数字，这大概是神仙座驾中的顶级配置了。

据太史公记载："黄帝采首山铜，铸鼎于荆山下。鼎既成，有龙垂胡髯下迎黄帝。黄帝上骑，群臣后宫从上者七十余人，龙乃上去。余小臣不得上，乃悉持龙髯。龙髯拔，堕，堕黄帝之弓。百姓仰望黄帝既上天，乃抱其弓与胡髯号。"（《史记·封禅书》）乘龙即升天，升天即远离人世，黄帝升天了，众人只能抱其弓而哭。后来人们就用龙髯、龙驭宾天、龙驭上宾等乘龙升天的意象比喻王侯之死。负载死者的灵魂升天是龙的另一项重要职能。如清太宗驾崩时，清世祖制曰："本年某月日，龙驭上宾，中外臣民，罔弗哀悼。"（《清史稿·礼志》）许多人以为龙驭宾天之龙即帝王本尊，其实不是，龙只是帝王坐骑，借用指代死者。

对权威的崇尚和学习，是人类与生俱来的本能。"夫改政移风必有其本……长安语曰：城中好高结，四方高一尺；城中好广眉，四方且半额；城中好大袖，四方全匹帛。斯言如戏，有切事实。"（《资治通鉴·肃宗孝章皇帝》）帝王神仙好骑龙，引得

图 1-8　乘龙升仙图，河南南阳出土的汉代画像石

民间风行骑龙升天。在出土的汉墓画像石、画像砖以及帛画中，常常出现墓主人乘龙或者由龙引导升天的场景（见图 1-8）。

唐宋道教经书为我们提供了理解这一现象的理论依据，也即杜光庭《太上黄箓斋仪》所说："可以驿传信命，通达玄灵者，其惟龙乎！"龙是背负亡魂飞升的天地使者。道教超度仪式的最后一个环节是引魂升天："次第引魂上登流火之庭，运化无限火龙，此乃龙负长庚瓶，各载婴儿上升。"（王契真《上清灵宝大法》）长庚瓶即魂瓶，婴儿即受炼新生的亡魂。明代《正统道藏》中，关于龙负载神仙和灵魂升天的文字比比皆是，仅"龙负长庚瓶"一词，就出现 12 次。

就像火车是地面运输最重要的交通工具一样，龙是沟通天地最重要的交通工具，为此天庭还成立了专司部门，设置了"金龙茭龙驿吏""玉龙飞龙驿吏"等专司龙运工作的管理人员。超度法事要先迎请这些驿吏，才能及时将死者灵魂托付龙运，负引升天。

三、龙是祭祀仪式中的执事功曹

画着交龙图纹的旗帜叫作龙旂，上古王侯往往以龙旂作仪卫之用。许多学者以《礼记》中的"龙旂九斿，天子之旌也"来说明早在战国时期，天子专享龙旗，龙已经成为天子的标志物。其实，作为天子之旌的"龙旂九斿"，重点在"九斿"，不在"龙旂"。

我们只要翻翻《礼记·礼器》就知道，天子之旌，主贵九数，次贵龙形。"礼有以多为贵者。天子七庙，诸侯五，大夫三，士一。天子之豆二十有六，诸公十有六，诸侯十有二，上大夫八，下大夫六。"诸侯也可以庙享、用豆，只是数量少一些而已。同样的道理，诸侯也能用龙旂，但是不能用九斿的龙旂。《宋史》记载宋哲宗元祐年间，皇太后为了显示自己的低调，不敢乘"大安辇"，只肯乘"龙舆"，而所谓大安辇与龙舆的差别，也不过是设六条龙还是设五条龙。正因为天子与诸侯都能用龙，所以《礼记》并没有对龙旂的使用做出特别说明。

参照《诗经》可以看到，龙旂在先秦使用非常广泛："载见辟王，曰求厥章。龙旂阳阳，和铃央央"（《周颂·载见》）；"周公之孙，庄公之子。龙旂承祀，六辔耳耳"（《鲁颂·闷宫》）；"武丁孙子，武王靡不胜。龙旂十乘，大糦是承"（《商颂·玄鸟》）。从使用情境来看，龙旂主要用于祭祀仪礼，起着沟通天、地、神、人的作用，天子及诸侯都能使用。

《仪礼》记载诸侯载着龙旂去觐见天子，恰恰是常规仪礼："侯氏裨冕，释币于祢，乘墨车，载龙旂，弧韣乃朝，以瑞玉有

图 1-9　龙骖行空图，四川彭州出土东汉画像砖

缳。"事实上直到宋代，诸侯仍在用龙旂："凡命节度使，有司给门旗二，龙、虎各一，旌一……旌用涂金铜螭头。"（《宋史·舆服志》）螭是无角之龙，可见节度使既能用龙旗，也可用龙头的旌。

　　需要进一步指出的是，上古祭祀活动中，龙只是参与祭祀仪礼的一名执事功曹，从来不是祭祀对象。汉武帝时期，确立郊祀之礼，其《郊祀歌》诗曰："灵之车，结玄云，驾飞龙，羽旄纷。灵之下，若风马，左仓龙，右白虎。"（《汉书·礼乐志》）这段《郊祀歌》说得清清楚楚，飞龙就是在郊祀时负责为帝王、神巫拉灵车的，青龙、白虎则负责灵车的保卫工作。可见拉车和保安都是龙在祭祀活动中的工作任务（见图 1-9）。

　　历代帝王祭祀，按祭祀对象可分为天、地、人三类："祭天之属为天礼，祭地之属为地礼，祭宗庙之属为人礼。"按祭祀规模又可分为大、中、小三类："昊天上帝、五方上帝、日月、皇地祇、神州社稷、宗庙等为大祀，星辰、五祀、四望等为中祀，司中、司命、风师、雨师及诸星、诸山川等为小祀。"（《隋书·礼仪志》）风雨雷电、诸星辰、诸山川，林林总总都算进去了，根本没有祭祀动物的项目。从宋以前的国家祀典层面来看，找不到龙的位置。

有些学者以为"雩礼求雨"就是典型的拜龙仪式。依据东汉雩礼："其旱也，公卿官长以次行雩礼求雨。闭诸阳，衣皂，兴土龙，立土人舞僮二佾，七日一变如故事。"（《后汉书·礼仪志》）在这里，土龙是与皂衣、土人舞僮并列的一种仪式道具，都是五行中的水属，"设土龙以招雨，其意以云龙相致……以类求之，故设土龙，阴阳从类，云雨自至"（《论衡·乱龙篇》）。雩礼只不过是将常祀时画在旒旗上的飞龙捏成了土龙而已，龙作为天地交感工具的功能并没有改变。自唐以来，历代皇室就常常借助投龙简，向天地神灵传达自己的心愿，龙在仪式中所担任的角色，一样是交感信使。

那么雩礼中的受祭者是谁呢？《礼记·月令》明确指出："命有司为民祈祀山川百源，大雩帝，用盛乐。乃命百县雩祀百辟卿士有益于民者，以祈谷实。"有司祈祀的对象是"山川百源"。雩祀的受祭对象有二：大雩的对象是"帝"，雩礼用盛乐；他雩的对象是"百辟卿士有益于民者"，雩礼用歌舞而已。不过，这份享祀名单并不是固定的，时代不同，略有增减。马端临《文献通考》罗列从西周至唐开元间的雩礼，偶尔提及"兴土龙"，也只是作为仪礼程式中的一环，并非把龙当作祭祀对象。我们再以《隋书·礼仪志》的记载为例，不同季节祭祀不同的对象：孟夏之月祭五方上帝，配以五人帝，以太祖武元帝配享，五官从配于下；孟夏后旱，"祈岳镇海渎及诸山川能兴云雨者"，"祈社稷及古来百辟卿士有益于人者"，"祈宗庙及古帝王有神祠者"，"祈神州"等。这份长长的祭祀名单中，并没有出现过龙的身影。至于民间社会祭祀龙王，那已是佛教龙王概念传入中国，龙形象人格化之后的产物，本章按下不表。

顺带提一下，龙在"二十四史"中最早以受祭者的面目出现，大约始于北宋雍熙四年（987年）："诏以亲耕籍田，遣官奏告（社稷及圻内山川）外，又祭九龙、黄沟、扁鹊、吴起、信陵、张耳、单雄信七庙。"北宋初年九龙神的级别大约比扁鹊、吴起、单雄信略高些。天禧四年（1020年），宋真宗又提拔了一位星宿龙神："从灵台郎皇甫融请，凡修河致祭，增龙神及尾宿、天江、天记、天社等诸星在天河内者，凡五十位。"（《宋史·礼志》）此后，宋代将五龙堂、九龙堂列入"祈报"类神庙，与城隍庙、浚沟庙平级。

回过头再说祈雨。宋代祈雨仪式中，龙的角色有点古怪。咸平二年（999年）用李邕《祈雨法》，先作坛，取土造青龙，祈雨结束后，"雨足，送龙水中"。大概是因为没有固定的龙神庙，一旦雨水够了，用不着龙了，就只能把土龙送回水中化掉。景德三年（1006年）用《画龙祈雨法》，龙的结局是一样的："俟雨足三日，祭以一豭，取画龙投水中。"（《宋史·礼志》）在这些人与神的仪礼交易中，龙的角色就像现在的临时工，招之即来，挥之即去，它们必须为人类下足三天雨，才能吃上一头公猪。

四、龙在帝王动物园中的位置变迁

关于龙的信息实在太多了，各种史志小说，杂说纷呈，难以综述，本节将主要以"二十四史"中的"礼仪志""舆服志"为例，以说明龙纹在诸多动物纹样系列中的位置变迁。专一使用"二十四史"的好处是，可以用相对均质的帝王对于龙的态度，来说明龙形象的历史变迁，避免使用各个不同阶层的混乱的龙观念来分析帝王生活中的龙形象，尽量减少张冠李戴。

据杜佑《通典》记载："昔人皇氏乘云驾六羽，出谷口，或云祇车也。及五龙氏乘龙，上下以理。"因为龙是"水物"，所以又传说"禹渡于江，黄龙负船"。可见为帝王拉车和负船，都是龙的分内工作。龙是帝王的海陆空三栖交通工具，从历代帝王座驾上的龙纹来观察龙在帝王生活中的位置变化，应该是一条可取的途径。

传说早在周代就有舆辇定制，不过由于记载不详，我们难以从早期经籍中了解其中的用龙制度。据说周天子用五辂，以玉辂为首。《通典》仅记其"建太常，十有二斿"，未详玉辂车身之龙纹。后汉光武帝用金根车，即拟周之玉辂，"金薄缪龙，为舆倚较，文虎伏轼，龙首衔轭，左右吉阳筩，鸾雀立衡"（《通典·嘉礼》）。轭是牛、马等拉车时架在颈部的套具，龙没有可以拉套的脖子，只能将轭衔在口中（见图 1-10），以此象征玉

图 1-10 《三官出巡图》局部。除龙身充当坐骑外，最值得注意的是龙嘴上套着一根粗大的铁链，牵在龙侧役事的手上。现藏台北故宫博物院

辂乃龙驾大车。从这段记载看，龙与虎、鸾雀的地位并没有本质区别，就其劳动强度来说，似乎龙的工作是最苦累的。

《礼记·月令》多次提及天子"乘鸾辂，驾仓龙，载青旂，衣青衣"。《汉书·礼乐志》记载建始元年（前32年）丞相匡衡奏过的一首郊祀曲，曲名就叫《鸾路龙鳞》。可见早期的天子玉辂是以鸾为名，以龙为驾的，象征自由往返于天地之间。《隋书·礼仪志》记载了南朝齐永明年间（483—493年）的玉辂之制："上施重屋，栖宝凤皇，缀金铃，镂珠珰、玉蚌佩。四角金

图 1-11 日本曳山祭上的山车，"上施重屋，栖宝凤凰"。2010 年

龙，衔五彩耗。又画麒麟头加于马首者。"可见南朝时期的玉辂至少有两层，凤栖于顶，金龙四布于角，龙的地位显然不比凤凰高。日本"三大曳山祭"的山车（见图 1-11），就是传自中国唐代重屋、栖凤、角龙的大辂车。

隋开皇元年（581 年），隋文帝重置五辂。唐代初期沿用隋制玉辂，基本没有变化。有唐一代，主要用的是显庆年间（656—661 年）所制玉辂，"世之良工，莫能为之"。显庆辂的形制一直沿袭到宋政和年间，政和三年（1113 年）始用新制。元代玉辂于至治元年（1321 年）制成，益加繁复壮丽。明代以永乐年间（1403—1424 年）大辂为最高规格。清初沿用明代旧制，乾隆八年（1743 年）将明代大辂改称金辂，辂式不变。乾隆十三年后，不断加造、改装，形成五辂、二辇、三舆并行的豪华车队，形制繁复到了极致。

我们只要将隋、唐、宋、元、明、清历朝玉辂上的动物图纹做一比较（太常旗另论），就可以大致了解龙纹在帝王祭祀礼仪中的地位变化。

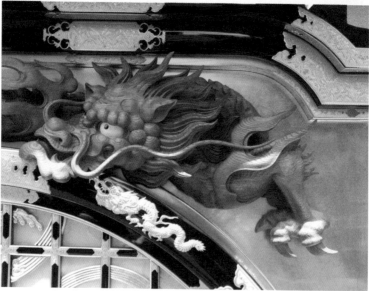

图 1-12　守护在辂车车轮位置上的龙。2010 年

表 1-1　历代玉辂用动物纹统计表

朝代	龙纹	朱雀鸾凤纹	其他兽纹	其他鸟纹	鱼纹
隋	青龙 1 龙辂 1	金凤翅 1 金凤 1 鸾 8	白虎 1 虞 1 兽若干	鸟若干	
唐	青龙 1 龙 3 云龙若干 银龙头 3	金凤翅 1 凤 1 银凤 12	白虎 1 龟 1		
宋	青龙 1 龙 2 云龙 2 银螭首 28	金凤翅 1 凤 14	白虎 1 龟 1		
元	云龙 8 圆龙 1 行龙 14 蹲龙 18 龙头 9 螭头 3 青龙 1	凤 12 朱雀 1 金鸾 10	犀 1 象 1 龟 4 白虎 1 玄武 1 行马 1	鹦鹉 1 锦鸡 1 孔雀 1 孔雀羽台 9	双鱼 5
明	辕龙 2 云龙 349 蹲龙 13 五彩云升龙若干 金龙 3	鸾 1 凤 1 朱雀 1	麟 1 狻猊 1 犀 1 象 1 天马 1 天禄 1 龟 2	雁翅若干 孔雀 1 翟 1 鹤 1	木鱼若干
清	辕龙 2 龙顶管心 2 云龙 266 金龙 91 蹲龙 13 五彩升龙 12		兽 6	雁翅若干 云鹤 1 鸟 6	木鱼 4

从表 1-1 可以看出，自隋至清，玉辂上的动物纹发生了许多明显而有意思的变化。

1. 龙纹不断增加。由隋辂 2 龙增加到清辂 386 龙。龙纹在整个玉辂动物纹上所占比例由隋代的 10% 左右上升到清代的 93%。

2. 凤纹不断减少。由隋辂 10 凤减少到清辂 0 凤。凤纹在整个玉辂动物纹上所占比例由隋代的 50% 强下降到清代的 0。

3. 其他鸟兽纹数量虽然没有明显变化，但在整个动物纹中所占比例则由于龙纹大幅上升而急剧下降。

还有一种变化体现在龙纹所处的位置上。隋代玉辂中，四灵地位处于均衡态势，龙、凤地位大致相当，比虎、龟略强。唐宋年间，尽管玉辂工艺大大加强，但依旧沿用古礼，龙、凤及其他鸟兽所处地位并未发生明显变化。

龙的地位在元代得到空前提升，玉辂最显著、最重要的位置均由龙纹占据。

明代大辂上的龙纹更是极尽繁复，一方面朝着琐细化方向发展，一方面由于数量太多，必然变得程式化且泛滥无趣，仅天轮三层、沥水三层上，龙纹叶板和龙纹褶绣即达 324 个。程式化的龙纹变成了一种赤裸裸的权力标志，大大冲淡了龙的艺术趣味。更有象征意味的是，明代大辂在辂顶加装了一只"镀金铜蹲龙顶"，由此确立了龙在皇家动物园中的至尊地位。

明代大辂用龙已经登峰造极，清代金辂难以在舆制上做大的改进，乾隆皇帝只好对车辆数量进行扩编，将一部劳斯莱斯扩编成了一个由不同型号劳斯莱斯组成的豪华车队。

玉辂之制，由隋前的凤凰栖于重屋之上，龙首衔轭拉车于下，到隋唐间的龙凤并重于辂，再到元代的诸龙当道，最后发展到明代的镀金铜龙蹲于辂顶。龙的皇帝内侍地位得到日益加强，陪侍皇帝出镜的频率越来越高，终于在明清两代达到登峰造极的地步。而凤的角色则不断淡出，有清一代，终于彻底退出金辂，由纯阳火鸟变性为象征后宫的雌性配角。

五、龙袍是封建帝王的权力标志

衣服上始绘龙纹源于何时不可考。《尚书》记载帝对禹说："予欲观古人之象，日、月、星辰、山、龙、华虫，作会；宗彝、藻、火、粉米、黼、黻，绨绣。以五采彰施于五色作服，汝明。"这就是后世所谓的十二华章（见图1-13）。从华章的排序可以看出，龙的级别在日、月、星辰、山之后，位列第五，比位列第六的华虫（雉，一种美丽的锦鸡）略高。

据《通典》记载，自周至汉，"公之服，自衮冕而下如王之服；侯伯之服，自鷩冕而下如公之服"。十二章的前三章日、月、星辰是配天之数，一般只有天子在祭天大典中能用。除去这三章，余下九章中以山、龙二章为首，所以，九章的"衮服"也就等于龙服。东汉明帝时期议定"三公、诸侯用山龙九章，九卿以下用华虫七章"（《晋书·舆服志》），可见公侯均可享用九章龙服。

梁武帝天监七年（508年），君臣之间曾就王公衮服到底该画龙还是画凤产生过一次论争。这次论争起因于周舍提议："诏旨以王者衮服，宜画凤皇，以示差降。"大家引经据典论争一番

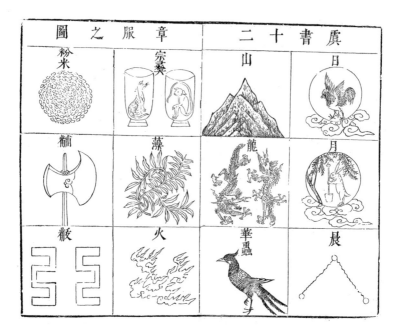

图 1-13 《中国服饰通史》(陈高华、徐吉军主编)绘制的"十二华章",右起第二列第二位为龙章,位列第五

之后,梁武帝总结说:"古文日、月、星辰,此以一辰摄三物也。山、龙、华虫,又以一山摄三物也。藻、火、粉米,又以一藻摄三物也。是为九章。今衮服画龙,则宜应画凤,明矣。"(《隋书·礼仪志》)虽然衮服画凤最后并未形成定制,但由此可见早在南北朝时期,梁武帝已经从理论上和制度上采取了一些遏制王公诸侯穿龙服的措施。

"后魏、北齐,舆服奇诡,至隋氏一统,始复旧仪。"(《旧

图1-14 《乾隆年制历代帝王像真迹》中的汉高祖刘邦像。后人想象的历代帝王，基本都是穿龙袍的

唐书·舆服志》）不过，隋高祖杨坚并未对服制进行过多限制，"百官常服，同于匹庶，皆着黄袍，出入殿省。高祖朝服亦如之，唯带加十三环，以为差异"。至隋炀帝即位，始令有司重新检讨舆服制度，虞世基奏称："后周故事，升日月于旌旗，乃阙三辰，而章无十二。但有山、龙、华虫作绘，宗彝、藻、火、粉米、黼、黻，乃与三公不异。"（《隋书·礼仪志》）这意思是说，后周开始，日、月、星辰三章只用于旌旗，不再用于衮衣了，因此，皇帝与三公都穿九章衮服，在使用龙章上并没有差别。

隋炀帝重定服章制度之后，三公依旧可以穿龙服："衮冕，青珠九旒，以组为缨，色如其绶。……服九章，同皇太子。王、国公、开国公初受册，执贽，入朝，祭，亲迎，则服之。三公助祭者亦服之。"（《隋书·礼仪志》）

唐代初年基本沿袭隋制，皇帝衮冕恢复十二章。需要特别提请注意的是，唐代天子衣服凡十二等，其中仅衮冕一种绘龙纹，其余俱不绘龙。唐代皇帝祭祀用服的等次与章纹见表1-2。

表 1-2　唐代皇帝祭祀用服的等次与章纹

等次	名称	章纹	用途
1	大裘冕	无章	祀天神地祇则服之
2	衮冕	十二章：八章在衣，日、月、星、龙、山、华虫、火、宗彝；四章在裳，藻、粉米、黼、黻。衣标、领为升龙	诸祭祀及庙、遣上将、征还、饮至、践阼、加元服、纳后、若元日受朝，则服之
3	鷩冕	七章：三章在衣，华虫、火、宗彝；四章在裳，藻、粉米、黼、黻	有事远主则服之
4	毳冕	五章：三章在衣，宗彝、藻、粉米；二章在裳，黼、黻	祭海岳则服之
5	绣冕	三章：一章在衣，粉米；二章在裳，黼、黻	祭社稷、帝社则服之
6	玄冕服	衣无章，裳刺黼一章	蜡祭百神、朝日夕月则服之
7—12	无冕常服	无章	非祭祀用服

上表显示皇帝衣服十二等，其中只有十二章衮冕是龙服，而且只有在大祭中可以穿龙服。而一品官员的九章衮冕也是龙服，按唐代服制，一品官员在"私家祭祀"中即可服九章："五章在衣，龙、山、华虫、火、宗彝，为五等。四章在裳，藻、粉米、黼、黻。皆绛为绣。"（《旧唐书·舆服志》）如此看来，唐代的一品官员穿龙服的机会比皇帝还多些。

十二章前三章日、月、星辰，严格规定了只能用于天子衮服；余九章或以山为首，或以龙为首，均可用于公侯衮服。可见龙并不是帝王服饰与公侯服饰的识别标志，日、月、星辰才是最

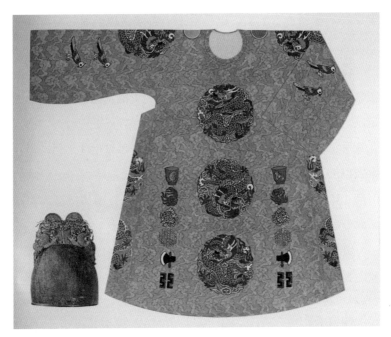

图 1-15 《中国历代服饰》（上海市戏曲学校中国服装史研究组编著）绘制的明代皇帝十二章衮冕，肩担日、月，臂上华虫，裳六章。此龙服正面，缺星辰、山章。1984 年

重要的识别标志。章纹在王侯服饰上的作用，大概相当于现代军衔制中的星徽，龙纹大概相当于"五星上将"中的第五颗星。

六、帝王将相的龙袍争夺战

追溯龙纹的使用历史，我们可以看到，尽管早期的龙纹并不是帝王一家独享的章纹，但还是局限在最高级别的官员当中；自公侯或一品官员以下，则从来没有被允许使用。封建帝王对

于龙纹的垄断和管制史，也是帝王不断强化和巩固其至尊地位的历史。

公元508年周舍第一次提出王侯衮服应以凤代龙，以便与皇帝衮服拉开档次，此议虽然得到梁武帝的支持，但最终并未形成定制。唐代龙朔二年（662年），司礼少常伯孙茂道奏称："诸臣九章服，君臣冕服，章数虽殊，饰龙名衮，尊卑相乱。望诸臣九章衣以云及麟代龙，升山为上，仍改冕。"（《旧唐书·舆服志》）时隔150多年，孙茂道再次提出这个问题，只是将凤凰换作了麒麟而已。

凤凰和麒麟都不在传统十二章之中，以凤章或麟章代替龙章，显然不合传统礼制。这条奏折大概让许多一品官员很不爽，"当时纷议不定"，最终还是未获通过。

过了十几年，仪凤年间，又有一个马屁精苏知机改变策略，上表要求三公以下改服"鷩冕八章"。鷩即华虫，华虫倒是十二章中的老六，一种华丽的鸟纹，排序次于龙。朝廷很重视，将之作为"国家重大科研项目"交由崇文馆学士杨炯进行论证。

杨炯引经据典，说到衮服九章："九章者，法于阳数也。以龙为首章者，衮者卷也，龙德神异，应变潜见，表圣王深沈远智，卷舒神化也。"又说到鷩冕八章："鷩者，太平之瑞也，非三公之德也。"诸如此类。杨炯的聪明之处在于，他将十二章全都论证成了圣王明光普照、变化无方、体兼文明、刚猛制物、神武至德的象征。这一招很管用，既然十二章全都是圣王至德的象征，也就等于消解了龙章的独特地位，既然不许三公用龙章，那就连鷩章也不能用，结果就会推导出任何一章都不给三公用，如

图1-16 宋代宫廷画师
笔下的宋太祖赵匡胤坐像，
服饰干净清爽，没有任何
多余的纹饰

此一来，就更乱套了。杨炯的结论是：苏知机的表文"不经之甚也"。杨炯这出论证很有力，保住了有唐一代三公穿龙袍的资格。（《旧唐书·舆服志》）

衮冕乃身份象征，既然三公衮服的龙章减不下去，那么为了拉开皇帝衮服与公侯衮服的档次，礼部官员就只能巧立名目不断往皇帝衮服上添加各种金玉珠文，以示区别。如此，皇帝衮服也就变得日益繁复。衣服上叮叮当当挂满东西，看起来威风，穿着很不舒服。乾德元年（963年），宋太祖终于忍不住了，明确抱怨冠冕"华而且重"，要求礼部改制。改制的结果，许多金丝、银线、珠玉、琥珀都减弃不用。可是这样一来，皇帝与公侯的服饰又拉不开档次了，没有办法，最后只能"增侈如故"（《宋史·舆服志》）。

既不能在物质方面过于烦琐，又得拉开皇帝与公侯服饰的档次，看来也只能从象征符号入手了。可是，在龙纹使用问题上，皇帝与公侯的衮冕攻防战，数百年来一直处于胶着状态。

宋政和年间（1111—1118年），议礼局终于想出一招：正、从一品均许用龙，但不能用升龙，只能"青衣画降龙"。升龙是通天的政治隐喻，为了防止臣子乘龙通天，所以只能许其用降龙。用龙而不许其用升龙，也即剥夺臣子沟通上天的符号资本，这算是一个折中方案。该方案刚实施几年，北宋就垮了。南宋绍兴四年（1134 年），宋金对峙的时局刚刚稳定下来，公侯是否应该服用衮冕的问题马上又被提上了议事日程，礼部官员认为"衮服非三公所服，去之可也"，宋高宗也有这个意思，不过，"终以承袭之久，未能尽革也"。（《宋史·舆服志》）

封建帝王真正严格禁止百官及民间使用龙纹，始于忽必烈时期。至元七年（1270 年），刑部议定，除了官办缎匹外，民间不许织造有日、月、龙、凤图案的布匹，如果确属过去已经织就的，要加盖官印："除随路局院系官缎匹外，街市诸色人等不得织造日、月、龙、凤缎匹，若有已织下见卖缎匹，即于各处管民官司使讫印记，许令货卖。如有违犯之人，所在官司究治施行。"（《大元圣政国朝典章·造作》）

这条禁令至少提供了三个信息：1. 虽然自古以来公侯以下官民从来没有被礼仪制度允许使用龙凤纹，可是，民间却有大量龙凤纹布匹的织造；2. 市面上还有此类商品"货卖"；3. 正因为此前没有此类禁令，民间货品存货量较大，所以很难对过去织就的龙凤缎匹深加追究，只能许其卖完。

至元十年，改由中书省下令："日、月、龙、凤缎匹纱罗，街下货卖虽曾禁约，切恐各处官司禁治不严。今议得，若自今街市已有造下挑绣销金日、月、龙、凤肩花并缎匹纱罗等，截日纳官外，实支价已后，诸人及各局人匠私下并不得再行织绣挑销货卖。如违，除买卖物价没官，仍将犯人痛行治罪。"（《大元圣政国朝典章·造作》）如此三令五申，大概也是因为屡禁不绝。事实上，只要网开一面，所有的鱼都会从打开的网面上逃逸出去。

俗话说，上有政策，下有对策。商人是最会打擦边球、钻政策空子的，他们在传统龙凤纹的基础上做了些变异处理，把龙凤纹织得似是而非，比如，将传统龙纹减个角或者减个爪子什么的，用这种模棱两可的图案逃避官方审查。大德元年（1297年），不花帖木儿奏称："街市卖的缎子，似上位穿的御用大龙则少一个爪儿，四个爪儿的着卖。"暗都刺右丞却不以为然地说："胸背龙儿的缎子织呵，不碍事，教织着。似咱每穿的缎子织缠身上龙的，完泽根底说了，各处遍行文书禁约，休织者。"（《大元圣政国朝典章·造作》）暗都刺的意思是，街上卖的是胸背龙儿的缎子，和咱们穿的不大一样，不碍事，就让他们织去吧。从这段对话看，虽然老百姓不得使用龙凤章纹，但至少尚书以上是可以穿"缎子织缠身上龙的"。

元延祐元年（1314 年），中书省订立服色等第，明确规定所有职官均不得服龙凤文，器皿不得使用龙凤文，帐幕不得用赭黄龙凤文，车舆不得用龙凤文，但同时又对龙的定义做了重新界定："龙谓五爪二角者。"（《元史·舆服志》）也就是说，只要不是五爪二角的龙，就可以"不碍事，教织着"，所以一至三品职官"许用间金粧饰银螭头"（螭是减角的龙）。有学者认为："宋代流行的龙纹多为三爪、四爪，五爪龙较为少见；元统治者这次只限定五爪龙为皇家专用，这实际等于对民间龙纹放行，这无疑是一种面对现实的让步。"（刘志雄、杨静荣《龙与中国文化》）

物以稀为贵，货以禁为鲜。这种半禁不禁、网开一面的做法，不仅没有禁绝民间的龙纹织造，反而大大刺激了民间的用龙热情，加速了龙纹变异，助推了龙纹的多样化发展。元代民间的这种用龙热情，一直延续到了明代。

洪武初期，朱元璋"俭德开基"，宫殿落成时，居然未用文石甃地。可是，下面的官绅豪强却没有朱元璋这样的觉悟，"武臣犹有饰金龙于床幔，马厩用九五间数，而豪民亦或镂金为酒器，饰以玉珠"。朱元璋对这些逾制的奢侈之风给予了坚决打击，同时"命儒臣稽古讲礼，定官民服舍器用制度"（《明史·舆服志》）。

因此指导思想，洪武初期的百官服制也比较简单，"以乌纱帽、团领衫、束带为公服"。官员们的服饰区别不大，"一品至九品，以冠上梁数为差"。可是，承平时间一长，吃了没事干的礼部就得折腾点事。洪武二十四年（1391年）定制，严厉规定"官吏衣服、帐幔，不许用玄、黄、紫三色，并织绣龙凤文，违者罪及染造之人"（《明史·舆服志》）。

事态的发展总是物极必反。帝王对于龙纹的垄断企图，使得龙纹的权力象征意味越加彰显，而百官及民众对权力的崇拜和向往，则进一步加剧了龙纹的暗中流行和底层泛滥。

永乐以后，宦官逐渐走上政治舞台。"宦官在帝左右，必蟒服，制如曳撒，绣蟒于左右，系以鸾带，此燕闲之服也。次则飞鱼，惟入侍用之。贵而用事者，赐蟒，文武一品官所不易得也。单蟒面皆斜向，坐蟒则面正向，尤贵。"（《明史·舆服志》）明代服制中本无蟒服之制，所以也就没什么严格的规矩。所谓蟒纹，就是去角、去足的龙纹。可是，有些官员的蟒服上，不仅

图1-17 《中国服饰通史》绘制的明代斗牛服上的"牛纹",画得跟龙纹非常接近。2002年

给蟒纹添上了两只角,甚至还有四爪、五爪,这就更难与龙服相区分了。更离谱的是,不仅高级别的蟒服,就连低级别的飞鱼服、斗牛服都做得跟龙服差不多(见图1-17)。

服制乱象越来越严重。天顺二年(1458年),明英宗打算重振纲纪,可是,他一下又将禁服的范围扩大到了无法执行的地步:"定官民衣服不得用蟒龙、飞鱼、斗牛、大鹏、像生狮子、四宝相花、大西番莲、大云花样,并玄、黄、紫及玄色、黑、绿、柳黄、姜黄、明黄诸色。"(《明史·舆服志》)这样的禁令打击面太宽,根本没法执行,相当于只是表个态,禁如不禁。

嘉靖十六年(1537年),明世宗出行时看见兵部尚书张瓒穿着蟒服,大怒,问阁臣:"尚书二品,何自服蟒?"阁臣回答说:"瓒所服,乃钦赐飞鱼服,鲜明类蟒耳。"明世宗再问:"飞鱼何组两角?其严禁之。"(《明史·舆服志》)连皇帝都分不出这些衣服有什么差别,说明"鱼牛混龙"到了何等严重的程度。

对于龙纹的热爱和追求,本质上就是对权力的热爱和追求。

正如王充所说："贵人之出也，万民并观，填街满巷，争进在前。"（《论衡·解除篇》）有明一代，大概宠臣向皇帝乞求赐予蟒服的现象非常普遍，嘉靖元年（1522年），明世宗在登极诏中特别强调："近来冒滥玉带，蟒龙、飞鱼、斗牛服色，皆庶官杂流并各处将领夤缘奏乞，今俱不许。"（《明史·舆服志》）将这些舆服琐事写入皇帝登极诏，一方面说明了嘉靖皇帝对舆服乱象的重视程度，另一方面也说明了百官乞讨蟒服行为的泛滥程度。

什么东西一用滥就得跌价。庶官杂流，甚至太监都穿上蟒服了，龙蟒之服也就不足以说明帝王身份了。延至清代，帝王为了自抬身价，只好朝着更高规格发展，他们把前代帝王仅仅用以祭祀天地的十二章衮冕扩充为一个衮服系列，所谓"龙袍"就是该系列之一，这大概也是帝王服装史上第一次正式使用"龙"来命名衮服。所谓龙袍（见图1-18），除了传统十二章之外，至少还得"绣文金龙九"（《清史稿·舆服志》）。龙纹俨然成了衮服的标志，其余十一章，包括日、月、星辰，全都退居配角了。

清朝皇帝通过衮服章数的提升、衮服数量的增加，大大抬高了自己的档次，趁便做个顺水人情，将蟒服（见图1-19）下放给更多的亲王、郡王、贝勒、国公，甚至他们的儿女及夫人。民公夫人的普通朝褂，就可以绣"前行蟒二，后行蟒一"（《皇朝礼器图式·冠服》）。这样一来，上上下下都有龙蟒可用，皆大欢喜。

上行下效的欲望刺激，就像酒宴上的香槟塔，一层一层向下流淌。亲王贝勒穿上了龙袍，文武百官也想穿；文武百官穿上了龙袍，就该轮到土豪劣绅了。封建帝王越是垄断龙纹，龙纹反

图 1-18　牛津大学出版社《皇家服饰》，封面为穿龙袍的乾隆皇帝画像。1990 年

图 1-19　英国人收藏的清代皇族蟒服

而越显金贵、时尚，百官及民众对于龙纹的觊觎欲望就被刺激得越加强烈，越要想尽办法龙袍加身。太平天国就曾玩过一种名叫"射眼"龙袍的把戏。

　　洪秀全发动革命时，借天父及耶稣之口，不断将象征皇权的龙进行妖魔化；一旦革命成功，却又急不可待地想穿龙袍、住金龙殿。为了不自打耳光，洪秀全发明了一种"射眼"龙袍（见图1-20），把龙的一只眼睛射闭，声称经过射眼之后的龙是"宝贝龙"，与清朝的妖龙不一样。后来大概觉得地位稳固，无射眼必

图 1-20 《贼情汇纂》所绘录的太平天国"龙袍"图样。1856 年
图 1-21 民国初期绣龙纹的新式领带，现藏台北历史博物馆

要了，乃于第二部《天父下凡诏书》中，虚构了一段与天兄耶稣的对话。洪秀全问："金龙殿之龙是妖否？"耶稣说："金龙殿之龙是大宝也，非妖也。"洪秀全阐释说，清朝的龙名为龙，实为妖，而天朝的龙则是真龙，宝贝龙。洪秀全说自己升天时，曾见有大金龙结成天上金龙殿，做梦时，又曾见金龙来朝，因此特别声明："今而后，天国天朝所刻之龙，尽是宝贝金龙，不用射眼也。"（《太平天国印书》下册）。

元明以后，百官以及土豪对于龙袍的向往和迷恋，几近疯狂。甚至到了民国时期，袁世凯还敢为了一袭龙袍而冒天下之大不暇。至于那些壮志未酬的普通老百姓，那就只能在死后的殓服中，偷偷夹一件龙袍了（参见《北京南苑苇子坑明代墓葬清理简报》《邹县元代李裕庵墓清理简报》）。

七、龙在皇宫大院的工作职责

古代臣子尊称帝王为"陛下"。陛是帝王宫殿的台阶，陛下是台阶下面近臣武士站立的地方。《辞海》引用蔡邕《独断》："谓之陛下者，群臣与天子言，不敢指斥天子，故呼在陛下者而告之，因卑达尊之意也。"也就是说，称呼陛下是为了表达自己的谦卑：臣子没有资格直接与帝王对话，必须通过帝王身边近侍，用一种"因卑达尊"的间接方式向帝王进言。与此相似的用法，还有殿下、足下、阁下、麾下等。同样的道理，借用帝王身边的宠物龙来指代帝王陛下，也是一种因卑达尊的做法。人们常常用"螭陛"来指称帝王的陛下，就因为帝王殿前的台阶上，往往雕刻一些无角的螭龙。可见，"螭龙"与"陛下"都是同一层级的帝王阶下物。

帝王自许为天子，乃天帝之子，身份远比作为天畜的龙尊贵。龙只是帝王的近侍、皇家的宠物；帝王争夺龙纹的使用权，争夺驾驭和役使龙的权力，绝不是争夺给龙当儿子的机会。"真龙天子"的本意并不是"龙的传人"，而是一种因卑达尊的借代用法，暗示帝王"天生就有役龙的命"。臣子不敢直指帝王本尊，只好拿帝王胯下的龙来说事。就像"拍马屁"一样，人们牵马相遇时，拍拍对方的马屁股，附带夸上几声"真是好马"，用以衬

图1-22　敦煌壁画中的骑马升天图。图中骑龙者位于马足前方，地位远低于骑马者

托、抬举马主人的身份和地位，算是一种恭维。

皇家用龙，绝非"崇拜"，而是"役使"。许多当代中国人把自己称作龙的传人，龙学家们也有意遮蔽了龙的奴役史和屈辱史，他们以为龙被皇家用在旗帜上、衣服上，就能说明龙的崇高地位。我们只需对龙形象所处的位置略加分析，就可以清楚龙在皇家大院的工作职能。

（一）沟通天地的作用

这一点，前面已有详述。皇家宫殿、陵墓前华表上的升天蟠龙，以及承露盘上的通天犼，即为帝王或墓主通天之标志。

（二）象征身份地位的威慑作用

先说龙旗。在作为国旗的龙旗诞生以前，也即 19 世纪中叶之前，旗帜主要是用来标识帝王将相身份和显摆威风的，其功能与回避、肃静之类的仪仗道具一样，目的在于提醒百姓人等：本官驾临，尔等避让。

许多龙学家都把龙旗视为天子象征，其实，皇帝出行除了龙旗，还有大大小小上百面旗帜。皇帝用旗在《元史》中记载得尤为详细。首先，与旗帜相当的标举物还有皂纛、麾、节、幢、槊、幡、氅、围子、竿、牌、伞、盖、扇等十几种之多。其次，仅旗一项就多达 109 种，位列前三的是风雨雷旗，接着是星辰日月旗、山岳江河旗之类。龙君旗只排在第 69 位，虎君旗第 70 位，金鸾旗第 77 位，金凤旗第 79 位。109 旗中，计有龙君、青龙、黄龙、应龙等诸色龙旗共 8 种，朱雀、鸾、凤等各种神鸟旗亦 8 种。

再以《明史》记载为例，皇帝仪仗除了日月星辰旗、风雨雷电旗、山川江河旗之外，也有青龙旗、白虎旗、朱雀旗、玄武旗、天马旗、熊旗、鸾旗等几十种动物旗帜。龙学家们忽略其他各种动物旗帜，单单拎出一面龙旗来说事，往往给读者造成皇帝只用龙旗的错觉。

龙旗、凤旗混杂于五花八门的旗帜中，并不起眼，即使在动物旗中，大概也只是旗数略多、排位略前而已。龙、虎、凤充其量也就是大哥、二哥和三弟的关系，并没有质的差别，正如《隋书》所说："凡旗，太常画三辰，旂画青龙，旟画朱雀，旞画黄麟，旗画白兽，旐画玄武，皆加云。"古代汉语中龙章凤姿、龙盘凤逸、龙行虎步、龙盘虎踞之类龙凤或龙虎并举的成语比比皆是。

如果说旗帜上画什么就是崇拜什么，我们照着这个逻辑可以得出许多荒唐的推论。推论一：皇帝是封建官僚体系中最无聊的官员，他要崇拜的天地万物比其他任何官员都多，仅动物一项，至少就得崇拜数十种。推论二：由于不同品级的文武百官用旗各不相同，官员每升迁一次，就得换一种动物偶像。由此还可推论，每个官员天天都在盼望着更换动物偶像。

图 1-23　疑似"弥龙"的西汉龙首部件，现藏台北历史博物馆

龙袍与龙旗的道理一样。如果我们把龙袍解释为龙崇拜，那么，以明代官员为例，九品文官必须崇拜鹌鹑，九品武官必须崇拜海马。

当然，龙形象不仅绘于旗帜和衣服上，也刻画在其他物什上。太史公云："龙旂九斿，所以养信也。寝兕持虎，鲛韅弥龙，所以养威也。"这段话前半句常常被人引用，后半句却极少被引。按唐代司马贞对这段话的解释，"寝兕"即以兕牛皮为寝席，"持虎"即以猛兽皮文饰倚较及伏轼，"鲛韅"即以鲛鱼皮装饰马腹带，"弥龙"即以包金的龙头装饰大车的衡轭（见图 1-23）。司马贞总结说："此皆王者服御崇饰，所以示威武，故云'所以养威也'。"（《史记索隐·礼书》）把威风凛凛的龙套在自己的马车上，当成自己的小跟班，自然比威风凛凛更威风凛凛。所以

图 1-24 守候在慈禧太后寝宫门口，执行警卫任务的铜龙。龙脚下是山水纹。1900 年

王充也说："龙虎猛神，天之正鬼也，飞尸流凶安敢妄集？犹主人猛勇，奸客不敢窥也。"(《论衡·解除篇》)

王侯们把龙画在旗帜、衣服上，把虬皮、虎皮、鲛鱼皮剥下来，把龙头截出来，不是因为崇拜，而是为了驱邪逐孽，树立自己的威风。帝王将相穿上龙袍，与山大王裹上虎豹皮衣、贵妇人披上貂皮大衣，并没有本质区别，都是为了从外观上显示自己与众不同的身份地位。唯一的遗憾是他们抓不到一条真龙，只好把龙画在衣服上。如果他们真能在现实中逮到一条龙，一定会把龙皮扒下来，制成一件真正的龙袍。

（三）护卫作用

龙在皇家的护卫作用可以从龙在龙柱、龙椅、龙床、龙幔、龙铺首、龙锁等物什上看出，一般来说，龙总是成双成对地护卫在主人的门前（见图1-24）、墓前、棺椁前后，以及主人服饰的左膀右臂、前心后背处。在龙车、龙椅上，龙往往要用自己的脑袋充当主人的扶手，龙身温柔地蜿蜒着，用来支撑主人的肘臂。

那些精工雕琢的龙们最常见的去处，就是盘在主人门口的柱

图1-25 卜铁《中华帝国之历史、地理与文艺》中的"龙舟行河图"。该龙舟为皇室所有，主运宫廷财物。1837年

子上。它们与趴在地上的石狮子一样，起着保家护院的作用。所不同的是，由于龙有飞天功能，所以，龙还常常被绣在主人的帐幔上，挂在空中。如果说狮子是主人的地面卫士，龙则充当了海陆空三栖全能卫士。

（四）装饰作用

为了显示皇家气派，许多本来无须由龙承担的功能，也由龙承担了。龙是有威力的动物，一些扛鼎、抬柱、守门、镇梁之类的力气活让龙干干也就罢了，可是，种种琐碎繁复的家务活，居然也由龙一力承担。用在床单、锦被、茶壶、灯盏、镳

图 1-26 在皇家宫殿充任
排水设施的龙头

斗、手杖、果盘、食盒、文房用具上也就算了，可是，龙还得用身躯充当下水道，用嘴巴充当下水口（见图1-26），盘在唾盆、尿壶之类的污秽用具上，至于绣在地毯上、刻在地砖上，被皇家主仆千人踩万人踏，那就更加常见了，只要是皇家用得着的地方，处处都有龙的身影。可见，皇家用龙，并不是量才施用，而是把龙视作全能奴役，用来装点皇家气派。

八、龙文化的箭垛式增长

龙是帝王的宠物，虽然深受帝王喜爱，可地位并不高。上古有畜龙专业户称豢龙氏，驯龙专业户称御龙氏，专门畜龙驯龙以服侍帝王。龙可以豢养，当然也可以宰杀。墨子说："帝以甲乙杀青龙于东方，以丙丁杀赤龙于南方，以庚辛杀白龙于西方，以壬癸杀黑龙于北方。"（《墨子·贵义》）龙被勇士杀死的事情也时有发生，比如有个叫菑丘䜣的，因为自己的马被龙叼走，大怒，拔剑追去，一次就把正在分吃马肉的龙全杀了（《论衡·龙虚篇》）。

《左传》记载鲁昭公二十九年秋，龙见于绛郊，蔡墨讲了一则掌故："有夏孔甲，扰于有帝，帝赐之乘龙，河、汉各二，各有雌雄。孔甲不能食，而未获豢龙氏。……有刘累学扰龙于

图 1-27　东汉时期勇士格龙画像石，现藏南阳文物保护研究院

豢龙氏，以事孔甲，能饮食之。夏后（孔甲）嘉之，赐氏曰御龙。……龙一雌死，潜醢以食夏后。夏后飨之，既而使求之。惧而迁于鲁县，范氏其后也。"从这则掌故我们知道，在春秋知识分子的眼中：1.龙是可以当礼物来送人的；2.龙是可以用来乘骑和驾车的；3.龙是分雌雄的；4.龙是可以当宠物来养的；5.豢龙、御龙都是专业技术活；6.龙肉可以做成肉酱和肉脯，味道还很不错；7.龙肉比较稀有，不好找。另有一说，若以龙血、龙膏煮石头，食之大补（《抱朴子内篇》）。

孔甲食龙的故事到了汉代已经发生变化，龙的灵性和德性都明显得到加强。太史公讲述同一事件时说："帝孔甲，淫德好神，神渎，二龙去之。"（《史记·封禅书》）两条龙并没有被刘累剁成肉酱，而是因为看不惯孔甲的所作所为，主动炒了老板鱿鱼。

汉代的龙已经开始走向神坛，这种现象引起了一些知识分子

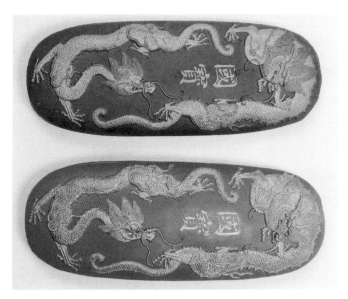

图 1-28　蓝色、红色腰圆金龙墨。现藏台北历史博物馆

的不满。王充就曾质疑道："世谓龙升天者，必谓神龙。不神，不升天；升天，神之效也。天地之性，人为贵，则龙贱矣。贵者不神，贱者反神乎?"（《论衡·龙虚篇》）王充把龙称作天地正鬼，根本不拿龙当神看。

唐代以降，龙逐渐摆脱了装饰鼎器、护卫墓地、充当龙骖的威武形象，开始走向纤巧一面，比如，在各种瓷器、铜镜、首饰、文房四宝上充当把手、护镜、吉祥文饰等用途（见图1-28），纯艺术的审美功能得到加强，因而大大扩充了龙的业务范围。

自汉至宋，虽然历代皇帝都曾想着将龙揽归一家独有，但总是在百官阻力面前知难而退，未能实现对于龙纹的垄断。元代开始，统治者以法令的形式禁止下官及民众使用龙凤纹，可是，此举不仅没能禁住龙纹的制作和交易，反而加剧了民众对于龙纹的追逐。民间制造业者采用减角、减爪等应对办法，借助于变异的龙纹，巧妙地规避统治者的法律束缚。到了明代，对于龙纹龙袍的禁令愈加频密，可是，明代的龙纹却是最混乱的，甚至飞鱼、斗牛都画得和龙一样了。清代逐渐开放了对龙纹的限制，龙纹迅速蔓延，甚至连皇家的夜壶和痰盂上都趴满了龙。

经过历代统治者的不断示范和刺激，民众对龙的想象日益多样化。龙成为一个箭垛式的概念，后人将前人想象出来的所有长条形的古怪神兽全都算作龙类，由此组建起一支庞大的龙族队伍。于是，蛟成了蛟龙，夔成了夔龙，螭成了螭龙，长翅膀的叫应龙，天上的叫苍龙，蛰伏的叫蟠龙，无角的叫虬龙，此外更有金龙、黄龙、青龙、赤龙、黑龙、白龙、紫龙、斑龙等，令人眼花缭乱。一条张牙舞爪的龙，因为象征了权力，被人们赋予了浓烈的审美色彩。对权力的崇拜一旦升华为一种审美体验，龙形象也就自然而然地升格为"权力美学"的标志性文化符号。

但是我们必须清楚一个基本事实，龙在皇家大院的角色，只是皇家"专享"的奴役，而不是"专崇"的图腾。不过，龙在皇家的奴役地位，并不排斥龙在民间的崇高地位。俗话说，宰相门前七品官，更何况是封建帝王的贴身侍卫、忠实奴役。明代的太监放出宫来，比地方诸侯还牛气半截呢。

中国古代是有避讳制度的，对神灵的避讳尤其严格。可无论宫廷还是民间，从未对龙有过任何避讳，以龙为名的物什俯拾皆

图 1-29　四川近代刺绣"萧史乘龙"

是：牛蓑衣叫龙具，蹒跚老人叫龙钟，大虾叫龙虾，竹笋叫龙孙；食品类有龙抄手、龙须面、龙凤饼、龙舌粑、龙虎会。到了清末民初，人们又把自来水阀门叫作龙头。甚至一些被认为猥亵不堪的物什，也以龙为名：雄性生殖器叫龙阳，鼻涕叫龙涎，水蟑螂叫龙虱，臭水沟叫龙须沟，地位低下的水上居民叫龙户，狗腿子又名龙仔。

从龙出世开始，龙文化就开始了它的无序生长。传统的延续，就是不断地以讹传讹。讹误逐渐稳定，得到普罗大众的认可，也就成了一种文化。而龙文化之所以能够持续生长和发展，与龙纹的制度化使用是密切相关的。龙作为一种虚拟的神奇动物，虽然兼具多种神通，但是，这些神通并不独立于人的需要而存在，龙是为人民服务的。

　　我们很难理清龙文化的多样性内涵，可是凭借官修正史，我们可以大致理清历代帝王对于龙的基本态度。龙是作为帝王沟通天地的神奇助手而出现的，因此，充当帝王或者亡魂的通天工具是龙最重要的工作职能。龙纹沟通天地的神权象征意义，使之成为帝王、公侯与下官百姓三者之间垄断与反垄断的争夺焦点。这场拉锯式的争夺战至少贯穿了自南北朝以来的整个封建时代。帝王为了专享龙纹的符号资本，一方面想尽办法禁绝下官百姓使用，另一方面，明清之后的帝王家族却又穷奢滥用。龙在帝王家族的地位是尴尬的，一方面是亲密可靠的祥瑞宠物，另一方面是任劳任怨的全能奴役。

　　所以说，龙从来就只是帝王宠幸的工具和奴仆，而不是崇拜对象。

第二章

16—18 世纪
欧洲人理解的
"中国龙"

龙在 18 世纪以前的中国，主要是作为威权象征和神力象征而受到下官百姓的尊崇。有没有资格使用龙纹，是区别人上人与人下人的标志。如果你是一个普通老百姓，你绝不会以为自己与龙有什么亲缘关系，更不可能声称自己是什么"龙的传人"，这种想法很可能会让你人头落地，除非你拥有洪秀全的勇气和魄力。

　　中国龙——也即被定语"中国"修饰过的"龙"，或者说用以泛指所有中国人的"龙"，对于 18—19 世纪的普通中国老百姓来说，是一个根本连做梦都不敢想的奇怪幻觉。中国龙这样的新概念是不可能从中国本土自然生长出来的，18 世纪以前，普通中国人的观念中，根本就没有空间维度上的"国家"观念，而只有混沌的"天下"观念，以及时间维度上的"朝代"观念，中国人并不知道自己是"中国人"，只知道自己是"大清朝人"，用以区别"大明朝人""大宋朝人"。因此也没有必要借助贴着国别标签的中国龙来区分中国与外国。

用龙指代中国，用狮指代英国，用鸡指代法国，诸如此类，只有在需要区分国别的语境当中，才能体现其实际功能。也就是说，中国龙这个概念只有在中外政治、经济或者文化交流的过程当中，才有可能被生产出来。现在需要我们解决的问题是，中国龙是在何时、被何人，又是如何被生产出来的。

1922年，一位出生在中国的美国人牛顿·海斯（L. Newton Hayes，1883—1979年）写了一本《中国龙》（*The Chinese Dragon*，见图2-1），该书导读中提道："在中国，龙是最普遍的一种装饰图案，走到哪里都能见着。可是，尽管龙身上负载着许多重要意义，无论中文还是英文都很少论及这个话题，在公开出版的杂志上只有少数几篇概论性的文章，而且一般书中关于龙的条目也十分简要。在中文和英文出版物中，目前还没有龙研究的专门著作。"

事实上，进入20世纪之后，西方汉学界关于中国龙的专著并不罕见，如德菲瑟的《中国和日本的龙》（1913年）、英格索尔的《龙与龙的传说》（1928年）、大英博物馆的《莲与龙：中国纹饰》（1984年，见图2-2）、桀溺的《龙在中国古代的象征意义》（1987年）、贝茨的《中国龙》（2002年）等，海斯的《中国龙》也多次重版。但是，所有这些著作都只是将中国的龙文化进一步介绍给西方读者，并没有就西方人如何理解中国龙进行追踪讨论。比如桀溺，只是从唐代以前的汉语典籍中，摘抄一些他认为最能代表龙的象征意义的段落或句子，分门别类，以中法文对照的形式逐段译成法语。

但是，这些20世纪之后的汉学著作对于中国龙的解读，与

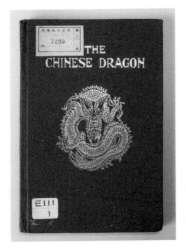

图 2-1　上海印刷的英文图书《中国龙》。1923 年

图 2-2　大英博物馆的《莲与龙：中国纹饰》，封面背景图案即为龙纹瓷器。1984 年

16—18 世纪欧洲人所理解的中国龙，相去甚远。本章旨在通过对 16—18 世纪欧洲早期汉学系谱的追踪，钩沉和讨论两个问题：1. 中华帝国衰落之前，站在局外人的视角，前期来华的欧洲人如何向西方社会介绍中国龙？ 2. 那些未能涉足中国的欧洲知识分子，借助道听途说的信息，又是如何理解中国龙的？

　　涉及龙文化的汉语文献多而且杂，龙文化研究者多以沧海取水的方式，各自站在自己的岸边各取各的水。这种按需取材的弊端是，最终成果难免因为作者选材的主观性和材料的片面性而缺乏可信度。为了克服这种片面性，增强论据的可信度，笔者力所能及地搜集已经汉译的所有早期欧洲汉学典籍，以及尚未汉译但在汉学史上具有深远影响的英法文原典，然后不做主观选择地列出每本书中涉及中国龙形象的文摘，力求用"准统计学"的方式来垒砌本章的论据之塔。

一、门多萨：皇帝的纹章，即一种盘结的蛇

中国丝绸、瓷器之类经由丝绸之路，很早就传入了西方。"公元前1世纪，中国丝绸便传到了罗马。……罗马人不仅从中国买回丝束，也买回染丝、织丝等，因此他们获得的商品无疑带有某些装饰画，如神话的或宗教画的主题。"（艾田蒲《中国之欧洲》）随着这些装饰品或工艺品的传播，西方人应该很早就见识了中国龙纹。

有些艺术评论家甚至猜测中国的龙形象影响到了文艺复兴时期欧洲艺术家对魔鬼的画法："波西纳（I. V. Pouzyna，1935年）隐约地发现了中国的龙和西方画中某些魔鬼之间的某些相似之处。……比如13世纪的大儒画家陈容的那条力量强大的云龙……它绝无丝毫的人性，就龙而言，并不会使人感到大惊小怪，因为即使我们那极端的人类本位说和神人同形同性说，也没有使人们感到彻底的迷惘；恰恰相反，那恐怖、非人性、超自然的外表在我看来是不言而喻的：它有可能影响了奥尔卡尼亚（Andrea Orcagna，1308—1368年）的《死神的胜利》：'魔鬼像中国的龙。'"（《中国之欧洲》）这些艺术评论家甚至认为，西方恶龙身上那条带刺的脊背和蝙蝠似的膜翅，都是来自中国龙，因为早在汉代，中国的"应龙"就已经画成这样了。

但这只是从欧洲画风的变化以及这种变化与中国画风的相似

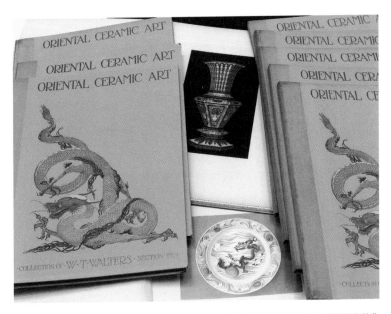

图 2-3　纽约版一套十册的《中国陶瓷艺术》，封面的蓝绿龙纹看起来更像是欧洲画师的作品。1896 年

性上所做的推测，他们并没有给出实证的依据。这种推测显然是以今天欧洲人对于龙的观感，想象当时的欧洲人也把中国的龙形象当作魔鬼形象。

　　另外一些艺术评论家的推测则正相反，比如有人认为，意大利锡耶纳画派画家西蒙·马丁尼（Simone Martini，1284—1344 年）在 1317 年创作的《土鲁斯的圣路易斯为安尤的罗伯特王加冕》可能就是最早受到东方艺术影响的绘画作品："从人物脸上带有的东方特质，以及圣者所戴的主教冠上的龙图案，都表明画家在罗伯特王的宫殿里见过中国艺术作品。"（严建强《十八世纪中国文化在西欧的传播及其反应》）

如果我们将以上两条艺术评论的观点加在一起，就会得到这样一种荒谬的结论：圣者把魔鬼一样的龙图案戴在主教冠上。这些互相矛盾的推论，恰恰说明这些艺术评论家都在盲人摸象，他们并未找到有力的文献依据，而是借助推测和想象，以为来自中国的龙形象影响了甲的创作或者乙的创作。

就算中国的龙图案早就传到了欧洲，可是，无论是丝绸之路的商人、唐代来华的景教徒，或者宋代来华的犹太教徒，并没有同步将中国人对于龙的文化解释带往欧洲，至少在《马可·波罗游记》之前，我们找不到相关记载。

现代版的《马可·波罗游记》倒是有多处提及龙形象。据陈开俊的中译本，关于龙形象的文字主要有三处。一是对御花园的介绍："御花园中，有一片葱绿的小树林，他在林中修建了一间御亭，亭内有许多华美的龙柱，裱上金箔。每根木柱上盘着一条龙，龙头向上承接着飞檐，龙爪向左右伸张，龙尾向下垂着，龙身上也裱上金箔。"二是对元大都宫殿的介绍："大殿和房间的各方都饰以雕刻和镏金的龙、各种飞禽走兽图、武士雕像以及战争的艺术作品，屋顶和梁上雕梁画栋，金碧辉煌，琳琅满目。"三是对生肖年的介绍："鞑靼人是按十二年为一周期计算时间的。第一年定名为狮，第二年为牛，第三年为龙，第四年称为犬。这样按年命名，直到十二年全部排列完为止。"

据说《马可·波罗游记》是印刷术时代之前罕见的畅销书，由意大利人马可·波罗（Marco Polo，1254—1324 年，画像见图 2-4）在狱中口述而成，鲁斯蒂谦（Rustichello da Pisa）笔录后发表（1298 年前后），在马可·波罗的有生之年，此书已被

图 2-4　穿着蒙古服装的马可·波罗像。画像年代不详

图 2-5　鄂多立克画像。画像年代不详

译介到欧洲各国。可惜原始抄本早已遗失，我们不知道马可·波罗用什么词来对译中国的"龙"。现存的各种抄本多达 80 余种，一些与龙相关的文字也可能是后人追加上去的。上引陈开俊的中译本主要依据修订后的英译本，而在冯承钧依据的"原写本"法文本中，就没有御花园中"华美龙柱"的描述（《马可·波罗行纪》）。许多学者综合考察各种版本，甚至认为马可·波罗根本就没有到过中国。

　　略晚于马可·波罗，大约于 1322 年，一位意大利天主教徒鄂多立克（Odorico da Pordenone，1286—1331 年，画像见图

2-5）来到中国，游历数年回国之后，也曾口述了一部东方游记，其中提及元大都的宫殿中央有一个大瓮，"大瓮四周全都镶着金边，每个角上都有一条龙（dragon），并做出搏击的姿势"（*The Travels of Friar Odoric*）。

鄂多立克的游记也有近 80 种抄本，陈开俊依据的英译本是译者综合拉丁文本与意大利文本译出的，其中虽然出现了"龙"，我们同样无法肯定这是鄂多立克的原始描述。这些文字仅仅是偶尔"提及"龙形象，没有任何补充介绍，这种"提及"是否能引起西方读者的注意及理解，是个疑问。

可以用来佐证这种疑问的，是西班牙历史学家门多萨（Juan González de Mendoza，1545—1618 年）的《中华大帝国史》。这是《利玛窦中国札记》问世之前欧洲最有影响的中国学专著，由门多萨遵教皇之命综合各种使华报告、文件、信札、游记等整理而成，是各种中国知识的集大成著作。欧洲前利玛窦时代的中国知识，泰半反映在这本书中。

据中译者何高济考证，该书第一章对中国的概述就大量参考了《马可·波罗游记》。门多萨书中对于中国皇宫的建筑以及帝王生活均有夸张描写，可是，据何高济的中译本，这些描写文字丝毫没有提及中国龙。在可能涉及龙的地方，则用蛇做了替代，比如谈到皇帝的龙椅时："它是用金制成而且镶满昂贵的宝石，它放在它们的中间，一座华盖，即用金织品制成的高尚的篷之下。华盖绣有皇帝的武器，而且据说绣有一些蛇，用金线织成。"不过，在孙家堃的中译本中，此处译为："它被置于十二把椅子中间，上有一顶锦缎华盖，绣有皇室家徽，如上所述，皇室家徽是用金线钩成的几条大龙。"

何高济译作"蛇"，孙家堃译作"大龙"，问题是，门多萨本人使用了哪个词？还好，笔者找到了门多萨亲自校对过的早期版本。此书 1585 年初版于罗马，最早是用西班牙语写成的，在这里，龙被写作 serpientes，即"蛇"。另外，在 1588 年巴黎出版的法文版中，此处用的是 serpens，也是"蛇"。两者都可以用来表示"巨蛇"，但肯定不是"龙"。

此外，门多萨又在重述奥古斯丁会修士拉达（Martin de Rada，1533—1578 年）的福建见闻时提道："这位僚员坐的是象牙轿，涂金并有金色布帘，上有皇帝的纹章，即一种盘结的蛇。"另外他还提到方济各修士奥法罗（Peter de Alfaro）在广西梧州见到的场景："（总督）坐在一把用象牙和金制成的十分富丽的椅子上，上有一张华盖，其中织有皇帝的纹章，那是些盘绕成一团的蛇。"这条作为皇帝纹章的"蛇"，在门多萨笔下均被写作 serpientes。

不过，述及奥法罗在梧州总督府的见闻时，还真提到了dragon："正对总督的前面，墙很白，上面绘有一条凶猛的龙（dragon），从嘴、鼻和眼喷火，（据他们得知）这幅画在中国法官坐堂的法椅前一般都绘有，在那里意思是向司法者表示：他坐堂公正执法的威严，不畏惧或听从于任何人。"从这段描述来看，被他们称作 dragon 的动物反而不是中国的龙，而是獬豸（见图 2-6）。

那些走马观花的西方人哪里区分得了这些复杂的中国神兽，何况它们看起来都差不多。

图 2-6　立德夫人《穿蓝色长袍的国度》插页照片《画在衙门墙上，对着太阳吼叫的龙》。这些画在衙门墙上的獬豸，很容易被外国人误认作龙。1902 年

　　据说《中华大帝国史》最重要的两本参考书，一是葡萄牙多明我修士克路士（Gaspar da Cruz，1520—1570 年）的《中国志》（*Tractado em que se côtam muito por estéso as cousas da China*，1569 年），二是西班牙奥古斯丁会修士拉达的《记大明的中国事情》（*Relación de las cosas de China que propiamente se llama Taylin*，1575 年）。由于《马可·波罗游记》不被西方学术界信任，这两本书因而被认为是欧洲最早的中国专书。

　　克路士 1556 年来到广州，试图在中国建立一个传教团而未能成功。在克路士的书中我们可以找到这段话："每省有五位最

高的官……五位大员及其助手胸前和背上有皇帝权力的记号，那是用金线织成的一种蛇形，其中许多到了葡萄牙，常常被交给教堂作装饰之用。"中译者何高济特别在"蛇形"下加注"也就是龙"。这里应该特别提请注意最后一句的暗示：早在克路士进入中国之前，中国的龙图案就已经传到了葡萄牙。

拉达也在书中提及自己曾在多个地方见到过皇帝的画像，并观察了皇帝的穿戴，但他并未提及皇帝的衣饰上是否绘有龙纹。

从这些欧洲最早的中国报告中，我们大致可以读出三点信息：1. 直至 16 世纪末，欧洲应该还没有"龙"的专用译名，因而只能用"一种盘结的蛇"来描述这一形象；2. 这种盘结的蛇的形象作为一种装饰图案，至迟在 16 世纪就已经传入欧洲，而且常常被人们奉献给教堂以作装饰之用；3. 欧洲人很早就已经了解到这种盘结的蛇是"中国皇帝的纹章"。

二、利玛窦：龙在中国是皇权的象征

许多龙文化研究者认为，将龙译作 dragon，是西方传教士有意抹黑中国龙，但是，这种观点似乎很难得到现有史料的印证。相反，李奭学认为，将中国龙对译为西方 dragon，源于耶稣会意大利传教士利玛窦（画像见图 2-7）与罗明坚（Michele Ruggieri，1543—1607 年）合编的《葡汉字典》，当时"利玛窦和罗明坚显然都为这种'动物'困惑不已，这点可从'龙'字当页编写上的混乱看出。利、罗二公当然找不到'龙'的葡文对等词，懵懂下只好从许慎《说文解字》而粗略将之归于'虫'

（bicho/bichinho）属，然后再依前此西班牙人门多萨《中华大帝国史》里的听闻，加上'蛇'（serpens）字以为说明，最后形成的是一个复合字'虫蛇'。这个名词，乃信史可见欧人首次以欧语成就的'中国龙'的译法"（《中国"龙"如何变成英国的"dragon"？》）。不过，也许这本字典当时没能公开出版或者发行量太少，许多汉学家谈论早期的"欧汉字典"时，罕见论及此书。

利玛窦是有史以来第一位能够自主使用汉语典籍研究中国文化、对中西文化交流有深远影响的西方学者，被视为西方汉学的

图 2-7　穿着明代儒士服装的利玛窦像。1610 年

鼻祖。方豪认为利玛窦是"从古以来，所有到过中国的外国人中，最出名的一个"，另据马相伯回忆，19 世纪"上海钟表业都奉利玛窦为祖师，有利公塑像，每月朔望都受钟表修理业的膜拜"。（方豪《中国天主教史人物传》）

利玛窦关于龙的介绍对于龙形象在西方世界的最初确立具有决定性影响，这些介绍集中体现在金尼阁整理出版的《利玛窦中国札记》之中，见表 2-1。

表2-1 《利玛窦中国札记》对中国龙的介绍

（何高济、王遵仲、李申译）

序号	背景	文摘	利译龙
1	君臣仪礼	在每次新月的第一天，所有的官员都在主要的城市里聚会，供着雕有皇家标志的金龙和其他图饰的宝座。他们在宝座之前进行一套鞠躬跪拜的礼节并做其他一些谦恭的动作	dragoni
2	皇家装饰	皇家御用的颜色是黄色，别人一概不得使用；皇室衣服上装饰着各式各样的龙形，有的是画的，有的是用金线织就的。在宫中到处都可以看到金瓶银瓶上和家具上以及各种织物上的龙形。宫殿的屋顶和砖瓦也都用黄色并画有各种龙形。……如果不是皇上或其血亲而僭用这种颜色和龙形，他就被看作是叛逆了	dragoni
3	风水龙脉	在选择修建公共建筑或私宅的地点以及埋葬死人的地点时，他们是按照据说地下的特殊龙头或龙尾或龙爪来研究地址的。他们相信不仅本家而且全城、全省和全国的运道好坏全要看这些地域性的龙而定	dragoni
4	道士骑龙	有一天，刘天师骑了一条白龙降凡，姓张的原是一个圆梦的，他邀刘天师赴宴。当这位天上来客正在大吃大喝之际，他的主人跳上了白龙，骑着上了天，他夺取了宝座而一直不准刘天师重返天庭	dragone
5	道士降龙	几百年前，有个叫许真君（Huiunsin）的人，……用法术使该城免遭恶龙为患，用泥土埋住恶龙，把它拴在铁柱上	dragone
6	皇家装饰	龙在中国是皇权的象征，除了皇室之外，谁都不准用龙来作为徽记。在皇宫里，一切家具都饰有龙形，有的是浮雕的，有的是绣的或画的	dragoni

上表 dragoni 或 dragone 均出自利玛窦手稿。此书原稿由利玛窦用意大利文写成，金尼阁将之译成拉丁文并略作补订，题为《基督教远征中国史》（即今《利玛窦中国札记》），1615 年在德国出版，成为一部划时代的汉学经典。利玛窦去世 300 年后，人们在耶稣会罗马档案馆发现了利玛窦的手稿。1910 年，后人将其结集为《利玛窦神父历史著作集》（ *Opere Storiche del P. Matteo Ricci* ）发表。1942 年，德礼贤（ Pasquale d'Elia ）将其编入《利玛窦全集》（ *Fonti Ricciane* ）。有了这份原稿，我们就可以知道利玛窦最初如何译介中国"龙"。

图 2-8　德国图书《中国汉子》绘录的"皇帝万岁"龙牌。这大概也是《利玛窦中国札记》中提及的，可供地方官员鞠躬跪拜的"雕有皇家标志的金龙和其他图饰的宝座"吧。1901 年

在利玛窦本人制作的 448 个汉字读音表中，第 186 个就是"龙"字，注音（ lom ）。德礼贤在为该书制作的"214 部首表"中，也有"龙"字，注音（ lomc ），释义（ drago ），他在索引字表中将利玛窦写稿中出现的各种龙分为两类：一类是"相信地上有的"（ creduto stare sotto terra ），如表 2-1 的 3、5；一类是"皇家的象征和标志"（ simbolo e insegna imperiale ），如表 2-1 的 1、2、6。不过，德礼贤的索引中遗漏了第 4 "道士骑龙"。

金尼阁《基督教远征中国史》出版后第二年，即 1616 年，金尼阁的侄子小金尼阁就译出了法文版。小金尼阁在法文版中一律将龙译作 dragon。这大概是中国"龙"与西方"dragon"的第一次全方位国际接轨。

在天主教徒看来，所有偶像崇拜都是魔鬼，都应下地狱，无论龙，还是虎、凤、麒麟之流，作为非圣非贤的动物偶像，无疑都是魔鬼一类。可是，利玛窦敏锐地注意到了中国龙与中国皇帝之间的微妙关系，除非他打算离开中国，否则他绝不能在中国皇帝的治下把龙打入地狱。正是从利玛窦开始，进入中国的耶稣会传教士发明了一套将《圣经》历史与中国历史相结合的阐释方式，试图将中国历史纳入《圣经》系统之中，用"适应政策"同化中国民众的宗教信仰。正是基于这一目的，利玛窦尽量使用节制而客观的笔调向西方人解释中国文化，希望他的欧洲同行能够理解并部分地接受中国文化，包括中国人对于龙偶像的态度。

尽管利玛窦以及随后的传教士们都意识到中国龙与西方 dragon 无法完全对应，但要在既有的词汇中寻找对应单词，dragon 大概也是唯一的选择。1934 年，黄文山在《中国古代社会的图腾文化》中甚至说："年前我在伦敦英国博物院购读《巴比仑人关于创造以及勃尔与龙的斗争之故事》（*The Babylonian Legends of the Creation and the Fight between Bel and the Dragon*，1921）一书，见亚叙利亚人浮雕上的龙形与中国《本草》释龙为'头似驼，角似鹿，眼似鬼，耳似牛，顶似蛇，腹似蜃，鳞似鲤，爪似鹰，掌似虎'之说，颇相暗合，使我益信中国古代传说中之龙，是由西方传播而来的。"尽管我们很难认同黄文山的传播学观点，由此却可说明将中国龙对译为西方 dragon 并非有意丑化。

三、基歇尔：龙凤着装旨在引起臣民的敬畏感

耶稣会葡萄牙传教士曾德昭（Alvaro Semedo，1585—1658 年）曾取名谢务禄，于 1613 年进入中国内地，1616 年南京教案后一度被遣返澳门，1620 年改名曾德昭，重返内地。他在中国生活长达 22 年，写了一本《大中国志》（*Relação da grande monarquia da China*）。1642 年以后的十几年中，此书分别被译成多国语言，在欧洲诸国深受欢迎。1645 年的法文本中，龙已经循例译作 dragon。《大中国志》对中国龙的介绍见表 2-2。

表 2-2 《大中国志》对中国龙的介绍（何高济译）

序号	背景	文摘
1	皇家葬礼	（皇太后的棺材）外面用龙形银扣紧紧钉住。（棺材放在一辆轮车上）轮车完全用狮、龙形银盘装饰
2	皇帝服饰	皇帝服装的样式并非与众不同，但料子很华丽，上面绣织着龙，别的人不能穿。除皇帝外，他的亲属如亲生子女，特别是妇女，及皇室太监可使用，但有某种区别。其色黄，其他颜色在宫内也可使用，因为他们穿各种浅淡颜色，但黄色适用于皇帝
3	释景教碑	（龙髯虽远，弓剑可攀）这是中国古代的一个传说，它叙述他们的一个皇帝乘一条龙登天，追随他的臣子在龙上放武器，但后来的人攀住龙须，取走一些武器。这故事流传下来，作为对那位帝王的纪念，他们冀图通过这件遗事表明他们愿与帝王们一起。这个传说可能来源于他们的帝王在衣袍及其他御物上有绣龙的习惯

25 年之后，被誉为"最后一个文艺复兴人物"的大学者基歇尔，以曾德昭的《大中国志》为蓝本，推出了一本图文并茂的畅销书《中国图说》。虽然基歇尔从来没到过中国，虽然这本书被后来的汉学家批评为"建立在对中国肤浅理解的基础上"（孟德卫《奇异的国度：耶稣会适应政策及汉学的起源》），但丝毫没有影响它在西方世界的风靡程度，据说"该书出版后的二百多年内，在形成西方人对中国及其邻国的最初印象方面，《中国图说》可能是独一无二的最重要的著作"（《中国图说·英译者序》，张西平等译）。

始版于 1667 年的《中国图说》与"前利玛窦时代"门多萨的《中华大帝国史》都属于集大成的著作，作者不仅大量采纳利玛窦、金尼阁、卫匡国、曾德昭等人的著作，甚至阅读了许多尚未出版的入华传教士的书信笔记。基歇尔的原著是用拉丁文写的，书中出现龙的地方，一般写作 draconis 或 dracones。

其中对景教碑中"龙髯虽远，弓剑可攀"的解释，主要采用了曾德昭《大中国志》的说法。《史记》中这则故事的原文是："黄帝采首山铜，铸鼎于荆山下。鼎既成，有龙垂胡髯下迎黄帝。黄帝上骑，群臣后宫从上者七十余人，龙乃上去。余小臣不得上，乃悉持龙髯。龙髯拔，堕，堕黄帝之弓。百姓仰望黄帝既上天，乃抱其弓与胡髯号。"可是，在基歇尔的笔下，故事已经走样了。

我们继续通过表 2-3，看看基歇尔如何向西方读者介绍中国龙。

表 2-3 《中国图说》对中国龙的介绍

（张西平、杨慧玲、孟宪谟译）

序号	背景	文摘	参考对象
1	释景教碑	这涉及古代一位君主的故事，据说这位君主乘龙飞过天空，君王的下属跟随他投入战斗，他们携带兵器，抓住龙须，和君王一同飞到天上。他们后来保存龙须，以表示对国王的怀念。这件事一直到今天都对迷信的人产生影响，他们在衣服、书、图画和所有公共纪念碑上画上龙的形象	曾德昭
2	皇帝服饰	皇帝的服装以龙凤和许多贵重的珍珠宝石作为装饰品，这种着装的方式旨在引起他的臣民的敬畏感	汤若望
3	皇家装饰	皇帝穿着黄色的衣服，并禁止任何人穿这种颜色的衣服。他的衣服上有用金线绣的龙（见图 2-9）。象征这些帝王的龙的图案在宫中随处可见，它们画在或雕刻在用金银制作的瓶子或家具上。皇宫的屋顶和瓦片也是黄色的，也有龙的图样。如果其他人用黄色或龙的标志，他就被当成公敌而遭受惩罚	利玛窦
4	中国神庙	龙王（泰丰）庙	南京地图
5	风水龙脉	中国人有一种特殊的习惯：人们为住所、庙宇或坟墓选择风水宝地，人们想象着龙活在地下，选择地方时要看龙头、龙尾或龙足的位置。认为城市、省份，以至整个帝国的繁荣与运势都有赖于这些龙	利玛窦
6	偶像崇拜	中国人称为 Fe 的是一条飞龙（见图 2-10），是天上与山中的精灵，身披龟甲。中国人从婆罗门教借用这一神话故事，说世界是从龙或蛇产生的	不详

序号	背景	文摘	参考对象
7	风水龙脉	他们（中国人）相信主宰他们幸福与命运的是生活在山中的龙，因而不辞劳苦地研究山的外形，试图发现龙的墓穴。他们找出岩脉和内部结构，并不惜重金和劳力以获得一些"宝地"。所谓"龙首""龙尾"或"龙心"就是这些"宝地"的代称	卫匡国
8	中国鱼	在广东省发现有四只眼睛和六条腿的海怪，样子像龙虾。……我把它和《中国地图》一书描述的广西省的山洞中发现的鱼类相比。它们有四条腿和一个角，迷信的中国人称它们为龙，是一种佳肴，杀死它的人会被处以死刑	卫匡国
9	中国蛇	（马可·波罗）说，在哈剌章（Carrajam）省发现大蛇，长度在十步以上，有十掌粗。……它能吞下包括狮子和熊在内的大大小小的兽。……这类蛇很可能被当成龙，它们不是毒蛇，没有毒液	马可·波罗

无论是门多萨还是基歇尔，这些介绍中国的畅销书作者都没有到过中国。正因为没有到过中国，他们笔下的中国更加光怪陆离，充满梦幻色彩，因而也更吸引好奇的西方读者。而一些严肃的地理、历史著作，比如与《中国图说》大约同期出版的卫匡国的《中国新地图志》《中国上古历史》等，虽然备受欧洲学者好评，却不被书商看好，在普通读者中间也没什么影响。

17 世纪，有关中国的各种信息大量传到欧洲，欧洲知识界将中国人看作"高贵的异教徒"，他们热衷于将中国的语言知识与欧洲人对原初语言的寻找联系起来，把中国传统的八卦理论

图 2-9　基歇尔《中国图说》中的顺治皇帝画像，活脱脱一个欧洲君主的姿态和扮相，龙袍虽然华丽，袍上金龙却画得像只野猪。1667 年

图 2-10　基歇尔《中国图说》插图《中国众神图》，正中间位置是一条身披龟甲的龙。基歇尔以为"中国人从婆罗门教借用这一神话故事，说世界是从龙或蛇产生的"。1667 年

图 2-11　基歇尔《中国图说》中想象的江西龙虎山，就是一条龙和一只虎的对峙，这条龙的形象完全就是西方 dragon 的形象。1667 年

图2-12 英国图书《联合省东印度公司驻华公使闻见录》扉页画，表现了17世纪英国人想象的中国皇帝与中国臣民。1673年

与欧洲一些最先进的算术理论相勾连，对中国文化进行各种浪漫联想。约翰·韦布（John Webb，1611—1672）就是在这样的学术背景之下，写了《一本历史论著：试论中华帝国的语言即为原初语言》，认为中国人是诺亚的子孙，在《圣经》所记载的大洪水之后，几经辗转到了中国，尧帝即诺亚，他的儿子舜带领人们居住在中国及东方，所以中国语言是人类最初的语言。

韦布用充满浪漫主义色彩的语气赞美了墨西哥神庙的富丽堂皇，认为这些神庙的风格与中国神庙以及皇宫的格局非常相似，不过，"还有一些墨西哥神庙中难以见到的景象，主要是龙和蛇的装饰图案，这些图案花样繁多，设计精巧。很明显，中国的神庙和皇宫，大量地使用这些龙蛇图案，而且总是用相同的序列方式来排布，龙是中华帝国的皇家标志。过去从来没有谁能够解释墨西哥神庙中的龙饰为什么能够如此典雅、伟大和高贵。直到最近我认真阅读了中国历史，这才找到满意的答案。这种独特的处理方式特别适合于中国，作为对君主制荣耀的一种记忆，这种风格被墨西哥延续下来"（*An Historical Essay:*

Endeavoring a Probability that the Language of the Empire of China is the Primitive Language）。请注意韦布的用词，他使用了典雅、伟大、高贵（they being graceful, great and noble）来赞美这些龙蛇图案。

从这些明末清初的西人著述中，我们至少可以得出如下一些印象：

1.最早将中国文化系统介绍给西方人的，主要是天主教耶稣会的传教士。由于传教士的传教目的，他们的著作中总是会辟出大量篇幅介绍中国人的宗教信仰与民间迷信。可是在分析中国人的迷信问题时，很少涉及中国人对龙的迷信，偶尔涉及，总是与风水信仰相关。

2.在涉及龙的问题上，传教士们既沿袭了利玛窦的观点，也加入了自己的观察和理解。龙作为"中国皇权的象征"这一观点，不仅成为一种共识，也为他们从不同角度的观察所证实。

3.虽然这些传教士都是偶像崇拜的反对者，有时也对这条龙小加揶揄，但他们都客观地报告了龙形象在中国的使用状况，并未着意对龙加以丑化。相反，在这些传教士笔下，龙形象的出现，总是与富丽堂皇的皇家气派紧密相伴。

四、安文思：当你说龙，中国人都明白你说的是皇帝

1640 年入华的耶稣会葡萄牙传教士安文思，先是服务于张献忠，后又服务于康熙皇帝，以善制机械而闻名，曾为大清王朝制造过许多仪器。他最著名的汉学著作是 1668 年以葡萄牙

文写成的《中国的十二特点》，1688 年，此书以《中国新史》
（*Nouvelle rélation de la Chine*）为题在巴黎出版。安文思写作此
书时，在华时间已近 30 年，对中国的了解更加深入全面，因而
能够精雕细绘一幅全景式的中国图景，加上行文通俗生动，颇得
读者喜爱。《中国新史》对中国龙的介绍见表 2-4。

表 2-4 《中国新史》对中国龙的介绍

（何高济、李申译）

序号	背景	文摘
1	节庆活动	到处都装点着各种形状的彩灯，或者鸣放鞭炮和爆竹，在天空发出亮光，似舟、似塔、似鱼、似龙、似虎、似象，一般有上千种令人惊奇的烟火
2	节庆活动	如果我没有记错的话，澳门居民称之为 Lumba Lumba，中国人则叫做"龙舟"（Lūm Chuen），即是说龙形的舟，他们于那一天在河里划船
3	皇家宫船	第三种皇帝的船叫做龙衣船，即给皇帝运送衣裳、丝绸、纱缎到皇宫的船。船的数目和一年的日子一般多，即三百六十五。考虑到皇帝称为天子，与他有关的一切，中国人都跟天上的事物联系起来，如天、日、月、行星等等。如龙衣，表示龙的衣裳。因为中国皇帝的标记是龙，有五个爪，所以他的衣服及家具，无论用绘画还是刺绣，都必须用龙作装饰。所以，当你说龙眼，龙的眼睛，或龙衣，龙的衣裳，中国人都明白你说的是皇帝的眼睛和皇帝的服装，由此类推
4	皇权更替	在这个国家的舞台上每天演出的喜剧，倒不如说是悲剧，是一件奇异的事。因为今天不过是一名无耻的盗贼，备受畏惧和憎恨，只要让他换掉服装，戴上皇冠，披上龙袍，同一个人明天就受到全世界的爱戴尊敬，哪怕众所周知他出身贱微，但他们马上就称他为天子，天下的君主

序号	背景	文摘
5	皇家仪礼	中国人说，黄色是众色之皇后……所以它应为皇帝保留。总之，皇帝公开露面时总是身穿黄色长袍，直垂至地，衣料是天鹅绒，上绣许多小龙，每龙五爪，都是浮饰，遍布全袍。在前胸和两侧绣有两条彼此相对的大龙，龙身和龙尾成双，一条在另一条中扭转，看来似乎它们要用齿和爪去攫获一颗好像自天而降的大明珠，引喻中国人的话说：云与龙和珠戏耍
6	皇家仪礼	我们还注意到另一件与这个御殿有关的事，那就是房屋以及皇帝使用的瓷器、家具和其他物品通常都绘上或绣上龙。他居住的建筑物同样在名称、数字或其他方面与天有某种相似
7	皇宫建筑	这小屋顶末端的洞眼饰以半浮雕的龙，悬挂在两侧。墙的其他部分铺着绿色、黄色和蓝色的方瓦，排列成动物、花朵和号角形状
8	皇宫建筑	建在这座殿四周壕堑上的桥，是奇妙的工艺品。它是一条巨大的龙，前后爪在水里作为桥柱，像海豚一样的身躯形成中央的桥拱；还有两条龙，一条有尾，另一条有头和颈。整座桥用黑玉石筑成，非常紧凑精致……中国人说，这条龙是从东印度一个王国，他们叫做天竺（Tien Cho），即竹子国那里飞来的。他们还说他们的菩萨和教义，从前也来自那里。他们还讲了许多有关这条龙和这座桥的无聊故事
9	皇宫建筑	屋脊总是从东到西，高出屋顶约一矛的高度。末端饰以龙、虎、狮及其他动物的躯体和头部造型，它们沿着整个屋脊盘绕伸延
10	皇帝仪仗	两面长杆大扇，镀金，绘有日、龙、鸟及其他动物的图像

五、李明：中国人赋予龙非凡力量和至上权力

明末清初是天主教耶稣会在华的黄金时期。康熙亲政之后，

图2-13 美国图书《中国人的社会生活》插画《五月初五赛龙舟》。第二次鸦片战争后美国人所见的龙舟竞渡，除了鼓手、锣手和划手，还有一名旗手高坐在龙头上。1867 年

宠信天主教耶稣会士，他们向康熙讲授数学、几何、天文、历法、人体解剖等科学知识，康熙则给予他们崇高的政治地位，准许他们在中国设立教堂，传播教义。南怀仁（Ferdinand Verbiest，1623—1688 年）1682 年随康熙东巡的时候，记录了皇家绣龙挂帐的威风气派："为了维护道路，在皇帝和后妃们经过之前，为不准任何人经过，沿途均派人看守着。道路两侧接连不断地挂着绣龙的挂帐，很像我们的帷帐。"（《鞑靼旅行记》）

　　1685 年，法国路易十四派遣一批博学的"国王数学家"，带着各种科学仪器和礼品来到中国，为康熙皇帝提供科技服务，试图借此建立良好的中法关系。最终到达中国的 5 位数学家，全都受到康熙礼遇，其中张诚（Jean François Gerbillon，1654—

1707 年）还曾代表中方参与中俄尼布楚谈判，发挥了积极作用。

1693 年，尝到新知甜头的康熙皇帝钦命白晋（Joachim Bouvet，1656—1730 年）返回欧洲招募更多传教士来华服务。白晋回到法国之后，给路易十四写了一份长篇报告介绍康熙皇帝，这篇报告后来以《中国皇帝的历史》为题公开出版，该书扉页以一幅康熙龙袍半身像开篇。尽管这条龙画得有点古怪，但是并不损害康熙的英明形象，白晋还在报告中盛赞康熙"是自古以来，统治天下的帝王当中最为圣明的君主"。

康熙麾下的许多耶稣会传教士都曾记录过觐见康熙的见闻和感受，并对康熙大加赞美。与白晋同时来华的李明（Louis Le Comte，1655—1728 年） 在其首版于 1696 年的书信集《中国近事报道（1687—1692）》（*Nouveaux mémoires sur l'état présent de la Chine*）中，甚至称赞康熙是"宇宙间最强大的君主"。该书的扉页，同样以一张康熙龙袍半身像（见图 2-14）开篇，所不同的是，画像的镜框，竟由 4 条大龙和 2 条小龙交缠而成，整个画面，总共出现 9 条龙。这些作为"皇帝纹章"的中国龙，伴随康熙的圣明形象，给欧洲人留下了深刻的印象。

图 2-14　巴黎版《中国近事报道》中的康熙画像，上下画框由 8 条龙纹组成，加上康熙胸前一条，共 9 条龙纹。1696 年

图 2-15　巴黎版《中国哲学家孔夫子》插图，在孔子画像上方配了一幅双龙戏珠图案。
1687 年

图 2-16　卜铁《中华帝国之历史、地理与文艺》中的《孔子出生图》，图中可见有二龙现
于屋顶。1837 年

　　1687 年出版的《中国哲学家孔夫子》，在孔子画像上方也配
了一幅双龙戏珠图案（见图 2-15）。此后 300 年间，这张酷似
欧洲哲人的孔子像，连同两条粗糙的戏珠龙，被各种介绍中国的
著作一再翻印（一幅类似立意、含有双龙戏珠图案的《孔子出生
图》见图 2-16）。可见欧洲知识分子对于中国龙的定位还是非常
清楚的，龙是无上权力或神圣地位的标志。

《中国近事报道》出版后，在欧洲大受欢迎。李明在书中提出，作为诺亚后代的中国人，对上帝的信仰比欧洲更早、更纯洁，"那有趣的对离奇轶闻趣事的描述，向惊奇的读者揭示了一个出奇文明的社会的风俗、艺术和建筑，以及它的政治、哲学和科学"。由于书中介绍和赞扬了东方的儒家思想，批评了西方的堕落，因而卷入了"中国礼仪之争"的漩涡，激怒了巴黎索邦神学院中的保守派，他们一纸禁令，中止了此书的再版资格。可是在此后的300年中，此书却一直是欧洲汉学最重要的参考书之一。《中国近事报道》对中国龙的介绍见表2-5。

表2-5 《中国近事报道》对中国龙的介绍
（郭强、龙云、李伟译）

序号	背景	文摘
1	东南海域	船处在随时触礁的危险之中。……通过时，中国人习惯保持肃静，据他们说是担心惊醒居住在四周山里的龙
2	宁波干旱	总督属下的书吏告知我们，他的主子将于翌日清晨来我们这里，因为八点钟时，他将率领他的全部属下前往附近的一座山去祭龙
3	皇家天文	仪器（黄道浑仪，见图2-17）由四个龙头托举，龙身经几番盘绕到达两根呈十字交叉的青铜柱的顶端，以承受机器的全部重量。选择龙这种动物，因为龙是组成皇帝纹章的动物。根据中国人对龙所形成的概念，四龙表现为在云的环绕中，龙角上覆盖着毛发，下颌有浓密的胡须，双眼圆睁，牙齿长而尖利，龙嘴大张并不断喷射着火焰
4	皇家天文	（天体仪）在等距离的四点上，托着四条难看的龙

序号	背景	文摘
5	天体迷信	他们（中国的天文学家）想象出天上有一条其大无比的龙，它是太阳和月亮不共戴天的仇人，它要把太阳和月亮吞噬。因此，每当人们发现日食或月食开始，他们就会敲鼓击铜盆，发出惊天动地的响声，他们使尽力量敲鼓击盆，直至天上的怪物慑于声响松嘴为止
6	山岳崇拜	有一座山名为龙虎山，道士们认为，形如蛟龙的上部耸立于状若猛虎的下部之上
7	山岳崇拜	他们尤其执着于幻象中的龙，并赋予它非凡的力量和至上的权力。它在天上，在空气中，在海底，而平日，它盘踞于深山里
8	帝王服饰	在他们丝绸上表现的不同图案中，龙的图案是很普遍的。有两种龙的形象，一种是有五趾的，称作龙，仅仅用在为皇帝缝制龙袍的布料上；四千年前王朝的奠基人伏羲是第一个用龙为自己，也为王朝的创始者作为徽记的。第二种龙仅有四趾，称为蟒，2832年前统治中国的武王下旨世人皆可着之，从此以后其用途逐渐普及
9	民俗生活	冬季人们使用粗缎挖花织物，依每个人一时的喜好，图案可以是龙也可以是其他什么形象，装饰差不多是一样的
10	皇帝仪仗	还可见二百余面绘有龙和许多其他动物的金色的扇子
11	印刷书写	我所说的是一块块的墨……有的是金色的，带有龙、鸟和花草等图案
12	君臣仪礼	朝中显贵、同姓亲王、皇兄御弟拜见皇帝本人时不仅要三叩九拜，见到龙椅御座时也要照行礼数
13	天体迷信	中国人认为地球不久将被浓厚的黑暗所包围，于是惶恐不安。他们四处制造吓人的声音以迫使天龙退缩，他们正是把天空光线的减弱归因于这种动物。他们说，光线减弱是因为天龙饥饿难耐，于是要把太阳或月亮吞下去

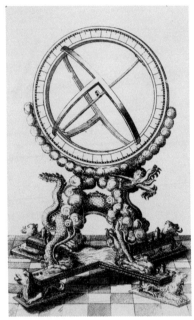

图 2-17　巴黎版《中国近事报道》插图，由云龙驮负的黄道浑仪和二分仪。1696 年

六、尼古拉：绣在皇袍上的龙有五个爪

　　如果说上述书写者都与传教士相关的话，我们可以选择一个无传教背景的书写者，罗马尼亚的尼古拉·斯帕塔鲁·米列斯库（Nicolae Spataru Milescu，1636—1708 年）。1675 年，尼古拉受沙皇委托出使中国，走了一年多才到北京，在北京住了五个月，1678 年回到莫斯科。其间，他写了一本《中国漫记》，当时是以手抄本的形式流传于世。《中国漫记》对中国龙的介绍见表 2-6。

表2-6 《中国漫记》对中国龙的介绍

（蒋本良、柳凤运译）

序号	背景	文摘
1	风水龙脉	他们说丘陵里有四条腿的巨大飞龙，叫麒麟，主宰人间的富贵荣华。因此，他们死了以后都要埋葬在丘陵，为此就像开山寻找矿藏那样寻找风水好的地方，以作墓地。他们寻找形似龙头、龙心或龙尾的地方，他们相信，如果埋葬在这里，他们的子孙会受到荫庇
2	皇帝标志	中国皇帝和博格达汗的标志是一条飞龙。雕在石头上或木头上的龙，每只有四条腿，每只脚上又有四只爪。可是，作为皇帝的象征绣在皇袍上的，每只脚是五个爪，以资区别。不但皇帝的服饰上绣有龙，在金银器皿上、屋顶上，以及室内的一切皇帝的用具上都绘有龙，龙被视为神灵，祈求降福。……皇族以外，任何人都不敢使用黄色和五爪飞龙，如发现有谁使用，即处以极刑
3	风水龙脉	他们盖房子也讲究风水，要寻找一块福地——龙首、龙尾或龙爪所在的地方
4	长沙习俗	这里有一条很著名的河，河水混浊，每逢7月5日（按：端午节），来自全中国的人在这里举行庆典，因为古时一位大官在叛徒的追逐下跌入水中淹死。他的僚属十分爱戴他，在这条河岸上和船上举行庆典来纪念他。……他们把船装扮成各种野兽和飞龙，在船上唱歌或划船比赛
5	江西瓷器	浮梁村，生产我前面介绍的瓷器，上面都绘有黄龙，即飞蛇，然后送到京城北京的皇宫去
6	皇家宫船	（南京）每隔3个月就要运出5船丝绸上贡皇帝，中国人称此种船为龙船，意谓"运送龙的财物的船"，因为龙是皇帝的象征。……船之富丽堂皇和高贵等级也远远超过其他船，若其他百官船只与其相遇，都必须退避礼让
7	广西传闻	（桂林）一座山上有一很深的湖，湖里有四只脚、一个角的鱼，但是这里的人不去捕捉、也不伤害它们，说这是龙的食物

图 2-18　牛津大学出版社《皇家服饰》所录清代宫服上的金丝绣五爪团龙。据收藏者称，这是帝王宫服上的"皇家徽章"。根据天圆地方的原则，皇家补服为圆形，文武百官的补服为方形

七、杜赫德：龙无疑是中国的国家象征

由于耶稣会创始人罗耀拉（Ignacio de Loyola，1491—1556 年）曾明确要求其弟子在外方的传教中必须提交传教区的风俗地理等文化资讯，"因此，来华耶稣会士几乎无例外地与其在欧洲的上司、朋友、家人、资助传教区的王公贵族以及学者们保持着通信关系。……它们给西方带去了中国的形象和信息，因此被反复转抄，广为流传，成了当时欧洲人了解中国的重要窗

口"（杜赫德《耶稣会士中国书简集》）。18世纪初，由于"中国礼仪之争"带来的压力，法国负责北京传教事务的郭弼恩神父（Charles Le Gobien，1653—1708年）着手将一些零散的书信编辑出版，希望借此为北京教区的会士们赢得一些支持。

1708年郭弼恩去世，杜赫德（Jean-Baptiste Du Halde，1674—1743年）接手其事务，中国书简的编辑主要由杜赫德完成。由于此书全是耶稣会士们讲述亲身经历的个人书信，行文不拘一格，内容生动有趣，是一套有关中国知识的资料大全，其问世300年来，一直是西方汉学的必读书。2001—2005年，郑德弟等人将其中的中国书简翻译出版，合约6卷。《耶稣会士中国书简集》对中国龙的介绍见表2-7。

表2-7 《耶稣会士中国书简集》对中国龙的介绍

（吕一民、沈坚、郑德弟译）

序号	背景	文摘
1	宁波暴雨	不一会儿他（仆人）回来了，并跑来对我说，城外的天空中出现了一条龙，知府与带兵的将领已前去看龙了。（1702年）
2	皇宫用具	厅堂饰物中给我印象最深的是两只中等大小的钟，其金质或银质镀金的支架被做成了枝叶交错的树枝状。一只钟的支架上有一头以长鼻做各种动作的大象造型，另一侧的树枝上是一条龙。（1773年）
3	皇帝服饰	由于当时正值庆祝新年，毛皮外的罩袍是以黄色锦缎缝制的，上面绣着几条五爪龙。这种五爪龙（图案）是中国皇帝的标志，正如百合花徽之于我国国王一样。若皇帝以外的其他人想在刺绣品、绘画或浮雕中使用龙的图案，那么，这种龙只能有四个爪。（1773年）

序号	背景	文摘
4	皇帝画像	中国画家们承认这幅龙袍画的手法很娴熟，但又发现该画在细枝末节上有诸多不尽如人意之处……例如（他们认为潘廷璋修士）在龙的某个部位没有画出规定数量的龙鳞，也未精心画出龙袍上某个衣褶等等。因此，皇帝认为潘廷璋修士作为一个新来的外国人，不可能知道画一件龙袍所必须注意的一切；……皇帝命令一位中国画家先画好整个画面，潘廷璋修士只需照此仿描，然后再上色彩。（1773 年）

杜赫德本人终生未曾到过中国，他在编辑"书简集"的过程中，对于许多未能入选的资料深感惋惜，于是萌发了将这些珍贵资料分门别类另编一书的念头。1735 年，四卷本的大部头著作《中华帝国全志》轰然问世，这是 18 世纪欧洲人的中国知识总汇，受欢迎的程度甚至远远盖过"书简集"。此书可靠的信息来源、方便的编纂体例，以及通俗的行文风格，从其诞生之始，就决定了它是一部具有持久影响力的经典名著。无论是什么人，从哪个角度，都能各取所需地从中找到一些有用的中国信息。因其卷帙过于庞大，笔者只能选择其中的第 2 卷，摘出与中国龙相关的部分文字，节译成表 2-8。

表 2-8 《中华帝国全志》第 2 卷对中国龙的介绍

序号	背景	文摘
1	皇帝仪仗	（有一支仪仗队举着象征天上二十八宿的龙旗和日、月、星辰旗）当太阳旗出现在队伍中的时候，中国的天文学家们把它叫作队伍的龙头或龙尾

序号	背景	文摘
2	皇帝服饰	黄色是御用色，除了皇帝谁也不许用，他的衣服上全是五个爪的龙，那是他的纹章（which is his Coat of Arms），没有其他人胆敢以身试法
3	皇家建筑	在这个院子的大门口，有两根白色大理石的柱子，装饰着一些龙的浮雕，在宽阔平坦的柱顶下，装饰着两个小小的翅膀
4	皇帝仪仗	紧接着后面是二十四面黄绸旗，这是皇家专用色，上面绣着金色的龙，那是皇帝的纹章（which is his Coat of Arms）
5	皇帝仪仗	接下来是两百名擎着长扇的队伍，扇子由一根长长的金色棍子支撑着，扇子上画着龙、鸟等各种动物的图形
6	官员服饰	这些满大人胸前方块补服上的图案，恰当地对应着他们各自的官职，有些是四只爪的龙，有些是鹰，或者太阳，而武官的服装上没有这些图案，全是其他的显示威严的图案如豹子、老虎、狮子
7	官员出行	接着是十四面象征着他的身份的合适的旗帜，如龙旗、虎旗、凤旗，或者龟旗，或者其他一些有翅动物的旗帜
8	御赐碑	如果他们获得了皇帝的某些恩惠，或者为了纪念自己的某项荣誉，他们就在石碑上刻两条互相缠绕的龙
9	皇家宫船	没有什么能比这些皇家船只更气派的了，里里外外，到处都点缀着龙的漆画或金饰
10	庙宇建筑	这些建筑的屋顶总是嵌着漆成黄色或绿色的亮丽瓷瓦，屋顶的角上各探出一条同样颜色的龙
11	正月十五	有些人举着一条从头到尾都点着灯的龙，大约60到80英尺长，像蛇一样蜿蜒翻转
12	庆典	有些人肩上扛着一些画着各种图案的镀金乐器，有些乐器的末端还刻着一些弯曲的龙头
13	宴会	这些桌子都是同一样式，四方形，打着漂亮的日本漆，四周装饰着紫色的边，混以金色的四爪龙

序号	背景	文摘
14	皇家宫船	还有一些是专运锦缎、丝绸等物质的船,叫作龙衣船,意思是载着龙的衣服的船。因为皇帝的纹章(the Emperor's Arms)就是五个爪的龙,他的衣服和物品上总是绣着或画着五个爪子的龙
15	钱币图案	中国人往往赋予这些图案以神秘的色彩。飞龙形象完全是综合多种地上生物设计而成,还有其他一些古代钱币上也铸着龙的形象,龙无疑是中国的国家象征(the Symbol of the Chinese Nation),正如鹰之于罗马
16	瓷器	这不是什么很繁重的工作,我们可以想象,在这些中国器具上,他们雕花就像雕龙一样在行,其他图案也是这样

八、龙崇拜就是中国百姓的皇权崇拜

欧洲人进入中国,发现没有任何一项事务能够摆脱中国皇帝的遥控,可是,他们大都不可能见到这个神秘的皇帝,只能见到一条象征皇权的龙。利玛窦感叹说:"中国各种礼节中最为惊奇的或者就是对于皇上的礼节了……第一件惊人的事情就是从没有人直接向皇上说话,除了皇上的子女或住在他的城堡里的亲属或伺候他的宦官。"(《利玛窦中国札记》)

中国皇帝作为上天的代表,具有凡人不可仰视的无上权威:"皇帝本人,高踞宝座之上,面对跪伏脚下的这群崇拜者;这是惟有中国才有的至高无上的,伟大的气魄。"(《中国近事报道》)1656年,一队荷兰使者远渡重洋,历时一年多来到北京,迫切想见一见伟大而神秘的中国皇帝,好不容易得到一次接见的机

图2-19 康熙斗彩云龙纹椭圆形缸，现藏中国国家博物馆

会："我们一直东张西望要看看皇帝，但他被遮住了。依照中国人的礼节，当皇帝坐在他的宝座时，任何人都不许看他。"（约翰·尼霍夫《荷使初访中国记》）

皇帝是天之骄子，龙是皇帝的通天神兽，因而也是专制皇权的符号资本。一个中国之外的旁观者，很容易就会注意到"皇帝—龙—天"三者之间的微妙关系："（御殿的）房屋以及皇帝使用的瓷器、家具和其他物品通常都绘上或绣上龙。他（皇帝）居住的建筑物同样在名称、数字或其他方面与天有某种相似。所以，这座宫殿叫做九天……同样，与十二天宫相应，皇帝居住的特定宫室有十二座……按这一原则，中国人特别是太监在谈到他们的皇帝时，往往采用夸张的词句把他和天、日、月、星等等联系起来。而且，他们不说吹喇叭、击鼓等等，而说打雷，让天施放雷鸣。如要通报皇帝去世，他们用'宾天'（Pim Tien）这样的词汇。"（《中国新史》）

传教士们在对传教策略的思索中，发现中国皇帝是根据"天命"来行使职权的："皇权从它与宇宙力的结合中，获得了其合法权力和威望的主要组成部分。皇帝以开国大典、颁发历书、赐

授封号、对宗教信仰和神祇进行分类，颁降封册、对社会的全面组织来治理天下。"（谢和耐《中国与基督教——中西文化的首次撞击》）作为"天子"的皇帝，处处离不开他的通天神兽，同样，作为通天神兽的龙也处处被皇帝所垄断着。西方人看在眼里，记在纸上，龙作为"中国皇帝的纹章"成为西方人最深刻的中国印象。

撇开那些零散的引文，我们可以对前述 8 个表格做一个简单统计，涉及"龙"的文摘共 68 条（见表 2-9），其中与皇帝直接相关的文摘多达 36 条，占全部文摘的 53%，皇帝是龙的绝对大"股东"。

表 2-9　涉龙文摘主题统计

序号	龙的性质或作用	文摘数	百分比
1	明确说明为"皇帝纹章"或只能由皇帝独享	18	26.5
	皇家装饰图案或象征皇帝身份	18	26.5
2	与地理、风水有关	8	11.8
3	水神、雨神或其他具有神力的偶像	6	8.8
	庙宇或贵重器具的装饰图案	6	8.8
4	节日竞技或娱乐道具（龙舟、舞龙）	4	5.9
5	有害于人类，必须降伏或驱逐的对象	3	4.4
6	高层官员的旗服图案	2	2.9
7	神仙的通天坐骑	1	1.5
	一种蛇	1	1.5
	中国人的国家象征	1	1.5

值得我们注意的还有表中最后一项，此项出自杜赫德的《中华帝国全志》。该书在讨论中国钱币图案如龙、凤、龟、马时，特别说明：中国人往往赋予这些图案以神秘的色彩，龙甚至已经成为"中国的国家象征"。

此前的龙，一般只是被视作中国皇家的纹章，1735年，杜赫德毅然将龙升格为全体中国人的国家象征。虽然这个命题并不是中国人提出的，但对于普通中国人来说，倒也不难理解：忠君即爱国，爱国即忠君，皇帝的纹章，自然也就是国家的纹章。在西方人就更容易理解了，18世纪之前有关中国知识的所有著作中，"皇帝"是出现频率最高的一个词，皇帝就是中国的代表，作为皇帝代表的龙，自然也是中国的代表。

每一个踏上中国土地的西方人，都会为中国皇帝的财富、权力，以及足不出户却统领天下第一帝国的神圣威严感到莫大的困惑。有关中国皇帝的知识，是所有中国知识中最神秘的一章。明末清初传教士花费了大量笔墨描写中国百姓对于皇帝的崇拜：尽管谁也没有见过皇帝，可是，皇帝的影响却无处不在、无所不至。汤尚贤（Pierre Vincent de Tartre，1669—1724年）1701年第一次来到中国的时候，就在给父亲的信中写道："在中国人中再也没有比属于皇帝的东西更神圣的了，即使是分文不值的东西，人们也敬若神明，小心保管。"（《耶稣会士中国书简集》）

来自中国的所有资讯，无不极力渲染中国皇帝奇妙而稳固的专制集权："法律既赋予了皇帝至高无上的权力，也要求他在行使权力过程中要温和适度，这是长此以来支撑中国君主制广厦的两大支柱。中国人民的首要情感便是对君主的尊敬，几乎达到了崇拜的程度。皇帝被称为天子或人主，他的诏令是金科玉律，他的话语是金玉良言，他的一切都超凡入圣。臣民们很少能一睹龙颜，向他进言时只能跪在地上。"（《中国近事报道》）

接踵利玛窦而来的传教士，为了落实融会东西的适应政策，热衷于与文人士大夫，或者皇帝身边的达官贵人打交道，他们亲证了这些酸腐文人对于古代社会的崇敬与热爱，轻信了他们对于当今皇上的溢美之词，有些传教士甚至将康熙皇帝的个人魅力推想为中国皇帝的普遍魅力，在这些传教士的笔下："中国的新形象，是一个强大、自给自足、受到一位仁慈的专制君主统治的国家，这位君主不仅按照儒家经典所规定的道德和政治规范行事，而且任命那些通过了科举考试、熟谙治国之道的行政人员组成的机构进行治理。"（雷蒙·道森《中国变色龙》）

当然，耶稣会传教士热衷于与中国皇帝的合作，可能与其创始人罗耀拉的导向有关。罗耀拉最初是在底层社会活动，后来发现，引导或影响统治阶级，会更有利于宗教理想的实现。他命令弟子们应该力求担任君王的忏悔神父，这样才有足够的力量借助君王而兼济天下。罗耀拉参照军队组织，制定了严格的会规，强调会士必须绝对服从会长，无条件忠于罗马教皇。所以，在耶稣会士眼中出现这样的中国景观也就不奇怪了："在古代形成的各种政府思想中，可能没有比中国的君主制更完美无瑕的了。这个强大帝国的创立者当初倡导的君主制跟今天几乎一模一样。……中国似乎并没有受普遍规律的约束，好像上帝就是她的缔造者，虽然经历了四千多年的风雨，当初的政府与目前相比具有同样的

威力。"(《中国近事报道》)

传教士中虽然也有人看到中国式专制皇权的腐朽、官场的腐败、民众的懦弱，但是，这些声音并没有成为欧洲中国知识的主流。相反，他们似乎更热衷于借助一个"虚胖的"中国叙述一种社会理想，以此作为促进西方社会开放进取的参照系。因此，儒家政治的民本思想，科举取士的公正开明，康熙皇帝的礼贤下士，无不成为他们反思自身的政治参照。中国知识刺激了欧洲社会的危机感，催化了欧洲社会政治的改革和进步。

九、风靡欧洲的"龙时尚"

至迟到 16 世纪，伊朗的漆绘装饰中，就已经有了龙、凤、麒麟等动物同处一画的成熟作品（*Chinese Ornament: The Lotus and the Dragon*，见图 2-20）。而这种将中国龙纹当作装饰图案的风潮吹到欧洲，则是 17 世纪之后的事。

16 世纪以降，葡萄牙、西班牙以及荷兰的海外扩张，导致大量的中国工艺品流入欧洲。"中国外销瓷在中西文化交流中的作用，是其他任何商品无法替代的。通过它上面的纹饰，把中国的山川城池、市井屋舍、人物服饰、神祇传说、百工技艺、风土人情、海关商馆、帆船画艇、飞禽走兽等逼真形象，广为传播。中国在欧洲各国的最早形象，很大一部分是通过瓷器形成的。"（吴建雍《18 世纪的中国与世界·对外关系卷》）

图像也是一种语言，承载着丰富的文化信息。借助来自中国的器物图像，欧洲贵族不仅熟悉了中国绘画，也通过绘画理解了中国文化。"中国皇室的图案尤其受到青睐，在当时的伦敦，绣有龙、凤、麒麟图案的服装被认为是最时尚的，西方人本来视龙为凶恶之物，但这时却感到这些东方怪物有一种'难以言状的美感'。"（姜智芹《文学想象与文化利用：英国文学中的中国形象》）龙纹瓷器是明清两朝的贡品，也是中国瓷器的上品，这一点早就为欧洲商人所熟悉和垂涎。今天的大英博物馆，就摆着明代的五爪龙纹瓷盘（见图 2-21），色彩鲜艳，蜿蜒亮丽。

中国风格受到欢迎，"色丝、刺绣、瓷器、漆柜和漆屏，使欧洲宫廷社会熟悉了中国设计的款式及原理"（G. F. 赫德逊《欧洲与中国》），于是，一些欧洲商人开始组织技工自己试验并制作中国式工艺用品。17 世纪，"巴黎、都尔及里昂的制造商，欲迎合国人的嗜好，仿制中国的以龙为图案的丝织衣料，有些仿制品是极其精致的"（《十八世纪中国与欧洲文化的接触》）。可惜的是，由于这些仿制品的成本比来自中国的原装正版还要高，加上欧洲人也更喜欢正版的中国"龙样"，这些仿制品的销售业绩并不理想。

伴随大批纺织品的西传，中国刺绣以及刺绣花样，也逐渐成为欧洲贵妇人的时尚装扮，"在伦敦，绣着麒麟、龙、凤等图案的中国刺绣服装被认为是最摩登的服装"。有个英国家具商名叫齐彭代尔（Thomas Chippendale，1718—1779 年），擅长制造精巧、结实的椅子，他家的货品统称"齐彭代尔"。齐彭代尔曾有一份家具目录，其中即有"中国框架以及四个床角各有一条龙、床头板上有中国式祠庙的一张大床"（张国刚等《明清传教士与欧洲汉学》）。

图 2-20　16 世纪的伊朗漆画，
上部为成熟的龙凤图案。现藏大
英博物馆

图 2-21　明代隆庆年间双龙戏
珠大彩盘。现藏大英博物馆

英国人在营造中式花园方面起步较早。据说肯德公爵按照中国园林的式样，造了一个邱园（Kew Gardens），一度被当作欧洲新式花园的蓝本。园中有座佛塔，"塔一共九层，每层都有中国式的檐角。屋顶四周以八十条龙为饰，涂以各种颜色的彩釉"。1670年以后，法国的新式花园全都将邱园视作范本，"法国园林建筑也置有八角形的凉亭、飞翘的屋檐，并饰以龙、风铃、异鸟珍禽和多彩的花"，他们把这种风格叫作"英中式花园"（严建强《十八世纪中国文化在西欧的传播及其反应》）。一位名叫厄曼纽厄尔的德国王公，"曾在法国过流亡生活，及回慕尼黑，带来了一种爱慕中国事物的时尚"，也在自己的公园里建了一座中国风格的浮屠塔。1781年有位访问过该公园的游客说："左右都可以看到石头刻成的许多龙蛇，构成'龙泉'。"（《十八世纪中国与欧洲文化的接触》）

另一个著名的例子是，1773年腓特烈大帝按照中国景观的审美风格，在波茨坦建了一所别院，并将它命名为"龙居"（Dragon Cottage）。不过，德国贵族对中国风格的模仿毕竟是二手的，大概仿得不大像，为此还遭到某些"中国通"的嘲讽。被认为第一个将中国风格引进法国的画家怀托，也曾饱受后世评论家的批评："怀托画中的中国人，实在只是化了装的欧洲人。例如一幅命名为'中国皇帝'的画，即是集种种怪诞的大成。图中皇帝手持鲜花节杖，坐于葵树下的高坛上，四周为花枝所拥，旁有一个中国侍者，右方有两个欧洲人，正在趋前致敬。"（《十八世纪中国与欧洲文化的接触》）

18世纪之前，许多欧洲人以为中国人就是诺亚的子孙，中

图 2-22 英国《笨拙》杂志漫画《中国迷》。法国贵夫人面对着以龙纹瓷盘为首的一堆中国物品，轻声叹道："哦！多么迷人啊！"旁边的约翰牛提醒道："夫人，你确定要培养这方面的品味吗？你会发现那是相当昂贵的。"1883 年

国是他们所能找到的世上最好的地方。门多萨说："他们去寻找一个满意的地方，但没有发现比这里更富饶更温和的地方了，这儿有人类生活所需要的一切东西，简直没有匹敌；他们因它的富饶，不得不在这里定居，如果他们找遍全世界，也再找不到类似这里的了。"（《中华大帝国史》）

那时候，整个欧洲都充满着对于异域中国的浪漫想象。"他们把这种想法，作为一种节目，应用到娱乐游艺之中，很符合于他们的想法。中国服装的舞会和化装跳舞首先在巴黎、维也纳出现，后来又在其他宫廷举行。这种娱乐，在 18 世纪中变得非常风行，最后全体人民都投入其中。"（《十八世纪中国与欧洲文化

的接触》）18 世纪的巴黎，与"中国"有关的娱乐设施也如雨后春笋不断冒生，比如中国咖啡屋、中国浴室、中国舞场、中国娱乐剧院之类。剧院经常上演一些与中国皇帝或中国公主、中国医生相关的传奇故事。一位法国作家在《王子卡拉夫和中国公主的故事》中，就有"皇帝端坐在龙形的御座上，接受阁老们三跪九叩礼"的细节描写，这个故事经久不衰，后来成为著名歌剧《图兰朵》的蓝本。在一个名叫中国迷宫的游乐场，"有木制的龙供游客骑着转圈"（许明龙《欧洲 18 世纪"中国热"》）。

1787 年始，极度迷恋"中国风"的英国王储威尔士亲王，在英国南部兴建了一座颇具"中国幻景"的布莱顿宫。"体现中国权威的'龙'，在布莱顿宫便随处可见。不过，这种龙不是中国传统的龙，而是张牙舞爪、身上长着奇特翅膀的龙，它们金色的身躯挂在天顶上，盘在灯具上，绕在柱子上，画在墙壁上，目光炯炯，使得宫殿在华丽宝贵中透出一种威慑力。"（袁宣萍《布莱顿宫：乔治四世与他的"中国幻境"》）亲王后来成了国王乔治四世，终其一生始终沉迷于一个假想的、虚幻的"东方幻象"。

18 世纪兴起于法国的洛可可（Rococo）艺术，更是将中国式审美趣味从理论到实践推向了一个新的高潮。"对于洛可可艺术来说，中国是一个充满艺术和智慧的模范国家，在这个'中国式装饰风格'流行的世纪——来自东方的图画、花瓶、雕刻、墙纸、漆器，以及丝织品，全都成为时尚。有关中国的小说也将读者引入神话般的理想国度，在那里，安乐平静的人民享受着无忧无虑的生活，统治者富于学识。以伏尔泰为首的历史学家们，将中国奉作理想社会，认为中国具有卓越的社会哲学、宗教与行政管理。"（*A Cultural History of the Modern Age: Baroque, Rococo and Enlightenment*）直到今天，汉堡大学汉学系教授劳悟达（Uta Lauer）仍认为："回顾 17 世纪末和 18 世纪的中国风，历历在目的是这些宝塔、亭阁、斗拱房顶、龙、迈森彩绘瓷器、漆制家具和乐器上的镶嵌品、青花装饰瓷砖、身穿中式衣装的人物、彩绘壁纸以及绘有中国风物的挂毯，这一切看起来是那么具有田园风味和异域风情，甚至有些媚俗。然而，中国风也可被理解为是对一个更美好的世界、一个基于启蒙原则的和平社会的向往，是一种乌托邦式的渴望。"（劳悟达《中国风在德国》）

检讨 17—18 世纪风行欧洲的"龙时尚"，我们很容易理解以下推论：只有当欧洲人对中国以及中国文化怀有一种喜爱之情，了解到龙纹具有作为皇帝纹章的权力内涵时，他们才会对这条看起来貌似"邪恶丑陋"的龙产生兴趣，激发出美感，视作时尚标签。尤其对于那些欲以高贵美丽形象示人的贵妇人来说，如果她们丝毫不了解龙在中国的"权力美"内涵，很难想象她们会将一条海怪龙或魔鬼龙当作时尚标签，绣在自己的衣服上。今天我们还能看到 19 世纪中期英国贵族在中国订制的许多生活器皿（见图 2-23），盘绕其上的龙纹数量或体形，比之中国皇宫的龙器皿还更夸张，这些龙形象非常精致、成熟（*The Decorative Arts of the China Trade*）。

从明代后期直到清代中期，无论是偶尔访华的游客或外交官，还是定居、老死于中国的传教士，抑或从未涉足中土的欧洲知识分子，习惯以赞叹的笔调将中国描绘成富足的强大帝国。在他们笔下，龙就是中华帝国的皇帝纹章、至高无上的权力象征。

图 2-23　英国贵族在中国订制的龙耳杯。1850 年左右

耶稣会出于在华传教的适应政策，并未刻意丑化中国龙，相反，他们明显表现出与龙合作的姿态。中国工艺品上的精美龙纹，以及龙纹所附载的皇权意味，激起了 18 世纪欧洲贵族阶层的"龙时尚"。他们热衷于将龙绣在衣服上，刻在花园里，以龙为美，以中国风格为时尚。龙形象的美丑变异，只是帝国荣衰的晴雨表，国强龙美，国弱龙丑，与龙被译作 Dragon 或是 Long 没有关系。

对于强大中华帝国的憧憬与向往，是 16—18 世纪欧洲人的东方梦想。不过，好梦不长，19 世纪的清王朝以喧天锣鼓的连环滑稽戏，迅速就将这幅欧洲童话式的美妙幻觉给搅得无影无踪。欧洲人醒了，中国龙却被欧洲人哄睡了。睡着了的龙，脑后梳起一根小辫子，被人拉到另外一个舞台上，不演正旦，改演丑角。

第三章

19世纪西方漫画中的"辫子龙"与中国元素

当耶稣会传教士把中国描绘成一个理想国的时候，中国位于欧洲坐标系的正坐标上。绝大多数耶稣会传教士笔下的康熙皇帝，都焕发着一种圣明的光芒。他们甚至将这种对于个别明君的崇敬之情扩展到对于整个君主制度的赞美："那些把政治进步的最好希望寄托于'开明专制主义'的法国新君主论者，可以把中国引作他们自己信条的具体实现。他们不得不引用这一亚洲的例子来为自己鼓气，因为欧洲本身没有可供他们作为根据的先例。在中国他们找到了他们所需要的东西。"（雷蒙·道森《中国变色龙》）

尽管早在18世纪的英国，就已经出版了许多与中华帝国负面形象有关的畅销书，如丹尼尔·笛福（Daniel Defoe）的《鲁滨孙漂流续记》、乔治·安森（George Anson）的《环球航海记》等，但是并没有从整体上影响到中国的正面形象。"在1600—1800年间，欧洲人对中国悠久的历史、辽阔的疆域、中国人极高的受教育程度，以及中国政治与儒家道德的结合都表现出了敬佩之情。那时，西方的帝国主义和种族歧视尚未抬头，西方人的优越感还没有对中西关系造成影响。令中国人蒙受耻辱的侵略战争和不平等条约还都是后话。"（《奇异的国度：耶稣会适应政策及汉学的起源》）

英国使节马戛尔尼（George Macartney，1737—1806 年）18 世纪末的中国之行，被许多西方学者视作中国形象朽坏质变的标志性事件。"这次使命的主要目的是要与中国建立外交关系，并希望获准进入广州之外的其他口岸。这次访问的彻底失败使人相信，中国最终将被强迫着才会改变对西方的态度。"（约·罗伯茨《十九世纪西方人眼中的中国》）

一、鸦片战争前英国漫画中的龙与中国元素

1792 年，马戛尔尼勋爵率领一支由数百人组成的庞大使团来华。大清朝廷误以为英国是一个主动前来进贡乞藩的远夷小国，自作多情地在他们的礼物车上插上了"英咭唎国贡物"的三角旗帜。可是，自许为日不落帝国的英咭唎国却不是来乞藩，而是来寻求贸易"最惠国待遇"的，他们提出了开放港口和租用岛屿的多项要求，这在中国历史上是破天荒的。天朝自认为地大物博，无须与海外蛮夷商务往来，乾隆皇帝客客气气地把他们打发回去了。

大英使团铩羽而归，"并令其所代表之英皇亦遭受藐视且丧失体面"，不过，大英使团出乎意料地被逐，成为英国出版界掀起"丑华"热潮的导火索。据黄一农统计，该使团于 1793 年回

到英国之后，"至少有 14 人记录或出版了相关的日志、传记或报告"，许多传记一版再版，在整个欧洲广为传播。随团画师亚历山大（William Alexander，1767—1816 年）甚至留下了上千幅关于中国风土人情的写实画作。黄一农认为，这些画作"强烈影响了此后至少半个世纪西方人眼中的中国形象，许多书籍或直接或间接地采用他的作品，而画中的元素也常常以各种形态再现"。这些画作和出版物"直接或间接地对鸦片战争之前西方人心目中的中国印象产生重大影响"（黄一农《龙与狮对望的世界——以马戛尔尼使团访华后的出版物为例》）。

其实早在马戛尔尼使团出发前一个星期，英国漫画家詹姆斯·吉尔雷（James Gillray，1756—1815 年）就创作了一幅《在北京皇宫接待大使和他的随从》（见图 3-1），一种单张发行的政治漫画。画中乾隆皇帝脑满肠肥、大腹便便，一边吐着烟圈，一边斜视着远道而来的英国客人；马戛尔尼手拿国书，单膝跪在乾隆座前；大使身后的随从们，有的双膝跪在地上，夸张地翘起大屁股，有的高举礼品，眼中流露出惊恐、畏惧的神情。漫画集合了许多想象的中国元素，大清官员的臃肿，特色鲜明的帽子、补服、八字胡须、长而弯曲的指甲、烟管、朝鞋，此外，在画面上部正中央，一条黄色（有的版次印作绿色）的龙趴在皇宫的檐上，嘴里吐着芯子。

这幅漫画完全是根据 18 世纪流行于欧洲的各种"中国元素"拼合出来的想象场景，使团出发之前就已经印行了，与真实历史事件可以说毫无关系。可是，由于随后的中英会面在很大程度上正好暗合了这个滑稽的场面，于是，虚构的漫画被奇妙地历史化

图 3-1　吉尔雷《在北京皇宫接待大使和他的随从》。1792 年

了。这类漫画不仅在英国发行，并且遍布整个欧洲，人们将之装裱后挂在厅房里，作为一种时尚挂画，很受欢迎。《在北京皇宫接待大使和他的随从》作为吉尔雷的传世名作，对 19 世纪英国人心目中的中国形象，具有明显的形塑作用。

　　随团画师亚历山大回到英国之后，为这次历史性的中英会面创作了多幅版画。可是由于亚历山大地位太低，本人并没有机会参与"会见"，因此只能借助想象来完成这些历史性的画作，想象的依据，除了与会人士的口述，显然还有吉尔雷漫画的影响。画中的官员大都站在乾隆背后，其中两名居然站得比皇帝还高（见图 3-2），这是不合中国礼仪的，但是，它符合欧洲人漫画式

图 3-2　随团画师亚历山大描绘乾隆会见英国大使的场景。约 1793 年

的中国想象。

　　1816 年，急于开拓亚洲市场的英国政府再次派阿美士德（William Pitt Amherst，1773—1857 年）率团出使中国，再次企图敲开中国门户。可是，如日中天的大英帝国没有想到，阿美士德这次出使比马戛尔尼亏得更惨，由于不谙中国官场的繁文缛节以及各种潜规则，使团耗费巨资却一无所获，不仅未能取得尺寸之功，甚至连中国皇帝的面都没能见着，就被中国人驱逐出境了。整个欧洲为之哗然。

　　许多英国知识分子将这次出使理解为摄政王子（即后来的乔治四世）对大清王朝一厢情愿的仰慕。据说"从 1815 年起，摄政王子就在布莱顿的皇家行宫，摆设许多以竹子、尖塔和龙等形貌为基调的装饰品，并大胆采用红、黄与金色等中国人喜爱的色调"（黄一农《印象与真相——清朝中英两国的觐礼之争》）。这

图 3-3　克鲁克香克《在布莱顿的中国行宫》。约 1816 年

种过时的审美情调与每况愈下的中国形象似乎不大合拍，著名的政治漫画家乔治·克鲁克香克（George Cruikshank，1792—1878 年）特地创作了一幅漫画《在布莱顿的中国行宫》（见图3-3），用以讽刺摄政王子的中国情结。

　　这幅漫画从整体构图到各种中国元素的配置，都非常明显地有意仿照了吉尔雷的漫画。尤其是画面中心的摄政王子，简直就是吉尔雷漫画中中国皇帝的翻版，脑满肠肥、黄衣蓝袍、八字胡须、笠帽、长指甲、扭曲的烟管，团坐在画面中央，正在给躬立的阿美士德交代任务。克鲁克香克画面中的各种中国元素非常鲜明，最显眼的是画面上部正中央一条古怪的绿龙灯饰，龙爪中还握着一顶塔形灯罩。

图 3-4　西摩《伟大的乔斯和他的玩偶》。1829 年

　　注意这条长着两对古怪翅膀的绿龙以及它的位置。中国祥龙一般没有翅膀，更不会画成绿色，龙尾也不是细长无力的蛇尾，更不会绕这许多小圈圈，可见此龙既不是中国祥龙，也不像欧洲恶龙，属于两者结合变形的怪物，和它的主人一样被画家做了丑化处理。这些在中国人看来不伦不类的小情调，却很能反映18—19 世纪欧洲人理解的中国元素。

　　不过，吉尔雷漫画的影响并未到此为止。1829 年，在乔治四世的声名跌至谷底的时候，漫画家罗伯特·西摩（Robert Seymour，1798—1836 年）创作了一幅讽刺乔治四世的著名漫画《伟大的乔斯和他的玩偶》（见图 3-4）。一望而知，这幅画与上述几幅漫画是一脉相承的。脑满肠肥的主人公团坐在画面左侧，蓝衣服、八字须、笠帽、长指甲、扭曲的烟管。

这幅画上的中国元素甚至比《在布莱顿的中国行宫》更加突出。乔治四世的座椅是一把冒着金钱气泡的中国茶壶，四个扎着辫子的中国弄臣正在为他提供娱乐服务。其中最耀眼的装饰依旧出现在画面上部："乔治四世的中国式装饰风格，最荒诞可笑的是一条古怪的龙，它戴着卫兵的头盔，身上吊着一顶由中国式笠帽和铃铛组成的王冠一样的华盖。"（*English Political Caricature: A Study of Opinion and Propaganda*）这条所谓的中国龙身上，还有一根大清官帽的孔雀翎。古怪的中国元素伴随着乔治四世放荡无度的恶名，就这样奇怪地被画家融合到了一起。

这幅漫画集中地体现了当时英国乃至欧洲对中国形象的嫌恶。这一时期，欧洲人想象中的中国社会，恰是欧洲社会的反转镜像，什么都是倒过来的：中国人以丑为美，光怪陆离。

二、老胖丑怪的"满大人"

17—19世纪的欧洲，科学技术和政治经济等各方面都发生了翻天覆地的巨大变化，可是，庞大的中华帝国却千百年如一日地依然停滞在君君臣臣、父父子子的礼仪细节上。随着入华传教团体内部意见的分化，以及各色西方旅行者、商人对于中国人，尤其是对于中国官僚负面报道的增加，16—18世纪耶稣会传教士们所精心构筑的浪漫美好的中国图景开始坍塌，有关中国的负面形象逐渐成为东方知识的主流。"19世纪初，欧

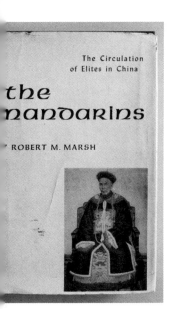

图 3-5 台北南天书局1984 年重印的汉学著作《满大人：17—19 世纪中国的精英阶层》。该书1961 年初版于纽约

洲对中国的态度出现了明显的变化。上一世纪对中国的热情被蔑视所取代。"（《中国变色龙》）

西方人普遍认为中国是个过于崇尚古制的社会，人们不思进取，不求变革，社会长期处于停滞状态。黑格尔说："中国人过于自大，不屑从欧洲人那里学习什么。"（《历史哲学》）他把中国当成人类上古社会的一块活化石，用我们今天所谓"历史遗留法"的眼光来研究中国。所以，黑格尔认为可以通过处于停滞状态的中国社会，来讨论整个世界历史的"幼年时期"，即人类社会的"低级阶段"。

从理论上对中国进行了一系列弱化、矮化、低级化的论证之后，欧洲人认为"先礼后兵"的"礼时代"结束了，转而进入"兵时代"："通过恭恭敬敬的劝解攻破中国的闭关自守失败后，欧洲人现在变成用武力击破它。"（哈罗德·伊罗生《美国的中国形象》）

中国地位下滑的 19 世纪，正是西方漫画迅速升温、日趋成熟的时代，市场流行插画报刊。每一次有关中国的新闻，都给蒸蒸日上的漫画界提供了一系列新鲜热辣的漫画素材。19 世纪的许多西方人也正是通过各种时事画报以及画报上的漫画来认识中国的。

西方漫画中的中国形象，大概是从大清官员"满大人"的滑稽化拉开序幕的。在19世纪的欧洲人眼中，除了中国皇帝，所有的中国人都不是个体的人，而是面目平板、表情一致、整齐划一的"中国佬"（Chinaman）。正如黑格尔所说，在中国，无从发现任何"主观性"的因素，人民心甘情愿地将自己看作是最卑贱的，自认生下来就是给皇帝拉车的，缺少独立人格，"'实体'简直只是一个人——皇帝——他的法律造成一切的意见"（《历史哲学》）。

19世纪早期欧洲漫画中的中国人形象并不很多，基本上都是"满大人"和茶叶商人的形象。但即使是茶叶商人，也是作"满大人"的装束。这与同一时期大量"中国见闻"图书中的插画很不一样，在这些见闻类图书的插画中，大量出现的是中国异教徒的奇风异俗和官场文化，其中出现最多的是无处不在的剃头摊，以及拜神的民众、威风的官员、路边的乞丐、受刑的犯人等。这些旧元素、旧景象被漫画家们简约化处理之后，焦点逐渐集中到了"满大人"的形象上。

漫画式的大清官员形象在19世纪中叶的大量涌现，或许与漫画周刊《笨拙》（Punch）的创办有很大关系。《笨拙》是欧洲最早，也曾是最有影响力的漫画杂志，1841年7月17日创刊于伦敦，之后迅速风靡全欧，连续出版了150年，堪称漫画出版业的神话。本节将以《笨拙》为例讨论"满大人"与辫子龙的相生关系。

《笨拙》创刊当年的400余幅漫画中，除了那些用中国辫子

图 3-6 《笨拙》为第一次鸦片战争战事报道《来自中国的重要新闻》所配的插图。1841 年
图 3-7 《笨拙》漫画《中国佬张三》，这个"满大人"就是两广总督叶名琛。1857 年

勾勒的小插图，还有三幅专题的中国漫画：一是为《来自中国的重要新闻》(第一次鸦片战争战事报道) 而作的插画 (见图 3-6)，画着一个游刃有余的英国水兵揪起一位大清官员的辫子，将他扛在肩上，"满大人"体形肥胖，一脸惊恐，四肢大张 (第 6 期)；二是《中国的盛宴》，描绘英军击沉中国海船的画面 (第 14 期)；三是《对中国文书的回击》，画着一个接到皇帝圣旨的"满大人"，气得帽子飞向脑后，抖起了他的辫子 (第 15 期)。

　　漫画都是变形、提炼的艺术，漫画家是最擅长用夸张手法及时反映大众审美趣味的"时代印象提炼者"。那些提炼得比较恰当的漫画元素，总是不断地在漫画中一再得到体现，最终成为一种大众共享的印象模式。第一次鸦片战争中水兵背走"满大人"的图像，时隔 16 年之后就曾再次出现在第二次鸦片战争前的《笨拙》杂志上。另有一首配画诗，用以讽刺著名的"六不"总督叶名琛，可是，诗画标题却叫《中国佬张三》（1857 年 1 月 10 日，见图 3-7）。在当时欧洲人心目中，叶名琛这样的"满大人"就是典型的中国形象，名字统一都叫"中国佬张三"（John Chinaman）。

《笨拙》自创刊始，就一直拿中国人的辫子作漫画素材，即便是一些与中国人毫无关系如《普鲁士国王》之类的文章，也用中国人的长辫子配上漫画插图。1842 年第一次鸦片战争结束，《笨拙》在年末最后一期刊登了第一幅中国主题的封面漫画（封面漫画一般要占据一个完整页面）《介绍中国大使》（见图 3-8）。后人为这幅漫画所做的说明是："与中国的战争圆满结束了，中国皇帝终于同意了和平条约，官方条约规定了由中国支付巨额赔款，开放固定港口，将香港岛割让给英国。"

画面重心是一位典型的"满大人"，老胖的身躯、古怪的辫子、八字须、高跟朝鞋、长指甲，脖子上挂着一串朝珠，身上吊着些零碎的饰物，身后是他的一群蓄着长长指甲的年轻妻妾。1841—1911 年的《笨拙》，每卷都有关于中国的漫画，但在第二次鸦片战争之前，龙纹只是众多中国元素中的一种，而非明确的国家象征符号。

这一时期大清帝国的形象代表是"满大人"。其共同的要素是辫子、官服（含孔雀翎、暖帽、补服、念珠、朝鞋）、长指甲，此外就是肥头大耳、朝天鼻、八字须、长烟管等，其共同神态则

图 3-8 《笨拙》漫画《介绍中国
大使》。1842 年

以自高自大、自鸣得意、奸诈狡猾、不知羞耻，或者惊慌失措的
滑稽表情为主。

三、"满大人"变身辫子龙

　　第二次鸦片战争初期，《笨拙》的漫画还胶着在茶叶贸易的
冲突问题上。1857 年的漫画《一小包中国茶叶——约翰·宝灵
爵士的友好奉献》（1857 年 8 月 1 日，见图 3-9）就表达了对香
港总督宝灵的不满，讽刺宝灵的中国化。宝灵头上竖着一根冲天
的小辫子，划着中国的龙船，眼睛盯着面前的中国美女，正在将
中国茶叶输往英国。图中出现了龙船、高塔、拱桥，这都是欧洲
的书籍插画中最常见的中国元素，也是欧洲人眼中最有中国风味

图 3-9 《笨拙》漫画《一小包中国茶叶——约翰·宝灵爵士的友好奉献》。1857 年

图 3-10 《笨拙》漫画《简单的茶餐》。1858 年

的代表性景致。

　　随着冲突的升级加剧，中英关系持续恶化，英国媒体对大清王朝的态度开始由嘲讽转向了攻击。在《简单的茶餐》（1858 年 9 月 4 日，见图 3-10）中，英国小姐拎起一把大炮状的茶壶指着"满大人"说："再来一点火药吗，中国先生？""满大人"惊恐地将手挡在胸前："哦，不，谢谢。"画面是各种中国元素的拼合，如汉字、对联、中国式风景画等等，其中"满大人"身穿龙袍，坐在一把小龙椅上。

　　第二次鸦片战争初期，其实是大英帝国与两广总督叶名琛之间的战争。这一时期《笨拙》刊发的以叶名琛为题材的辱华漫画多达数十幅。以一人之力而拖累全中国形象，叶名琛是最著名的。《笨拙》在 1858 年刊登了一幅嘲笑骑士装束的漫画《林顿最后的比赛：伯爵为夫人而战斗》（1858 年 9 月 18 日，见图3-11），这事本来跟中国没任何关系，可是，漫画家居然应景地使用了叶名琛的形象来描绘林顿的对手。于是有了两个穿着古怪装束的"骑士"，各骑一匹虚拟的假马，各操一件毫无杀伤力的武器，进行着一场滑稽的"战斗"。

1860 年 10 月英法联军杀入北京，焚烧圆明园之后，春风得意的《笨拙》刊发了《在中国我们应该做什么》（1860 年 12 月22 日，见图 3-12），为其侵略行径进行辩护。

我们只要看看骑士手中的双锤（象征英法联军，锤子被特意画得如两个鸦片球），就知道这幅漫画与《林顿最后的比赛》之间的亲缘关系。注意对照我们前面看到的"满大人"形象，一望而知，这条所谓的中国龙就是由"满大人"形象与欧洲恶龙形象糅合变身而来的混体龙。我们从上往下看，首先是头上那条高高扬起的粗糙的长辫子，其次是嘴唇上的八字胡须，再次是曲张的双手及其长而尖利的指甲，然后是大腹便便的身躯，最下面是"满大人"的方头朝鞋，每一样都是欧洲人想象中的中国"满大人"特征要素。

征服异己是全世界史诗和绘画中的常见题材。征服恶龙是欧洲绘画中常见的题材，但在第二次鸦片战争之前的欧洲绘画中，笔者尚未寻见击杀中国龙的画作。"征服中国龙"这一类漫画在西方的流行，很可能是从《在中国我们应该做什么》开始的。第二次鸦片战争无疑是中国形象在欧洲滑至谷底的象征性事件，其中，叶名琛这位"满大人"在"中国辫子龙"形象的塑造、成形过程中起到了关键性的催化作用。

图 3-11 《笨拙》漫画《林顿最后的比赛：伯爵为夫人而战斗》。1858 年

图 3-12 《笨拙》漫画《在中国我们应该做什么》。1860 年

图 3-13 《笨拙》漫画
《家族关系》。1891 年

这条由"满大人"变身而来的中国辫子龙，从其一出生开始，头上的辫子就成为象征中国的标志性元素。在1891年的《家族关系》（见图 3-13）中，画家干脆给这条中国龙戴上了"满大人"的暖帽，穿上了"满大人"的官服，但就算戴着帽子，辫子依然飘在身后，未能省略。画面中约翰牛（John Bull）问俄国："你不打算帮我一个忙（捆住中国龙）吗？"俄国说："嗯，我不清楚，你知道我跟他有点亲戚关系。"

四、美国排华漫画中的辫子龙

讽刺漫画总是与时事密切相关。英国漫画中的辫子龙形象始于第二次鸦片战争，美国漫画中的辫子龙形象始于 19 世纪 70 年代的排华运动。"始初，是好奇性质的描绘，华人形象并未被丑化。但是，当年美国人士对中国事物的见识肤浅无知，亦在画作中有所反映。例如：汉字是莫名其妙的涂鸦；华人妇女的髻式服饰，奇特夸张，不伦不类。到了后来，这种无知变本加厉，加上中美关系及内政种族纠纷紧张，华人形象被进一步丑化：长辫、哨牙、细眼，等等。"（胡垣坤等《美国早期漫画中的华人》）

由于在美华人吃苦耐劳，劳动力价格低廉，在劳动力市场上极具竞争力，因而导致部分底层白人失业，直接影响了一些普通美国工人的生活，所以一些美国民众，尤其是与华人构成就业竞争关系的底层有色人群，以及意欲讨好这些有色选民的美国政治家，他们对于华人的排斥以及对于中国的蔑视情绪也是最激烈的。作为社会情绪风向标的政治漫画，自然也在排华问题上格外卖力。"一八七○至一九○○年代，是排华运动的高潮时代。华人也就成了报章杂志的热门漫画主题，极受嘲弄。各种报章杂志，用很多篇幅，大写特写有关华人的种种报道及评论。当然，画笔下的华人，逃不出'艺术'处理，各种丑化造型，使华人成为不折不扣的，不可教化的'异教'人群。"（《美国早期漫画中的华人》）讽刺漫画作为一种直观的观念性宣传品，对于普通大众的心理影响，远远超过大多数学者的长篇大论。"19世纪后期美国的排华潮中，美国的排华漫画起了十分恶劣的作用，现在这些漫画成了近代史上美国排华的历史见证。"（黄安年《从历史上的漫画看19世纪后期美国的排华潮》）

在各种排华漫画中表现最突出的漫画杂志主要有《黄蜂》（*The Wasp*）、《精灵》（*Puck*）等。《黄蜂》是最早在美国进行大型彩色漫画批量制作的周刊，以刺痛腐败的政客和万恶的资本家见长，不仅对美国的时事政策产生过重要影响，在美国漫画史上也有突出贡献。

在种族歧视方面，创刊于1876年的《黄蜂》从一开始就将矛头指向了华人，他们将华人视作廉价的竞争者、垄断资本的帮凶。他们最初并未将普通华人画作龙，而是将华人画作猪，或者蝗虫、老鼠、青蛙、蝙蝠、吸血鬼等丑陋动物。但在1879到1882年之间，该杂志接连发表多幅将华人画作恶龙的漫画作品。

图 3-14 《黄蜂》漫画
《多头吸血鬼——彻底地打
击》。约 1880 年

较早将中国人画作恶龙的，是巨幅跨页漫画《多头吸血鬼——彻底地打击》（见图 3-14）。画面上，长着四个脑袋的吸血龙，头上分别写着"犯人劳动力""中国人的诅咒""东部竞争""政治窃贼"，一个代表白人劳工的女神，手执长矛，一枪扎在写着"中国人的诅咒"的龙头上。

如果说这条多头的恶龙还不是用来专指中国人的话，1881 年发表的《移民，东方与西方》（见图 3-15）则用一条辫子，将龙与中国人的对应关系牢牢地绑在了一起。漫画将东西方严重对立起来：左图表现了西方向东方的移民潮，意气风发的西方人，打着"工业""农业""资本""劳动""艺术"的招牌前往东方；与此形成对照的是，右图东方向西方的移民却被画成了一条蛇形的巨龙，龙身上写着"中国移民"，龙身上的几处白癣，分别写着"新的条约""天花""毁灭白人劳工"等。

值得注意的是，代表中国移民的龙头上，赫然甩起一根长而扭曲的辫子，卷成"ASIA"（亚洲）字样。龙身肮脏不堪，画面阴暗压抑。两图的说明文字上，西方向东方的移民是"帝国的正确方向"，东方向西方的移民却成了"国家衰落之路"。作

图 3-15 《黄蜂》漫画《移民，东方与西方》。1881 年

者的强盗逻辑是非常明显的，典型的"只许西方放火，不许东方点灯"。

　　同一时期，《哈珀周刊》（*Harper's Weekly*）也刊发了著名漫画《中国给美国所做的外交设计》（1881 年 2 月 1 日，见图3-16）。一个象征美国的大花瓶上，华人无处不在，华人甚至将鸦片带到美国，用辫子将美国国旗拖倒；一条代表中国的巨龙正紧紧地缠绕在花瓶上，一只龙爪举着一份"新的条约"正准备塞入花瓶；花瓶被缠得四处开裂，花瓶上的白人劳工被吓得仰面跌

图 3-16 《哈珀周刊》漫画《中国给美国所做的外交设计》。1881 年

图 3-17 漫画的原型，原载于《伦敦新闻画报》上的《中国花瓶》。1844 年

倒（该漫画的原型，见图 3-17）。

　　华工被美国人视作最不道德、最肮脏的异教徒，无孔不入的害虫，通过压低工资进行不正当商业竞争的外来者。上述两份漫画上都提及了"新的条约"，因为 1880 年中美两国刚刚对《中美天津条约续增条约》中的移民条款进行了修订。修约本身已经构成一个新闻事件，漫画正是呼应修约事件而作。由于大清王朝的无能，修订后的条约对华工移民极为不利，可是，得寸进尺的美国政客和文人并不因此满足，他们希望能够借助舆论，将这些中国异教徒彻底赶出美国。

　　新的《中美天津条约续增条约》生效之后，美国国会很快于

图 3-18 《黄蜂》漫画《拯救行动》。1882 年

图 3-19 《黄蜂》漫画《滑稽的儿童》。1882 年

1882 年通过《排华法案》，自 1882 年 5 月 6 日生效执行，排华
运动因此得以完全合法化。漫画《拯救行动》（见图 3-18）正是
响应这一法案而创作的。

　　漫画再次强化了四头妖怪"辫子龙"的丑恶形象，其中一个
龙头已经被英雄珀尔修斯（Perseus）斩落地上。扭曲的辫子龙
身上，写着"天花"字样，珀尔修斯右手执"地方权力"之剑，
左手执"卫生局劳洛博士"的盾牌，英勇地护卫着身上写着"S.
F."的旧金山女神。

　　同时出现在《黄蜂》的另一幅漫画《滑稽的儿童》（见图

3-19），保姆打扮的阿瑟总统正在用"中国法案"向儿童打扮的"太平洋海岸"吹起两个分别写着"希望"和"光明前程"的大气泡。天真的儿童正安坐在由长辫中国人变成的座椅上，地上还趴着一条谄媚的辫子龙，正对着儿童摆头摆尾。在这幅漫画中，不仅象征中国人的龙头上扬起了一根长长的辫子，连儿童的座椅顶部也竖着一根标志性的丑陋辫子。众多的辫子龙形象，呼应着大规模排华运动的历史背景。

　　1878年底，大清王朝第一任驻美公使陈兰彬到达美国任上。华人素有崇拜官员和权力的传统，大清使节的到来，曾一度让许多华人欢欣鼓舞。可毕竟"弱国无外交"，陈兰彬几乎不能为这些饱受压迫的美国华人提供任何帮助，只好关起门来过自己的悠闲日子。在美国漫画家笔下，这位远渡而来的"满大人"，在使馆内高高地升起一面三角龙旗，当绝大多数华人饱受歧视和迫害的时候，他却在美国的土地上享受着田园牧歌般的酒肉生活（《美国早期漫画中的华人》）。1880年之后，三角龙旗在排华漫画中得到频繁表现。汹涌的华人如鼠蚁般打着龙旗大肆进入美国，成为美国排华漫画中最常见的讽刺场景。

　　1880年，《黄蜂》漫画《公元1900年的旧金山》（1880年9月4日，见图3-20），图中虚拟了一个20年之后由华人主宰的地狱般混乱的世界。画面上处处都是华人和龙旗，"满大人"悠然高坐，正在接受一群中国猪的跪拜；华人黑社会扛着龙旗、举着砍刀，公然欺行霸市；白人已经被彻底赶出了这个城市，一幅肃杀恐怖的景象。

　　1888年，大清海军正式采用四方龙旗作为大清国旗。同年

图 3-20 《黄蜂》漫画《公元 1900 年的旧金山》。1880 年

9 月,《黄蜂》就将龙旗上面这条弓着身子的龙拽了出来,创作了一幅《没有更多条约》(1888 年 9 月 29 日,见图 3-21)的排华漫画。

画中的山姆大叔左手拿着一张破碎的"中美条约",右手握拳,正抬脚将中国大龙踹入大洋,大洋彼岸的亭台楼阁显示了中国建筑的特征。被踹的大龙明显就是丑化处理过的大清龙旗上的"祥龙",龙口不是对着红珠,而是牢牢握在龙爪上的一杆鸦片烟枪。

图 3-21 《黄蜂》漫画《没有更多条约》。1888 年

五、落魄的巨龙不如狗

甲午战争不仅是军事战争，也是舆论战争，日本媒体在这一事件中掀起了一次特大狂欢。1894 年始，日本媒体将腐朽落后的大清帝国当作反面教材，大肆进行爱国主义教育。日本画家在这一时期创作的战争锦绘和战争漫画多到数以千计，但或许因为日本也是一个喜欢龙的民族，日本漫画家一般将中国人画作猪（见图 3-22），以龙指代中国人的漫画反倒不常见。

而在英国人看来，中国和日本这两个东方国家，一样都是东方恶龙，中日战争就是一场大龙与小龙的战争。战争刚刚开始，

图 3-22　日本漫画家北泽乐天明治时期作品《日清战争》

图 3-23　《笨拙》漫画《文明的胜利》。1894 年

《笨拙》就刊发了一幅题为《文明的胜利》（1894 年 8 月 11 日，见图 3-23）的漫画，画面右边站着一位风姿绰约的文明女神，忧伤地看着左边大海上龙与龙之间的这场恶战。那条头上扬起一根长长的辫子、戴着"满大人"暖帽的巨龙，无疑代表了中国，另外一条蜈蚣似的凶狠小龙，代表日本。漫画旁边还附着一首小诗《东与西之歌》，诗云："东就是东，西就是西，东西永远不一起。"在这些傲慢的西方人眼里，西方代表着文明，东方代表着野蛮。

　　同一时期的日本方面，我们以明治时期影响最大的时事画刊《团团珍闻》为例，看看日本人眼中的中国龙。战争序幕刚刚拉开时，出现过一幅将中国画作"辫子蛇"的《鸡与蛇》（1894 年 6 月 30 日，见图 3-24）。几个日本儿童，正对着一条觊觎笼中鸡的辫子蛇操起棍棒，准备予以痛击。

图 3-24 《团团珍闻》漫画《鸡与蛇》。1894 年

图 3-25 《团团珍闻》漫画《蛟龙的切身》。1894 年

10 月，该刊再次刊发了一幅《蛟龙的切身》（1894 年 10 月 27 日，见图 3-25）。一个日本厨师，正在从容地将中国蛟龙切成片；边上的日本女人，笑眯眯地奉上佐料；一群惊恐的中国人，吓得辫子都竖了起来，瞪大眼睛，却束手无策。

战争行将结束时，《团团珍闻》在第 1000 号特刊的封面上，刊印了一幅著名的漫画《征服黄龙》（1895 年 2 月 9 日，见图 3-26）。画上一个日本海军战士手持日本军刀，怒视着仰面倒在地上、惊恐万状的辫子龙。这条龙不仅头上有一条辫子，尾巴也被画成了一个拖着辫子的中国人头，因此成了一条"双头双辫龙"。

如果说鸦片战争是输给了武器精良的西方国家，那么，甲午战争却输给了人力、物力、财力、军力都远不如中国的日本，如此惨败着实让大清王朝颜面扫地，甚至让许多西方观察家也大跌眼镜。在欧洲漫画家笔下，原本面目狰狞的中国龙，到了甲午战争时，已经退化得毫无斗志，楚楚可怜。在《笨拙》漫画《好狗》（见图 3-27）中，一个欧洲人牵着一条身上写着"最后通牒"的狗，正冲着中国龙一阵狂吠，穿着大清朝靴的中国龙吓得缩在墙角边，两脚发软，紧闭双眼，一屁股坐在自己的尾巴上。画面上的欧洲人旁白道："这是一条非常有用的狗，我得让它再叫唤一次。"墙外的看客旁白："噢，天哪。真令人难以置信。"这条软弱无能的辫子龙，一再退缩到连狗都不如了。

腐败和无能从来得不到同情。大清王朝所遭受的种种不平等条约并没有引起西方漫画家的丝毫同情，在西方的各种宣传文字中，大清王朝的屡战屡败总是与"满大人"的顽固保守和狂妄自大相提并论，漫画家笔下的中国龙，其跌落平川遭犬欺

图 3-26 《团团珍闻》封面漫画《征服黄龙》。1895 年

图 3-27 《笨拙》漫画《好狗》。1895 年

的懦弱形象也只是让人觉得滑稽可笑、自取其辱。"总体上，19世纪的中国渐渐被西方人看作是劣等民族、牺牲品和臣民、可以获取利润的源泉、蔑视和可怜的对象。"（《美国的中国形象》）

六、剿灭"黄祸"

征服龙与征服东方、征服异教徒，在这一时期的许多欧洲人心目中，甚至是三位一体的。早在 1834 年，德籍传教士、汉学家郭士立（Karl Friedrich August Gützlaff，1803—1851 年）就曾公开声称："龙应该被废黜，基督应该成为这个辽阔帝国上唯一受到崇拜的王。我热切地希望我们伟大的主用他万能的手将中国从撒旦的奴役中尽快解救出来。"（*Journal of Three Voyages along the Coast of China*）

19 世纪 80 年代以来，俄国、美国、英国、德国的一些种族主义分子都曾先后抛出过所谓的"黄祸论"。这一论调的巅峰之作是德皇威廉二世（Wilhelm Ⅱ，1859—1941 年）于 1895 年亲自构思，由画家克纳富斯（Hermann Knackfuss，1848—1915 年）创作的《黄祸图》（见图 3-28），该图原题为《欧洲各民族，保卫你们的信仰和家园！》（*Völker Europas, wahrt eure heiligsten Güter!*），这幅作品被当成珍贵的礼物送给了沙皇尼古拉二世。

画面中间，天使手持利剑，正引领着欧洲基督教徒们准备保卫自己的家园，象征基督精神的十字架在空中照耀着他们。乌云密布的对立方是象征"黄祸"的佛祖与龙，分别指代佛的日本与

图3-28　德皇威廉二世主创的《黄祸图》。1895 年

龙的中国，他们正乘风而至，乌云笼罩着欧洲的田野和村庄。英国皇家地理学会会员戴奥西在《新远东》中对《黄祸图》进行了说明："至于那个祸患呢，他正坐着一条龙，在一团火焰的光辉中拨开一片暴风云向前逼近；那是一条不会被人弄错的远东的龙，那片暴风云是从一座正在焚烧着的城市的火焰中升起的。对于一个从事征服的蒙古种的祸患来说，龙似乎是一个选得不好的坐骑，因为'皇帝陛下乘龙'的说法的意思是中国皇帝驾崩。"（戴奥西《论"真正的黄祸"》）

　　威廉二世的脑部健康有点问题，这是一幅纯粹由脑病人臆想出来的战斗图式，可是，其因直观地表现了西方人杞人忧天的"黄祸论"，以及对几百年前蒙古军队横扫欧亚大陆的惨痛记忆，成为一幅影响巨大的世界名画。

图 3-29 《笨拙》漫画《新的联盟》。1859 年

事实上，发生在 19 世纪的所有国际争端，没有一单是中国对外扩张或对外用兵的结果。相反，倒是欧洲人主动跑到中国来撒野。《笨拙》漫画《新的联盟》（1859 年 9 月 24 日，见图 3-29）就记录了英法联军的侵略与分赃。在共同的利益面前，英法两国可以暂时搁置矛盾，联手瓜分中国。漫画典型地表现了中国龙与英国狮、高卢鸡的对峙。

早在 16—18 世纪，欧洲人就已经熟悉了中国龙的皇权意味，以及龙作为风水符号或风水守护神的印象。因此，将入侵中国的概念转换成与龙对峙的概念也就顺理成章了。画面的远方是隐约的中国城堡，城堡前横亘着一条巨大的中国龙，全副武装的鸡头人拿破仑三世（Napoléon Ⅲ，1808—1873 年）对手持猎枪的狮头人约翰牛说："我亲爱的朋友，我们还从未如此步调一致地使用过我们的枪，这岂非好运到来？"猎食者和侵略者的面孔暴露无遗。

当然，许多学者曾经论述过，1895年的《黄祸图》主要针对日本而不是中国。可是，1900年，一场在中国华北地区迅速蔓延的针对欧洲传教士和中国教民的杀戮行动，以及被称作义和团的"暴民运动"，彻底地将"黄祸论"矛头转向了中国。日本由于参与征服中国"黄祸"的联军作战，反而奇怪地从"黄祸论"中解套了。发生在中国境内的庚子事变似乎印证了德皇威廉二世的奇思怪想。短短一年中，中国作为"黄祸"的发源地和集散地的观点，像毒气弹爆炸一样，迅速弥漫于整个西方社会，成为遗毒至今的流行观念。

以《笨拙》刊发的跨页巨幅宣传漫画《复仇者》（1900年7月25日，见图3-30）为代表，欧美各国都生产了大量针对庚子事变的屠龙漫画。"复仇者"是一位翅膀上写着"文明"的天使，"黄祸"的角色则由中国龙饰演。画面上，手持长矛和十字盾牌的天使，模拟"圣乔治（Saint George）屠龙"的经典场景，正在击杀象征落后势力的中国恶龙。

几乎同一时间，维也纳漫画杂志《公鸡》（Kikeriki）也刊登了漫画《与龙战斗》（1900年7月15日，见图3-31），画面上，野蛮的中国龙将文明女神囚禁在一个简陋的山洞中，德皇威廉二世模仿"圣乔治屠龙救少女"的传说，正举起利剑，准备斩杀恶龙，救出文明女神。

在这些屠龙漫画中，龙既可以象征整个中国，也可以象征

图 3-30 《笨拙》漫画《复仇者》。1900 年

图 3-31 维也纳《公鸡》漫画《与龙战斗》。1900 年

义和团。但在美国《黄蜂》杂志刊出的漫画《第一要务》（1900
年 8 月 8 日，见图 3-32）中，龙则被明确地标明为义和团势力，
而不是皇帝。画面上，一条身上写着"义和团"的辫子龙，正穿
出中国城墙，赴向"文明女神"，龙身后引起的浓烟中，分别写
着"无政府状态""谋杀"和"骚乱"。女神右手执长矛，左手指
着辫子龙，愤怒地对着安坐于龙椅上无动于衷的中国小皇帝说：
"在我们的麻烦得到处理之前，你必须杀死这条龙。如果你不干，
那就由我们来。"

图 3-32 《黄蜂》漫画《第一要务》。1900 年

仔细观察小皇帝的"龙椅",很容易发现它的原型就是当年亚历山大所绘的乾隆画像中的那把龙椅。亚历山大并没有见过乾隆皇帝,当然也没有见过真正的龙椅,但这并不妨碍他画出一把让西方读者误以为真的伪劣龙椅。一百多年后,这把完全不符合中国风格的龙椅却一直被西方画家视作典型的中国元素,得以在漫画中反复再现。

相比于美国漫画家,欧洲漫画家对中国宫廷的权力分配似乎更为了解。在美国漫画家笔下,中国皇权的象征性人物就是小皇帝,而在欧洲漫画家尤其是法国和德国漫画家笔下,中国皇权的象征性人物是慈禧太后。德国漫画杂志《跳蚤》(Der Floh)曾经刊登了一幅题为《女巫骑着中国》(1900年6月,见图3-33)的漫画,漫画中还有这样的文字:"慈禧太后是以孔夫子之道来治理国家的,据说一旦跨越长江,太阳就会从李鸿章那里升起。"画面中,主和的李鸿章被画成了一个太阳,而主战的慈禧太后则被画成了一个丑陋的女巫,她正骑着巨龙冲出国门,据说还有成千上万的恶魔与她相伴而行。在这里,龙与恶魔的意思虽然不是很明确,但无疑与义和团运动相关。

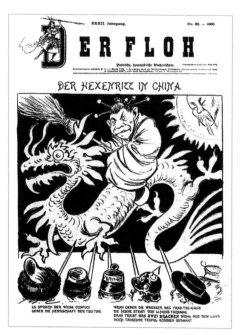

图 3-33　德国《跳蚤》漫画
《女巫骑着中国》。1900 年

七、瓜分中国

这场所谓的远东战争结束之后，德军在中国印制了大量题为《在中国的战斗》（ *Der Krieg in China* ）或《与中国作战》（ *Der Krieg mit China* ）的系列明信片，方便兵士寄回国内以作炫耀。编号 6310 的这张（见图 3-34），欧洲列强被画作全副武装的四头武士，来到由一条巨龙守护着的中国城门口，一个日本小武士率先冲了上去，对着巨龙举起屠刀。在这些宣传品中，与对中国的蔑视相对应，"那些远赴东亚的德国战士被视作英雄，他们牺牲了自己，并且战争是能够显示德国有所作为的唯一可能性。

图 3-34　德军明信片《在中国的战斗》。1900 年

交战得到了庆祝，尚武的传统受到大力培育。民族的自我意识、优越感和对敌人的蔑视更加强烈了。作为大国的德国，它的军事重要性，它的持续上涨的影响力，被加以突出强调"（克莱门斯·安德里斯《从明信片中看青岛和中德关系》）。

　　由于中国以龙为皇权象征、国旗标识，因此，"圣乔治屠龙"是最容易被画家们想到用来表现东西方军事和文化冲突的经典场景。在另一张德国明信片《列强征服中国》（见图 3-35）中，列强士兵全都被画成了圣乔治的模样，个个骑白马，着锦衣，脚裹护甲，手执长矛，招招刺在巨龙身上。大部分此类德国明信片，都会在边角空白处印上一行小字："来自北京的问候。"

　　欧洲列强的远东战争，不费吹灰之力即大获全胜，美、英、法、俄等国纷纷表彰参与军事行动的远征将士，为他们颁发功勋

图 3-35　德军明信片《列强征服中国》。1900 年

奖章。德皇威廉二世更是乐不可支，所有的结果，似乎都印证了他在《黄祸图》中做出的预言。意犹未尽的威廉二世，亲自设计了一套"中国勋章"以表彰参与远东战事的德国人。凡参与战斗的士兵均获铜质勋章，未直接参与战斗的服务人员则获得钢质勋章。勋章正面图案均为"德国鹰征服中国龙"（见图 3-36），铜质勋章背面写着"胜利的勇士，1900—1901，中国"，钢质勋章的背面则写着"为远征中国服务"（德国国防部颁发的纪念文件，见图 3-37）。

　　在欧洲，蛇与龙难分难解，而鹰与蛇则恰好成为一对对立的象征。德国艺术史家鲁道夫（Rudolf Wittkower，1901—1971年）在《鹰与蛇：一个象征符号的变迁史》中指出："代表太阳的正义之神鹰，与代表黑暗邪恶力量的邪恶之神蛇（龙），广泛

图 3-36　德皇威廉二世亲自设计的"为远征中国服务"勋章正面图案。1901 年

图 3-37　德国国防部颁发给"中国远征军"参与者的纪念文件。文件正上方是一只张开翅膀的德国雄鹰，正下方则是一条被利剑刺穿的中国龙，龙身翻转，脚朝天，头垂地。1901 年

存在于古代埃及、罗马、印度、中世纪基督教会等图像与文献，以及印欧大陆各民族的神话、民间故事之中。"因此，鹰与蛇的战斗是"世界上最强大的鸟与最危险的爬行动物之间的斗争，两者之间的战斗具有非凡的意义"。1900 年的巴黎世界博览会上，艺术家临时加铸了一尊巨大的"鹰龙"铸铁雕塑（见图 3-38），一只雄鹰的利爪紧紧抓住了一条缠附在岩石上的巨龙，其象征意义或许正是呼应中国的义和团运动而来。

　　不过，笼罩在欧洲上空的"黄祸"忧患很快就烟消云散了。

图 3-38 "鹰龙" 铁雕现存于美国新泽西州格鲁吉亚法院大学的意大利花园。1900 年

征战结束之后，不堪一击的中国军队已经令侵略者们毫无顾忌，几乎所有参与远征行动的西方国家，包括闹着要"脱亚入欧"的日本在内，接下来几年中，都在公开讨论如何"瓜分中国"，反映这一题材的西方漫画多得难以计数。"中国自身就像一具俯卧着的尸体一样被撕碎，到了19世纪末，它的领土和政府主权被极度掠夺性地攫取，它显然已经处于被彻底瓜分的边缘了。在绝大多数西方人的眼中，这一历史时期的中国人形象是苟且偷生和无助的，并几乎到了可怜得无以复加的地步。"（《美国的中国形象》）

题为《肢解中国怪物》（1902年）的法国明信片（见图

图 3-39 法国明信片《肢解中国怪物》。1902 年

3-39）上，一群手持利刃的联军士兵，围着一条毫无反抗能力的中国龙，正在兴高采烈地分割龙肉。一个试图独占在华利益的俄国士兵（Le cosaque）正一脸焦灼地横霸在龙身上，冲着手持大刀的约翰牛喊道："只许看，不许碰。"到了这种时候，中国是否被瓜分，如何瓜分，中国龙已经没有发言权，只能任人宰割了。

八、漫画化的中国元素

图像的直观认识作用是非常重要的，自古以来，公众就乐于借助图像来建构对于未知世界的认识。16—18世纪的西方人通过瓷器、丝绸，以及各种外销器物上的图案来认识中国龙和中国人。耶稣会传教士李明（Louis Le Comte，1655—1728 年）在谈到中国的外销图案时就曾说过："他们（中国人）在瓷器上画的花是相当美丽的，但人物形象全是残缺不全的，他们在外国人的心目中损害了自己的形象，因为外国人只能通过这些东西了解中国人，他们以为中国人的身材真的就像画上表现的那样可笑，那么可怕。"（《中国近事报道》）

英国著名艺术史家昂纳（Hugh Honour）在《中国风：视

觉印象》（*Chinoiserie: The Vision of Cathay*）序言中以自己为例，说到他小时候对中国的印象，就是通过一些画着中国景象的生活用具，以及那些被称作中国风格的建筑物等视觉形象而获得的。他说自己"和其他孩子一样，偶尔也去参加化装舞会，把自己打扮得像个'满大人'，全副刺绣的丝绸套装，草编拖鞋，一条长长的辫子从我后脑际垂下来，再在上唇粘上一溜胡须"。尽管由于中西艺术审美的标准不同，这些中国形象可能让西方人觉得滑稽可笑，难以接受，但他们并不厌恶，相反，可能很喜欢。正如令人喊打过街的老鼠，到了迪士尼设计师的手中，可以化作惹人怜爱的米老鼠。

李明认为，欧洲画师的写实绘画以及透视技术远在中国同等画师的水平之上。只要欧洲画师愿意，他们一样可以制作出让中国人爱不释手的精美龙纹。1878 年，中国印制的第一套大龙邮票，就是由一位法国画师设计的（蒋宝林《揭开大龙邮票设计者之谜》），不仅如此，许多具有浓郁中国风味的大清邮票，如 1894 年的"万寿票"等，也都是由欧洲画师设计的。

1889 年巴黎世博会期间，法国出版了一部大书《巴黎展（1889）》，其中多处出现舞龙灯助兴的热闹场面。其中《夜晚在巴黎荣军院举行的殖民庆祝游行》（见图 3-41）所描绘的巨幅越南龙灯，不仅制作精美，而且显得喜庆温良，和蔼可亲。

由此可见，龙之美丑，既不取决于画师的中外身份，也不取决于画龙技术，主要取决于市场或政治需求。邮票设计师将龙进行美化处理是为了适应中国市场的需要，同样，漫画家将龙进行丑化处理是为了适应欧美舆论市场的需要。

图 3-40　中国第一套邮票的设计草案之一，未被采纳的"双龙戏珠图"。此图案明显模仿了英国国徽的设计模式。1878 年

图 3-41　法国出版的《巴黎展（1889）》插画《夜晚在巴黎荣军院举行的殖民庆祝游行》局部。1889 年

　　同为欧洲画家，他们可以将龙画得精致可爱，也可以将龙画得丑陋狰狞。第二次鸦片战争之后的辱华漫画，无论龙形如何千变万化，多数都会在头上扎起一根丑陋的辫子，以标示其中国元素。各种辫子虽然丑态各异，但是，怪诞的基本特征却是一致的，这正是漫画家们刻意描绘的结果。

图 3-42　荷兰明信片《西部中国人的茶道》。1898 年

　　与中国人将辫子视若性命不同，在西方漫画家的笔下，这根辫子既可以任意变形，也可以随意取舍，完全视乎漫画主题的需要。我们以三幅中西关系相对融洽时期的漫画为例，看看这时是如何表现中国元素的。

　　一幅是1898年发行的荷兰明信片《西部中国人的茶道》（见图 3-42）。画面显示了一个中国茶商向欧洲人奉茶的场景，画面所展示的中国元素特别多，如纸伞、屏风、灯笼、花瓶、茶具等，甚至连"满大人"身上的孔雀翎、八字须、朝鞋都被挪用到中国商人身上或小商铺中了。整个画面杂而不乱，商人头上的辫子，也被描绘得光洁柔滑，还特意搭在了胸前。最引人注目的

图 3-43 《荷兰周刊》漫画《中国的鸦片禁令》。1906 年

是商铺门顶横着一块巨大的龙匾，匾上的龙形与大清龙旗上的龙形非常相似，弯曲有度，通体暖红，显得华美可爱。

第二幅是《荷兰周刊》（*Week-blad voor Nederland*）刊登的《中国的鸦片禁令》（1906 年 12 月 2 日，见图 3-43），这也是一幅罕见的从正面角度观察中国的漫画。画面上高举长刀的中国男子，虽然戴着瓜皮帽拖着长辫子，但是形象并不猥琐，相反还颇得背后荷兰与法国女子的青睐。荷兰女对法国女说："这家伙倒是为我们树了一个榜样。"只有英国的约翰牛大为懊恼："这个异教徒……这个屠龙手……他这是断我的财路啊！"

在这幅禁烟主题的漫画中，代表中国的并不是龙，而是高举长刀的青年男子，正在奋力斩杀脚下那条写着"鸦片"的恶龙。在这里，龙虽是负面形象，但它是作为中国的对立面出现的。画面中央的中国男子虽然拖着一条长辫子，但并不扭曲，形象也还英武，相反，贩卖鸦片的英国约翰牛，反倒被画成了一个肥头大耳、气急败坏的负面形象。无疑，当龙被画作鸦片替身的时候，被丑化的是鸦片龙和英国，而非中国。当中国作为正面形象被呈现的时候，甚至连那条被欧洲画家

图 3-44　美国版《龙与鹰》插图《大街上的游行队伍》。1944 年

反复扭曲的中国辫子都被画得刚直有力。

　　另一幅是 1944 年美国图书《龙与鹰》的插图《大街上的游行队伍》（见图 3-44 ）。一队中国青年，打着"盟军胜利"的横幅，举着凯旋灯笼，舞着一条长长的黄龙，吹吹打打地走在大街上。时值抗日战争进入收尾工作，中国与日本的位置正好对调。日本成了"黄祸"的象征，而中国则成了美国的同盟者。在共同的敌人面前，龙与鹰的"天然"敌对关系消失了，龙的形象变得美好起来，与 19 世纪 80 年代美国漫画中的丑陋恶龙形成了鲜明的对照。

　　中国龙以黄色为贵，但在 19 世纪的大多数西方漫画中，中国龙被有意涂成了绿色、蓝色、灰色、黄褐色。色彩的表达关乎画家的情绪和感受，漫画家刻意使用不均匀的暗色调、不流畅的扭

图 3-45　明恩溥《中国人的性格》插图，一条小龙趴在一个光头上，如同中国人的辫子。1894 年

曲线条来描绘中国龙，其目的正是表达或者引导漫画读者对中国的嫌恶。不过，正如我们所看到的，在中西关系相对比较融洽的时代，当市场和政治需要画家表达对于中国的喜爱之情时，他们依然可以用同一支笔，为中国龙换上暖红、明黄的色彩，配以舒展流畅的线条，装上亲切可爱的表情。

　　西方漫画中的中国龙，都是组合式的夸张。一是各种中国元素的组合，如《笨拙》漫画中，龙身上的辫子、八字须、长指甲，以及暖帽、补服、朝鞋等，组合之后的漫画龙当然不再是中国人眼中的龙，却能让人一望而知是象征中国的龙；二是情感画素的组合，尤其是美国辱华漫画所采用的色彩、线条，总是与阴暗、混乱、病态、疯狂、无孔不入等概念联系在一起，令人望而生厌。

所谓的中国元素，其实是迎合欧洲人异域想象的东方元素，它在西方绘画中的呈现，是一种选择性的呈现。不同时期的欧洲绘画，总是会批量呈现与这一时期的西方情绪相对应的中国图像。时势在变，人们对异域想象的需求和口味也在变，中国元素自然也就跟着呈现出不同的面向。在这种时势化、政治化、情绪化的西方图像中浸淫久了，笔者曾尝试在东京大学综合图书馆的书库中随机抽取一些中国见闻类的古旧洋书，仅仅凭借图像作者的取材眼光，就能大致判断这些图书的出版时代，八九不离十。这是笔者在中国近代史的苦涩爬梳中难得的一点小娱乐，算是苦中作乐。

16—18世纪的欧洲人很少深入中国内地，图书插画中的中国元素，除了贯穿于整个16—19世纪的大辫子，出现频率最高的中国元素主要是汉字、佛塔、凉亭、神庙、商铺、轿子、码头、骑楼、牌坊、旗杆、龙纹、凤纹、灯笼、纸伞、对联、木船、水车、驿站、拱桥、城墙，以及纺织、节庆、婚礼、集市、抽烟、打牌、喝茶、演戏、放风筝、官员仪礼等。这些插画元素的主要来源有二：一是仿自中国器皿、布帛等工艺用品上的现成图案，一是源自欧洲商人和旅行家在广东、澳门等南方沿海地区的见闻。这些插画表现了一个宁静安乐的异域东方。

到了19世纪，大量的西方商人和冒险家开始深入中国内地，图书插画的中国元素也相应地扩增了。16—18世纪出现过的中国元素依旧会出现在19世纪的插画中，但是，从出现频率看，表现宁静安乐的元素明显偏少，出现频率最高的是颓废的鸦片烟

图 3-46　英国《笨拙》杂志讽刺漫画。近代版的"乘龙遨游图",大清王公共洋人端坐于龙舆,侍者牵龙索于侧。1898 年

馆、高大的北京城墙、戴枷的罪犯、路边的乞丐、衣衫褴褛的穷人、求神拜佛的男女、推着独轮车的老男人、威风八面的"满大人"出行（见图 3-46）、道士或和尚、女人的小脚、热闹的剃头摊、奢侈的宴饮、阴沉的街道、破落的神庙、舞龙舞狮、士兵操练、婚丧嫁娶、节庆活动、斗鸡斗鸟等场景,描绘了一个停滞、野蛮、贫富两极分化的异域东方。

1900 年,西方的摄影技术已经非常成熟,许多摄影师尾随八国联军来到中国,拍摄了大量中国图片。在这些图片中,出现得最多的是八国联军的胜利留影,以及义和团员的砍头照,其次是劫后的废墟、萧条的街道、杂乱的市场、荒芜的皇宫、贫病的百姓、惊恐的路人,以及劫后余生的教民生活等,记录了一个地狱般的东方废墟。

直到 20 世纪中期，美国中小学教科书上有关亚洲的部分，依然讲的是中国的"大辫子、缠足、水稻、火药发明等事情，或是稻田中原始水车以及长城、宝塔或神殿等图片"（《美国的中国形象》）。多数西方人对于中国的认识只能是类似这种片面化、元素式的，过去如此，现在如此，将来一定还是这样，只不过抽取哪些片面、哪些元素，却是随着中西关系的变化而轮换的。

九、欲加之罪，何患无龙

意大利人艾儒略（Giulio Aleni, 1582—1649 年）是继利玛窦之后最重要的入华传教士，被中国基督教徒尊称为"西来孔子"。明末福州教徒李九标记录了他与艾儒略的一段对话。李九标问："敝邦之云致雨也，必以龙，未知贵邦亦同此否？"艾儒略反问："中邦之龙可得而见乎？抑徒出之载籍传闻也。"李九标答："载而传者多，若目则未之见也。"艾儒略说："人有目所亲见者，尚未敢实信其有。矧目所未见，而敢定其有无乎？且中邦之言龙也，谓其能屈伸变化，诧为神物。敝邦向无斯说，故不敢妄对耳。"（《口铎日抄》）艾儒略声明"敝邦向无斯说"，可见他并没有拿西方的 dragon 来对应中国的龙。

相似的对话还曾发生在清末外交家曾纪泽与英国人清臣（Sir Samuel Halliday Macartney, 1833—1906 年）之间。清臣说："华人所称龙，能巨能细，能飞能潜，西人以为无据。"曾答曰："古有豢龙御龙之官，必是确有其物。《周易》以龙为阳气取象，则然不必定有其物。然江海中雨前水柱上升，华人称为龙上水者，塈雨后黑影悬空天矫，华人称为龙挂者，西人皆以为水气、电气激薄而成，却与《周易》暗合。但水族伏处，幽潜不可考见者，盖亿万种，不可以西人未尝见龙，遂以为无是物也。"接着，两人又谈到恐龙，曾纪泽进一步解释说："中国谓龙有九种，君所言似华人所称应龙者，既有骨骼更可证龙之必有也。"（曾纪泽《出使英法俄国日记》）

李九标与曾纪泽身份不一样。李九标是个普通老百姓，龙的存在与否，跟他的现实生活关系不大；曾纪泽却是大清官员，维护龙的合法性就是维护大清王朝天授神权的合法性，从而间接地维护了自己作为"满大人"的合法性。所以，李九标并不争辩龙的真实性，而曾纪泽却必须竭力为龙辩护。出于同样的目的，戴鸿慈也在《出使九国日记》中为龙辩护道："中国古书，称龙、麟、鸾、凤诸瑞物，皆不经见。盖缘此种久已不传，亦与欧洲上古之大鸟、大兽同例，中世以后，所称龙见凤至者，皆其赝者耳。顾西人必以吾国所谓龙者、麟者为并无此物，抑亦不达之甚亦。"

龙是真是假，什么模样，有何功能，这些问题根本就没有先验的答案，龙只存在于人的内心，有什么样的心，就有什么样的龙。祥龙还是恶龙，尊龙抑或屠龙，不是由龙自身的内涵或外延决定，而是关乎人的态度和需求。16—18世纪中国形象尚未衰落的时候，龙是帝国皇权的象征，尊贵而时尚。可是当历史进入19世纪之后，中国形象日益滑落，龙也只能跟着倒霉。中国形象有多怪诞，中国龙就有多丑陋。说白了，不是龙形象拖累了

图 3-47 《黄蜂》漫画《我们的外交关系》。图中央的旧金山女神受到了来自中国的严重侵袭，戴着暖帽的中国蝙蝠身上写着"麻风病"，捧着烟枪的中国人头上写着"鸦片"，地上那个中国人身上写着"天花"。1883 年

中国形象，而是反过来，中国形象拖累了龙形象。即使没有中国龙，西方漫画家一样可以找出其他丑类来象征中国，正如英国漫画家将"满大人"画成猪，美国漫画家将华人画成蝗虫、老鼠、青蛙、蝙蝠（见图 3-47）、吸血鬼或者猪。

漫画家受雇于出版商，出版商必须呼应时势的变化，关注公众兴趣的转移，随时做出适应市场需求的调整，因此，讽刺漫画都是时事性的。每一次辱华漫画的高潮，都必定与一个受关注的新闻事件相关。在西方的历史叙述中，"亚洲很大程度上是作为一定事件的舞台而出现在现代西方历史之中的"（《美国的中国形象》）。19 世纪西方社会所关注的中国新闻，最重要的几项莫

过于鸦片战争、甲午战争、发生在美国的《排华法案》，以及发生在19世纪最后一年的庚子事变。《笨拙》《黄蜂》《精灵》这些最有影响力的漫画杂志，其辱华作品恰恰都是集中出现在这几个时间点上。

其至在漫画所针对的地区上，我们也可以看到漫画与新闻事件之间的强相关性。鸦片战争时期的英国漫画，多数以中国广东为背景。尤其是第二次鸦片战争期间的英国漫画，甚至主要集中在以两广总督叶名琛为代表的顽固腐朽的"满大人"身上。

《排华法案》前后的美国辱华漫画多集中在旧金山地区。尤其《黄蜂》杂志本身就设在旧金山，漫画家们为了取悦加州的漫画杂志消费者，创作了大量贬损华人的漫画作品。由于在美华工不懂英文不买书报，抨击华人不仅不会对《黄蜂》造成不利影响，反而令其在1881年之后的销量大增。

甲午战争爆发前，尽管中国的国际形象已经丑陋不堪，但日本媒体始终保持缄默，毕竟发生在中国的战争都和他们没什么直接关系，是否需要得罪中国，日本媒体心里也没底。但是1894年甲午战争开始，日本媒体为了调动日本民众的仇华情绪，以及树立日本国民藐视大清军队的自信心，刊发了大量辱华漫画，这些漫画一般都把中国人画作贪生怕死的猪，偶尔也画作任人宰割的龙。出现在漫画中的地名，则多为朝鲜、奉天、旅顺、辽东、北京等。

1900—1901年是全世界辱华漫画生产的极值点。愚蠢的大清王朝居然以为可以借助神灵附体的流民之手将洋人彻底赶出中国，华北流民在以慈禧为首的保守官僚的支持和煽动下，打着"扶清灭洋"的旗帜，刮起了对入华传教士和中国教民的滥杀风潮，几百名西方传教士和数万名中国教民在这次疯狂的事件中被不明真相的流民杀害，非教民遇害人数甚至可能远在教民遇害人数之上。这场形势复杂的流民运动，到了西方媒体笔下，就只剩下"屠杀"二字。

中国流民的愚昧以及大清王朝的冥顽不化，加上西方媒体的煽风点火，激起了全世界基督教徒的强烈愤怒。帝国列强很快组建起八国联军远征中国。这次远征行动被西方媒体描绘成了文明西方对愚昧东方的伟大战争，战争的象征性意义激起了西方许多漫画家的强烈创作欲望，他们模拟"圣乔治屠龙"的经典场景，创作了一系列西方远征军骑白马、执长枪，以经典的潇洒姿势手刃中国巨龙的漫画作品。

这次远征行动中，日本出兵最多，打得最卖力，可是，在欧洲的屠龙漫画中，日本形象却往往非常奇怪地被忽略。最明显的歧视体现在德国明信片《在中国的战斗》中，德、英、美、法等西方列强被画成一个多头一体的巨人武士，而日本却被画成一个小矮人，正卖力地挥舞着日本军刀，独自挑斗城门口的中国巨龙（见图3-34）。其他如《经过盟军的努力，龙被征服了》《第一要务》《肢解中国怪物》等漫画也一样，漫画中往往只表现西方列强的雄武，有意忽略了日本（见图3-48）。

讽刺漫画是有鲜明主题的，1900—1902年，辱华漫画的主题是文明西方对野蛮东方的征服。在许多西方人看来，日本的参与只是宏大主旋律之下的一个小插曲，虽然日本出兵最多，但这不仅无助于体现文明征服野蛮、西方征服东方的伟大主题，反而打破了文明西方与野蛮东方的既定格局，扰乱了许多西方人对于

图 3-48 《公鸡》漫画《七个施瓦本人与中国怪物的战争》。"七个施瓦本人"是格林童话中的七个滑稽角色，他们共执着一根长而结实的矛，一起外出冒险，结果一起淹死在河中。漫画中的七个蠢货分别象征着八国联军中的七个西方国家。1900 年

世界的分界观念，让他们觉得不是滋味，干脆大笔一挥，从漫画中将日本军队逐出这段历史，至少是淡化了日本的"贡献"。

一方面，西方社会的辱华漫画是其种族优越感和文化优越感的集中表现。通过丑化东方，西方社会为自己设立了一个想象的对立面，借助这种反面形象，可以更好地巩固其自身的文明标准和道德理想，建构一个更坚实的想象共同体。

另一方面，被羞辱、被漫画则是中华文明衰落后必须面对的必然结果。正如 19 世纪初西方社会广泛引述的一个观点："中华帝国是一具经过防腐处理的木乃伊，包裹在丝绸当中，画着一些象形文字；其内在的实质是一个处于冬眠状态的睡鼠。"（*Cursory Remarks on the Physical and Moral History of the Human Species*）黑格尔断言："中国和印度可以说还在世界历史的局外，而只是预期着、等待着若干因素的结合，然后才能够得到活泼生动的进步。"（《历史哲学》）他认为中国文化的内在

图 3-49 《来自中国的真正的野蛮人》，穿着龙袍的"满大人"，捧着盛满金币的龙纹杯，金币上面插着"赔款"的标签。1861 年

结构决定了其向文明社会的迈进无法从自身获取动力，因此只能"等待着若干因素的结合"，这就为西方干涉中国的文明进程提供了理论支持。从感情上说，这种粗暴的态度是任何一个中国人都难以接受的，但从理性上说，"假如一间铁屋子，是绝无窗户而万难破毁的，里面有许多熟睡的人们，不久都要闷死了，然而是从昏睡入死灭，并不感到就死的悲哀"（鲁迅《呐喊自序》），这时候，熟睡的中国的确需要有人从旁"大嚷起来"，哪怕是恶毒的谩骂、刻薄的嘲讽，惊起较为清醒的几个人，为中国打开一扇窗，为即将死去的中国带来重生的希望。

第四章

辱华词汇
"猪尾奴"的
递进式东渐

上一章我们提到，19 世纪下半叶以降，西方人眼中的中国龙，其实是一条辫子龙。当我们以龙为主体考察西方人眼中的中国形象时，龙是辫子龙，可是，当我们以辫子为主体考察西方人眼中的中国形象时就会发现，其实根本不需要附着在龙身上，辫子本身就足以代表中国形象。甚至可以这么说，在 19 世纪的欧美书刊上，最频繁地被用作中国形象标识物的中国元素，并不是龙，而是辫子（pigtail）。直到今天，一些西方人还在口语和网络中使用"中国猪"（Chinese Pig）辱骂中国人。而这个辱华词汇的源头，正是这条缠绕在中国人头上的辫子。

　　留辫与剪辫，分别象征着大清王朝的兴与亡。在大清王朝的眼中，辫子是用以实现民族统治的政治手段；在西方人眼中，辫子是中国人顽固、保守、愚昧的形象标志；在清末民族主义革命家的眼中，辫子是用以丑化和打击大清王朝的宣传工具。所以说，清末风云激荡的社会变局中，辫子就是最大的政治。相关中国近代史论著以及大陆和港台学术期刊中，有关辛亥革命前后剪

图4-1 《笨拙》漫画《中国的历史主题画》。漫画以"剪辫"作为象征手段，笑话大清王朝受到太平天国的严重打击。台上、台下手持武器者代表太平天国，被剪辫的"满大人"以及掩面而泣的达官贵人代表束手无策的大清王朝。1853年

辫运动的论述已经非常丰富，对于留辫与剪辫两段历史也已经有过细致清理。而关于辫子形象的境外演变史，以笔者目力之所及，尚未发现专门论述者。

一、作为辫子的 pigtail

18世纪中叶以前的中国形象，多由一些早期到达中国的欧洲传教士所塑造，他们笔下的中国形象并不很糟糕，甚至还有炫

奇或者美化的嫌疑。

我们很难考证是谁最早将中国人的长辫子形象介绍到西方世界的，但肯定是在 17 世纪的大变革年代。1622 年，荷兰东印度公司在福建沿海先后掳获了 1400 多名"犹如羔羊"的中国男子，荷兰船长在日记中说，中国人白天总是坐在舷墙上梳洗头发："他们的头发长得那么长，以致有许多人站起来时，头发一直拖到小腿上，他们把它搓得像一根辫子，盘在头上，用一枚簪穿进去使它牢固，簪旁还有一只梳子。"（威·伊·邦特库《东印度航海记》）这时的中国南部还在明王朝的暮色统治下，男人们只是把长发搓得像一根辫子，方便盘在头上，尚未结成拖在脑后的正式辫子。

17 世纪末法国传教士李明书写《中国近事报道》时，辫子已经成了中国男人的固定发式："他们（中国男人）把整个脑袋剃个精光，仅在后脑勺正中央处留下足够编扎一条长辫子的头发。"到了 18 世纪，这条辫子在西方知识界已经开始上升为有关中国形象的热门话题。

1760 年，英国著名作家哥尔德斯密斯（Oliver Goldsmith，1730—1774 年）开始在伦敦报纸连载《世界公民》（*The Citizen of the World*）。作者虚构了一个名叫李安济（Lien Chi Altangi）的中国哲学家，他给远在东方的亲友们写信，讲述自己在英国的所见所闻，并就英国的各种社会现象发表评议。李安济聪明敏锐，知识渊博，象征了东方文明的他者眼光。可即便如此，李安济的中国形象还是受到了一些英国人的歧视，李安济的信中这样描写了他身边的部分英国人："她讨厌我的假发辫子（pigtail wig）、高底鞋，还有我的黄皮肤。这就是她对我的全部看法，再没别的了。老天，虽然她长得比卸了妆的女演员还丑，但我发现她比生殖机器还无礼。"

Pigtail 用来指称女孩的辫子，本来跟中国人没什么关系，也没有明显的褒贬含义。英语中的辫子有多种拼法，pigtail 可能是 18 世纪才逐渐流行起来的口语用词，19 世纪的许多英语词典中都没有收录这个单词，部分词典在 pig 词条之下有个"-tail"，但也没有详细解释。1885 年的一本英语词典中如此解释 pigtail："名词，由'猪'和'尾巴'合成。1. 指猪的尾巴；2. 把头发束成猪尾巴的样子，辫子；3. 一束烟卷。"（*An American Dictionary of the English Language*）

当西方人把中国视作"神奇的东方"的时候，中国男人梳着辫子的形象，也许还曾引发一些"异装美"的想象。据说 18 世纪时，"走南闯北、见多识广的英国海员看见中国男人的这种发式觉得很酷，竞相仿效，也留起了辫子，并称之为 pigtail，把它作为时髦的象征"（钱鑫《英语习语中的"猪"》）。但是这种猎奇式的改装毕竟没有成为潮流，更多的西方人并不喜欢这种装束。在 1840 年出版的一本《循道季刊》中，作者介绍著名传教士马礼逊来到中国之后："他扎起一条中国式的大辫子，忍受着自己的指甲变得像鸡爪一样长，学会了用筷子吃饭，他把自己限定在中国人的交际圈中，下定决心克服一切困难，决不在失败面前低头。"作者显然是把扎辫子、蓄指甲、用筷子放在同一层次，列入需要忍受（suffered）的诸种痛苦之中。

到了 19 世纪，辫子已经成为西方人想象中国人的形象标识。

图 4-2 英国图书《辫子的国度》，封面是一个辫子搭在胸前的中国人。1875 年

我们翻开这一百年间的图书和杂志，只要是关于中国人的风俗画，画面中主要人物的头像就很少是正面出现的，因为正面姿势无法突出脑后的辫子。即使出现一些正面头像，也得把辫子搭到前面来（见图 4-2），似乎不突出这条辫子，就没法证明是中国人。

辫子越来越成为中国人的象征，一些英国文人甚至借用中国人的辫子话题来炫示自己的幽默。在 1835 年的伦敦《年度漫画》序言中，作者就借用了中国人的辫子来比喻动物额毛的长度，虽然没有明显的恶意，但总是带着一些对于奇风异俗的戏谑意味。

19 世纪的英国书刊，喜欢把文章或章节的首个字母画成一幅小图，如果这篇文章是有关中国人的，那么，第一个字母往往用中国人的辫子扭成（见图 4-3）。辫子和龙一样，都是条状的东西，条状的东西最容易用来扭成字母或数字等图案（见图 4-4）。

但是，这些长辫子的中国人形象主要流传于书报杂志上，一般民众并不熟悉这条辫子。1866 年，19 岁的同文馆少年张德彝第一次随大清使团出国时，简直被人当成了星外来客，每至一处，街市男女"皆追随恐后，左右围观，致难动履"。尽管觉得古怪且不理解，但多数西方人的态度还是友善的。有一天大家

YEH'S HUSBANDRY.

URELY among the many mad acts of COMMISSIONER YEH, that recorded in the following newspaper paragraph, may, for one, be regarded as simply absurd; as ridiculous without being likewise horrible :—

"Accounts from Canton say that, under YEH's direction, the ploughshare had traversed the site of the late factories, which the Commissioner had sown with salt."

What sort of crop MR. YEH expected to raise from his salt it is not easy to imagine, unless he may be supposed to have had an eye to the sort of harvest that old CADMUS got by sowing dragon's teeth. Whilst he was about playing the fool with salt in this manner, he might as well have salted the junk, as the soil of his country. If, in sowing saline matter, he intended to symbolise the dissension which he has sown, he should have chosen saltpetre in preference to common salt for that purpose; for in saltpetre is condensed the blast of gunpowder, and in sowing the wind as it were, MR. YEH might have intimated the apprehension that he was likely to reap the whirlwind.

图 4-3 《笨拙》这篇嘲讽两广总督叶名琛的文章，用一条扭成字母"S"的中国辫子做配图，与"urely"组成了正文第一个单词"Surely"。1857 年

图 4-4 美国《精灵》漫画《阿旺表演学算术》。1910 年

180

吃完茶点下楼，有人上来问他们是哪国人，得到答案后，又多嘴问道："彼修髯而发苍者，谅是男子。其无须而风姿韶秀者，果巾帼耶？"当得知也是男人时，"闻者咸鼓掌而笑"。在圣彼得堡，这些拖着长辫子的使团成员也被误作"美女子"，有两个俄罗斯女孩还紧紧跟着张德彝，几次伸出手来想与他"携手交谈"（《航海述奇》）。

晚清思想家王韬1868年初游欧洲时，到苏格兰阿伯丁城拜会一个已经西化的安徽人詹五，当地人见他拖着一条长辫子，非常惊奇，一群小孩指着他说："这是中国女人。"又有人说："不对，是詹五的老婆。"王韬引为奇耻大辱，感慨道："忝此须眉，蒙以巾帼，谁实辨之？迷离扑朔，掷身沧波，托足异国，不为雄飞，甘为雌伏，听此童言，讵非终身之谶语哉！"（《漫游随录》）

当王韬在英国遭遇辫子尴尬时，一个英国商人库珀（T. T. Cooper）也在中国汉口遭了辫子的尴尬。1868年1月，库珀离开汉口之前，他的朋友找了一位中国剃头匠给他打理头发，结果，"剃头匠一上来就把我前边的头发给刮掉了，还很巧妙地将后边剩余的头发与一缕假发掺在一起，编成一条巨大的中国辫子，让我看起来像个令人尊敬的中国老人，这样，我就不得不拖着一条不舒服的辫子，穿着长袍度过我在汉口的最后一晚"。此后，库珀一路西行，虽然没再剃头，但一直维护着这条辫子，以至每一个看到他的中国人都感到非常惊奇，一个老外居然也拖着一条长长的辫子。（*Travels of a Pioneer of Commerce in Pigtail and Petticoats*）

把真发和假发编在一起，倒不是剃头匠特意为库珀量身定做的，这本来就是中国剃头匠的常规技艺之一。据克拉克（Benjamin Clarke）1875 年在《辫子的国度》（*The Land of the Pigtail*）一书中介绍："常常有这样的情况，有些中国人嫌自己的头发不够长，就会想法在辫子里加入一些假发，直到那条辫子长得接近地面。"接着，克拉克评论说："我得控制一下我对此事的叙述，否则我会放大它的愚蠢（foolish）。客气一点地说，把别人的头发戴到自己头上，无论如何都不是一件好事。这里我忍不住还得多说一句，真发掺假发的野蛮习俗（barbarous custom）不止流行于中国。这个在中国佬张三（John Chinaman）中流行了二百多年的野蛮习俗，过去也曾在我们的女士当中流行。"据作者介绍，因为这种特殊的剃发习俗，剃头发就得像刮胡子一样频繁，一个体面的中国绅士，每三天就得剃一次头，这导致了剃头匠的需求量大大增加，当时仅广州一地，就有 7000—8000 名剃头匠。

辫发的花样和功能都很多。鲁迅揶揄说："以姿态论，则辫子有松打，有紧打，辫线有三股，有散线，周围有看发……环于顶搭之周围，顾影自怜，为美男子；以作用论，则打架时可拔，犯奸时可剪，做戏的可挂于铁竿，为父的可鞭其子女，变把戏的将头摇动，能飞舞如龙蛇。"（《因太炎先生而想起的二三事》）一位英国人也说："男人脑后编织的长辫，未及脚后跟之前，还得用绸带弥补长度。流行的剃头方式只有一种，东留一簇，西留一簇，像是醋栗上的毛刺，滑稽可笑。中国水手若在货舱中偷鸦片，会被人用他们自己的辫子绑在绞盘上，鞭笞一顿。在这种情况下，辫子既是装饰品，又成了有用的器具。"（密福特

图 4-5　明恩溥《中国人的性格》插图，中国的小剃头匠。1902 年

图 4-6　《笨拙》漫画《给中国佬张三上一课》。被揪住辫子的中国男人胸前挂着一块"妇女儿童伤害者"的牌子，旁边大肚腩的矮个子就是《笨拙》杂志的卡通形象"笨拙先生"。1857 年

《清末驻京英使信札》）。

尽管这条辫子给西方社会的中国人带来不少麻烦，但是，大多数人还是愿意固守自己的文化特点，不愿剪辫易服。据张德彝在欧洲所见，"华人贸易于此之着西服者，百无一人"（《欧美环游记》）。

二、作为猪尾巴的 pig-tail 与 pig's tail

鸦片战争之前，英国使臣受了大清官僚的羞辱和玩弄，打碎了英国人对于中国的所有乌托邦想象。鸦片战争中，中国军队的不堪一击，又让全世界大跌眼镜。清廷客卿赫德曾说："在中国的一种普遍的感情是，以中国的制度自豪，轻视外国的一切。与外国发生条约关系并没有改变这一点。"（《论义和团运动及防止"黄祸"之策》）另一位驻京英国大使也说："1860 年那场征服毫无结果。事后，一切照旧。这令人难以理解。"（《清末驻京英使信札》）极端自大与极端无能的形象反差让中国成为全世界的嘲笑对象。19 世纪的英国文人多将中国置于文明社会的对立面，加以"幽默的"嘲笑。

孙中山先生说："世界潮流，浩浩荡荡，顺之则昌，逆之则亡。"可是，第一次鸦片战争并没有让大清王朝有所清醒，中国依然沉醉在天朝大国的自我麻醉之中，在欧洲人眼中，这是一个永远不会进步的"停滞的帝国"。在《笨拙》的跨页漫画《1851 年的德比赛马》（见图 4-8）中，世界各国都在快马加鞭奔向前方，只有一位来自中国的"满大人"倒骑着一头大肥猪，一脸苦

图 4-7 《笨拙》谴责大清王朝官方煽动义和团运动的讽刺漫画。1900 年

图 4-8 《笨拙》漫画《1851 年的德比赛马》。注意看画面最近处的参赛者，这是一位反戴大清官帽，倒骑着一头大肥猪的大清国"满大人"，正在逆世界潮流而行。1851 年

相地欲前反后。可见至迟在第一次鸦片战争之后，就已经在欧洲漫画家笔下滋生了中国人与猪的联想。

第二次鸦片战争之后，西方媒体变本加厉地对中国人展开了无情嘲讽，一些英国小文人恶作剧地把中国人的辫子 pigtail 分拆为 pig 和 tail，甚至将后面的 tail 给割掉了，直接将中国人称作 pig。

纽约《乔纳森大哥》是较早发表辱华文章的书刊。1842 年《面具下的婚姻》描写一位华人丈夫对他的白人妻子说："你知道，一旦戴上丈夫的面具，这张脸就不是我的脸，你现在还会知道，这条辫子（pigtail）也不是我的猪尾巴（pig-tail），这件衣服不是我的衣服。"隐晦地将中国人的辫子写成了猪尾巴。

伦敦《笨拙》杂志 1858 年发表的一首《广东人之歌》，诗云："约翰中国佬，天生是强盗／他将真理和法律来嘲笑／约翰中国佬，天生属牲牢／他们是拖累整个地球的约翰中国佬。／／他们长着一双猪眼睛（pig-eyes），还有一条长长的猪尾巴（large pig-tail）／他们天生只吃老鼠、小狗、蜗牛、鼻涕虫。"其中以 pig-eyes 和 pig-tail 并列，猪尾巴的意思已经非常明确。

《笨拙》1860 年刊发的《中国习俗》，以一个关于中国辫子的笑话开篇："今天早上我看见一个洗衣工，然后问他为什么今天的辫子（pigtail）要用黄褐色的丝绸编扎，把自己弄得这么古怪，他回答我说，因为他把自己的发式给弄丢了。"随后，作者在文中玩弄了一些小小的文字游戏，在表述"他们在特定的场合要编扎特定的发式"意思的时候，既用了 plait（"辫子"，可作名词，也可作动词），又用了 pig-tail（辫子、猪尾巴）。这

A CHINESE CUSTOM.

To the Members of the Society of Friends.

OBER

图 4-9 《笨拙》为《中国习俗》配发的插图，我们可以将之与《1851 年的德比赛马》对照看。图中扭成字母"S"的中国辫子，与"ober"组成了正文第一个单词"Sober"。1860 年

还不算，插图画家直接就把一个蓄着长指甲、戴着暖帽、穿着补服的中国官员画在一只奔跑的大肥猪身上，一条辫子高高扬起，卷成一个大"S"（见图 4-9）。

第二次鸦片战争刚结束，伦敦就出现了一本《艾菲阿姨的儿歌》（ *Aunt Effie's Rhymes for Little Children* ），隐晦地将地域、种族歧视的话语渗透到了儿童文学领域。此书以一首长达 5 页的《中国猪》（ "Chinese Pig" ）压卷，描述了一头孤独的中国猪的日常生活，这只中国猪一无所长，却自得其乐，自高自大，对外界毫不关心，诗中出现的假发小猪（ the little piggy-wigs ），以及自称来自北京的最优秀种族等，处处用来影射中国人，诗的最后一句说："小姐，如果把你和我都做成咸肉，爱尔兰猪和中国猪的差别，就再也看不出来了。"

在这一方面，山姆大叔做得比约翰牛更露骨，甚至有人跟在艾菲阿姨的屁股后面，借着儿童文学指桑骂槐。美国首版于 1887 年的《陶陶的快乐冬天》，其中有一段这样的祖孙对白。"奶奶问：'中国人的猪尾巴，你听说过吗？''是的，我听过。'

布鲁因说，'中国猪的尾巴我当然知道了，可是，我得承认我从未见过一只猪如何把尾巴弄到头上去，又如何把它从头上解下来，你看，我们对面猪圈里的那些朋友，它们也有一条尾巴，却没法把它弄到头上去。'陶陶听到这里，忍不住大笑起来，甚至连奶奶也忍不住笑了。奶奶和蔼地告诉布鲁因，中国佬的猪尾巴是怎么回事，又是怎样把它编起来。"（*Toto's Merry Winter*）这里，作者有意让"奶奶"把前面出现过的 a Chinese pigtail（中国人的辫子）拼成 a Chinese pig-tail（中国人的猪尾巴），继而让布鲁因拼成 a Chinese pig's tail（中国猪的尾巴），从词汇拼写角度达成渐变式的"幽默"效果。

1870 年之前，美国人对于引进中国劳工基本是持欢迎态度的，但是没过几年，大量渡海谋生的中国劳工就让美国人感到了恐慌。斯托特（A. B. Stout）认为，由于中国本土人口数量过于庞大，土地资源不足，"极端的贫困普遍地盛行，他们千辛万苦，所得的报酬则少得难以想象。如果给他们提供机会到其他地方去改善他们的境况，这些穷困的人会成千成万高高兴兴地逃往其他地方。如果对他们不加限制，那么从他们的家乡泛滥到美国来的人将会是多得不可计数"（《种族的不纯是衰退的一个原因》）。

美国华工数量迅速增长，不断挤占底层工种的劳动力市场，首先触怒了白人劳工，他们将失业、穷困，甚至犯罪的责任都推到华人头上，认为华人已经严重威胁到了他们的生存（作为社会情绪风向标的政治漫画，见图 4-10）。加上华人黑社会组织以及华人妓院、鸦片馆的不断增加，使美国社会的"华人化"问题成为美国政治界反复讨论的一个话题。

图 4-10 美国《黄蜂》漫画《蹂躏》。画面上一群头上扬着辫子的中国猪正在美国的土地上大肆破坏，稻草人的支柱上写着："中国人必须滚出去！"边上站着一位无奈的山姆大叔。1880 年

图 4-11 《黄蜂》漫画《"进化论"所揭示的华人向猪的演进》。1887 年

一些党派政客为了捞取政治资本，也渐次加入排华行列，互相攀比式地发表各种夸张的排华言论，成为西方排华政治的中坚力量（《布赖尔牧师的证词》）。1887 年，美国旧金山《黄蜂》画报富有创意的漫画家，居然创作了一幅题为《"进化论"所揭示的华人向猪的演进》的著名漫画（见图 4-11），用八幅连环渐变的"肖像画"，以不变的 tail 为核心，画出了由"猴"到"中国人"再到"猪"的进化图像。

19 世纪的西方"文明国家"产生了许多辱华词汇，比如 Chinaman、John Chinaman、Chink、Chinee、Coolies 等等。其中 Chink 一词，多数译者将其译作"中国佬"，也有译者将其译作"中国猪"，比如在《美国的中国形象》一书中，即将原文"Chink, Chink, Chinaman, sitting on a rail, along

comes a white man and cuts off his tail..."译作"中国猪，中国猪，中国佬，坐在一根铁轨上，来了一个白人，砍掉他的尾巴……"（《美国的中国形象》），联系后文的"尾巴"，为了区别Chinaman，将Chink译作"中国猪"并非没有道理。这些特定时代产生的带有污辱色彩的词汇，虽然多未进入英文词典，但在各种书刊中非常流行。

不过，也有少数无聊文人甚至连现成的Chink都不用，愿意不避烦琐地把"中国人"直接拼成Chinese Pig。但这毕竟不是主流。据一些美国学者调查，在口语中最常使用辱华词汇的美国人，恰恰是与华人同样生活在贫民区或准贫民区的其他少数族裔，如犹太人、黑人、爱尔兰人等。精英阶层的白人反倒很少有这种极端排华情绪，因为华人劳工抢占的是底层劳动力市场，精英阶层是廉价劳动力的受益者，而不是受害者。所以说，Chinese Pig这种极端化的称呼虽然起源于西方，流行于下层俚语当中，但在各种书刊文字中并不多见。

笔者查阅东京大学图书总馆所藏19世纪的英美词典，均未在pigtail词条下提及中国人。可是当中国人已经剪掉这根辫子之后，1924年出版的一部大型英语词典却来了这么一条："2.［口语用词］（1）编成串状的头发；比如，一个中国佬的pigtail。（2）一个穿得像球杆似的人；中国人。"歧视意味非常明显。

三、日语新词"锵锵波子"

许寿裳说，中国留学生初到日本时，大都依然留着辫子，街

上的日本小孩见了，就把他们呼作"锵锵波子"。锵锵波子是音译，日文写作"チヤンチヤン坊主"，这个词在1894年之前还比较罕见，1894年之后却迅速成为日本人口语中"中国人"的代称。1895年初，《东京朝日新闻》上有一则新闻标题即为《卖着"チヤンチヤン坊主"的脑袋迎接新年》。

チヤンチヤン即"锵锵"，张承志怀疑是"清国人、清国奴"的转音，一些日本学者则认为很难直译。（《敬重与惜别——致日本》）

较早使用チヤンチヤン指代中国人的日本媒体是《大阪朝日新闻》。该报1880年8月3日有一段"本日は清国皇帝陛下の万寿節で、豚尾坊は休暇"的短消息，在"豚尾坊"边上，即标注其音为チヤンチヤン。"坊"即"坊主"，音"波子"，大意为和尚、秃头、愣头青。可见，"锵锵波子"就是"豚尾坊"，大意为"拖着猪尾巴的秃子"。

1879年8月7日的《大阪朝日新闻》还有一篇提到"豚尾"的报道称：8月5日，某神社游神活动中，突然起火引发踩踏事故，两名中国人的"豚尾"被烧掉，这两个中国人哭了一夜云云。但在"豚尾"两字边上，注音并非チヤンチヤン，而且这里的"豚尾"也只是辫子，并未用来指人。日本本土并没有将辫子称作"豚尾"的传统，新闻中将两个中国人的辫子称作"豚尾"，显然是向西方学习的结果，将本意具有"猪尾、辫子、烟草卷"等多义的pigtail固化成了特指的"豚尾"，也即将一个来自西方的含蓄性词汇显化为一个纯粹的歧视性用语。

据《东京朝日新闻》一篇社论的考证，チヤンチヤン作为中

国人的称呼，源于长崎一带，语义不大明确，可能有"阿爷"的意思，原本不含侮辱之意，后来逐渐讹变成一个侮辱性的称呼，用汉字表达，是"豚尾汉"（《外国人の称呼》）。也就是说，チャンチャン是一只装着新酒的旧瓶子，语音（能指）是日本固有的，语义（所指）是舶自西方的，"豚尾汉"是西方 pig-tail 的在地化结果。

其实，チャンチャン原意是什么并不重要，重要的是，这个没有明确语义的带有轻佻意味的称呼，自从傍上西方的 pigtail 之后，逐渐明确了它的新语义。这种新语义在 1894 年之后，迅速成为流行语，像阴魂一样附着在每一个中国人身上。

笔者在翻阅甲午战争期间的日本新闻时发现，1895 年初有一篇题为《儿童袭击チャンチャン》的新闻，说一个住在横滨的中国人到东京谈生意，路上遇见一个小孩，一边骂他"辫发奴"，一边追着用石头打他，接着引来一批小孩，一起辱骂、围攻他，不仅把他打倒在地，还用脚去踏他的"豚尾"，直到巡察看见了，才把他解救出来。这篇新闻中，特地在汉字"辫发奴"旁边标注读音为チャンチャン。在日语中，"奴"即家伙、混蛋。所以，"锵锵波子"又可以理解为"拖着辫子的秃头混蛋"。

行走于日本街头的中国人，就算拖着辫子有点怪，好歹也是同色皮肤、同人种，古怪不过西方人的白皮、卷毛、蓝眼睛。本该天真烂漫的少年儿童，何以独独对"辫发奴"表现出如许深仇大恨？说来说去，还得重回甲午战争的老话题上。正如实藤惠秀所看到的，把中国人骂作"猪尾巴"，是在甲午战争之后开始流行起来的（《中国人留学日本史》）。

甲午战争之前，连续两次鸦片战争失败之后，大清王朝虽然收起了雄视"天下"的目光，却仍在继续觑视周边的"蛮夷倭国"。此时的大清国与日本国的关系，就像鲁迅笔下的阿Q与小D。1886年，北洋水师还在筹备之中，刚刚从德国人手里买回两艘定远级铁甲舰的丁汝昌，开着这两条"铁甲巨舰"，前往朝鲜东海显摆武力，并以需要上油和修理为名，顺道溜到日本。

丁汝昌的两条巨无霸铁甲舰在长崎足足停留了半个月。8月13日，几名水兵上岸嫖妓，与日本人发生纠纷（叶春雷、卢飞《甲午海战中日指挥员素质之比较》）。由于白天没能占到便宜，当晚，不可一世的大清水兵就上岸围攻巡查所，双方大打出手，造成5死40伤的严重后果。第三天，大清水兵上岸购物游玩，长崎市民闻风而动，欲雪一耻，双方再次展开大规模冲突，清兵8死42伤。事后，李鸿章不仅袒护下属，而且轻描淡写地以为"武人好色，但其天性"，坚持认为错在日方，最后不了了之。这是中国近代史上难得的一次外交"胜利"。

这件事在日本被视作国耻。此时的日本政府，正野心勃勃积极备战，打算在朝鲜战场与中国一决雌雄。中国海军的所作所为，帮了日本军国主义一个大忙。"它是如此深深地刺激了日本人的民族心理！日本朝野拼命发展海军的狂热情绪也由此被煽动起来。"（史春林《清朝北洋舰队两次访日》）为了建设强大的日本海军，上至天皇老婆，下至街头妓女，争相捐款酬军。正是在这样的舆论背景之下，"日本在全国中学里开设了'兵式体操'，在对学生进行军训时，每每以清朝北洋海军的定远、镇远舰模型为假设敌"（于大清《北洋海军断记》）。就连

图 4-12　甲午战争期间日本《风俗画报》的儿童游戏图

天真的幼稚儿童也玩起了打击中国军舰的游戏，一组扮成日本舰队，一组扮成中国舰队，玩一种追捕定远、镇远的游戏（见图 4-12）。

可笑的是，五年之后，丁汝昌居然带着李鸿章的公子，再次率领这几条舰艇跑到日本来"友好访问"（《清国军舰定远号宴会》）。据说当时还是日本海军大佐的东乡平八郎，微服参观了丁汝昌的舰队，他看到定远舰上不仅连大炮都没擦干净，还在上面晾着衣服，非常奇怪居然有如此对待自己武器的军队，因此满怀信心地认为可以跟中国海军来一场大战（*Togo and the Rise of Japanese Sea Power*）。张承志在《敬重与惜别——致日本》中说："北洋水师的招摇过海，一次次给日本送去刺激和动员。很快，巨舰定远和镇远在日本家喻户晓，成了日本人警世、发愤、嘲笑的目标。"

有了上面这一段背景资料，我们就很容易知道，打败中国，对于振奋日本民族精神有多么重要的意义。甲午战争之前，日本媒体还比较谨慎，待到胜利捷报逐渐传来，日本媒体像池塘里的青蛙似的，开始扑腾起来，对中国人的嘲讽和辱骂迅速升级。《申报》社论称，日军九连城胜利之后，千余日本人曾大闹华人租界，肆意羞辱华人："横滨作客之华人，偶或闲步街头，倭奴必向之辱骂，或曰锵锵罢士，盖以华人剃发编辫，目为一半似僧也，或曰排格，则直指为马与鹿也，甚且詈之为畜类，呼之为豚尾公，偶或反唇相稽，则彼且以老拳从事。"（《论倭奴残暴》）

四、牙山猪肉大甩卖

我们以日本明治时期影响最大的时事画刊《团团珍闻》为例。该刊集中引入"豚尾"概念的时间，大概是 1894 年上半年，正值日本军队挑起朝鲜战争的前夜。该刊 6 月底的一首配画讽刺小品，用的是一种酸不溜秋的语气："你这个混蛋有个女人似的名字叫支那，喜欢吵架耷拉着猪尾巴。虚张声势说（日本）武士是窝囊废，战国时代妨碍了朝鲜的归化，现在又想做坏事你这个清国军。这混蛋现在又要跳起来，把我们的兜裆布牢牢系好了，紧紧抓住给它一拳吧。"画中的清国军，是一头穿着马甲的猪（见图 4-13）。

1894 年 7 月末，中日两国在朝鲜牙山交锋，战斗规模不大，但影响很大。日军胜利后完全控制了朝鲜南部，清军彻底失去对该地区的控制。可是，清军失败之后，却对国内谎报"胜利"的消息，甚至向朝廷邀功请赏。国内新闻界闻讯一片欢欣鼓舞，《点石斋画报》特绘《牙山大胜》以庆贺，称："我军大获胜仗，斩获倭首二千余级。倭兵死亡枕藉，满目疮痍，有自相践踏者，有长跪乞哀者，悲惨之形动人怜悯。华军声威大振，奏凯而回。"

而据日本方面的叙述："7月29日，日本军队对清军阵地进行了两面夹击，经过5个小时的激战，日军成功占领成欢。此战清兵死伤200余人，日军死伤90余人。日军乘势突入牙山，却发现清国军队早已弃阵而去，北走平壤方面。"（小西四郎《锦绘幕末明治的历史·日清战争》）日本在牙山胜利之后，媒体给予了热烈响应，浮世绘画家歌川国虎创作了著名的《朝鲜国牙山开战日本大胜利之图》（见图4-14）。

图4-13　日本《团团珍闻》小品《三国件》配图。清军被画成一头穿着马甲的猪。1894年

战争爆发之前，拖着辫子的"南京人"形象已经反复出现在日本浮世绘中，这些寓居日本的"南京人"虽然地位不高，但不至于被普遍丑化。战争开始之后，中国人的形象发生了巨大逆转。针对清兵的懦弱无能，日本媒体普遍以"弱虫"呼之，相应地创作了大量讽刺漫画。《团团珍闻》中的许多漫画干脆连猪尾巴都切去了，直接将中国军队称作"豕军"。在1894年8月的

图4-14 日本歌川国虎的《朝鲜国牙山开战日本大胜利之图》，两军将士正在拼死争夺一面红色龙旗。1894 年

漫画《猪肉送到》（见图 4-15）中，两个农夫拉着一车惊恐的肥猪，拉车人说："这些猪都是胆小鬼，要把它们打扁不用费一点儿工夫。不过，容易到手的可能也没什么嚼头。"

另一幅《正宗牙山猪肉大甩卖》（见图 4-16），讽刺清兵不战而逃，大量精良武器拱手让给了日本军队："买猪肉加送大炮数门，来啊来啊！刚刚宰好的新鲜猪肉，特别便宜大甩卖！欢迎光临！欢迎光临！欢迎光临！"

《干猪肉》（见图 4-17）一图中，一家设在平壤的北京杂货店，两个哭丧着脸的中国人，正在向日本士兵贱卖一种被称作"溃败物"的干猪肉。

1894 年 11 月，事关全局的旅顺口战役，日军打得更加顺利。

图4-15 《团团珍闻》
漫画《猪肉送到》。
1894 年

图4-16 《团团珍闻》
漫画《正宗牙山猪肉
大甩卖》。1894 年

图4-17 《团团珍闻》
漫画《干猪肉》。1894
年

图 4-18　佚名锦绘《旅顺口占领祝祭之图》局部。1894 年

日本国内对于清军"弱虫"或"逃兵"的嘲讽和漫画挤满了各
种新闻版面。日本政府于 12 月 9 日在东京上野公园不忍池举
行了盛大的庆祝活动。从一幅《旅顺口占领祝祭之图》（见图
4-18）所记录的场景来看，不忍池中火烧清军舰艇模型的表演
是活动高潮，另外值得注意的是，在画面的中部上空，除了飘
着 5 个比真人还大的长辫子清兵模型外，居然还飘着 4 个摇着
尾巴的猪模型。

　　1895 年 2 月 12 日，日本海军在威海卫一举全歼大清北洋水
师，曾经不可一世的丁汝昌以自杀告终。英雄即使在敌对国家也
是被敬重的，哪怕是失败的英雄，林则徐就是这样一个被欧洲人
敬重，在法国被制成蜡像的中国人（《欧美环游记》）。相反，诸
如叶名琛、丁汝昌这样的败将，在崇尚"胜者为王败者为寇"的

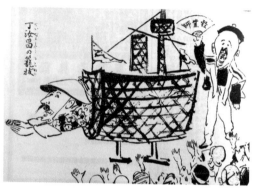

图4-19 甲午战争前后丁汝昌在日本媒体上的两种形象。《每日新闻》1891年、《团团珍闻》1895年

日本媒体眼中，当然就只有受嘲弄的分。我们只要比较一下日本画家笔下的前后两个丁汝昌形象（见图4-19），就知道日本人是如何看不起那些的败军之将了。

中日两国在军事、政治、经济各方面的地位，甲午战争之后均发生了彻底的颠倒。日本人对于中国人的舆论羞辱和报复，似乎只能用"疯狂"两字来形容。这一切苦果，抛开日本人的变态发泄不说，多半也是大清王朝狂妄自大、腐败无能的报应，是求仁得仁的自然结局。在漫画《猪虎之敌》（1895年4月，见图4-20）中，日本媒体恣意叫嚣说："不管是猪军（清军）还是虎军（韩军），不管什么敌人都放马过来吧！把手榴弹和石崖破炮口排好，全部击退。被日军打得一败涂地不要后悔！看啊！看啊！不用说猪军，连虎军也收拾了！"

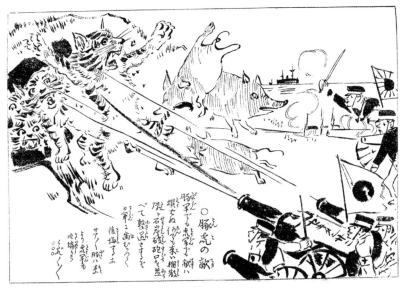

图 4-20　日本《团团珍闻》刊载的漫画《猪虎之敌》。1895 年

五、猪尾巴的屈辱

传统乡土社会，中国人的日常生活局限在信息闭塞的乡土圈，对于外部世界几乎一无所知。甲午战争之后，"日本官吏崛口九万一来到湖北沙市，准备按条约设置领事馆并建立居留地，他吃惊地发现：沙市的清朝官员，居然不曾听说刚刚打过的战争"（《敬重与惜别——致日本》）。

连刚刚结束的甲午战争都没听说过的地方官绅，当然也不会知道身在异乡的中国人那条长长的辫子，会给他们的生活带来多大的屈辱和烦恼。

站在中国之外看中国，北洋水师的失败，绝不只是李鸿章和丁汝昌的失败，而是全体中国人的失败；大清王朝的无能，绝不是大清官僚少数人的无能，而是全体中国人的无能。在外国人眼里，身在海外的每一个华人，既是一个活生生的独立个体，也是一个面目模糊的抽象"中国人"；外国人对中国的蔑视，必然反映为对每一个具体中国人的蔑视。而这个中国人最突出的形象特征，就是一条滑稽的辫子。"夫汉人之形状，所以特异于外人者，莫如发辫一事耳。"（佚名《论发辫原因》）一根无辜的辫子，注定将要承载所有由自大、顽固、贪腐、无能而带来的羞辱（见图4-21）。

图4-21 《团团珍闻》小品《清兵生擒法传授》配图。两个日本人把清兵的辫子缠在一根竹竿上。1894年

容闳1847年赴美留学，于1850年进入耶鲁大学。一位美国牧师回忆说："他蓄着辫子、穿着中国长袍进入大学，但不到一年，就把两者都割弃了。"（锺叔河《走向世界：近代中国知识分子考察西方的历史》）虽然容闳在自传中只谈到美国人民对他的友谊和关照，从未提及受歧视以及剪辫一事，但我们可以从容闳的后继者身上看到，拖着辫子的中国少年，在异国他乡可能遭遇哪些困境（从图4-22中可见一斑）。

1870年始，大清王朝委托容闳连续组织了三批儿童前往美国留学。据第二批留美学生温秉忠回忆："最初，幼童们均穿长

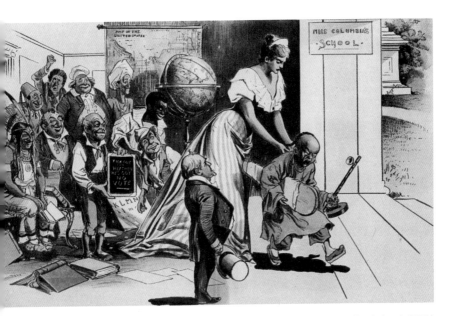

图4-22　美国 *Judge* 画报的漫画《这样对待中国佬就叫公平》。一位美国女人正在将手持鸦片烟枪的华人儿童赶出门外，边上的法官说："你既然把这个小孩收进了学校，就不该把他赶出——不过，你以后最好不要收他的同类。"1893年

袍马褂，并且结着辫子，使美国人当他们是女孩。每当幼童外出，后面总会跟着一群人高叫：'中国女孩子！'使他们颇感尴尬。"（《留美幼童的学习和生活》）"尴尬"二字也许淡化了这种文化冲突，据一位美国学者的叙述："美国同学常常哄笑叫他们中国女孩！这种嘲笑，引来不少次打得鼻青脸肿的纠纷。"（Thomas Lafargue《中国最早的百名留美学生》）孩子们受到羞辱，强烈要求剪去辫子。

　　孩子们的遭遇显然也曾是容闳的遭遇，容闳对孩子们的要求

表示了坚决的支持。可是，由于另一位驻美官员陈兰彬的反对，两位中方负责人之间的冲突急剧恶化，最终导致大清王朝全部撤回了所有留美学生。

留美学生毕竟是官费派遣，他们所受到的这点差辱，远不及赴美华工所受到的凌辱深刻。活跃在19世纪下半叶的许多美国作家，都曾写过辱华小说。1879年，戈雷姆（Henry Grimm）甚至将他的排华戏剧直接题为《中国人滚回去》（*The Chinese Must Go*），作者使用了各种恶毒语言侮辱谩骂华人劳工。这些作家笔下的典型"中国佬"形象是："穿着对襟大褂，袖子宽大，大嘴巴鼓眼睛，手攥一把扑克，头往上仰，鼻尖上立着一张牌，辫子拖到下肢。"（朱刚《排华浪潮中的华人再现》）在排华漫画中，华工形象也逐渐定型为长辫子、长指甲、黄皮肤、招风耳（见图4-23）。事实上，贫苦的华工是不可能蓄着长指甲从事体力劳动的，西方文人显然是将"满大人"的恶习套在了普通华工的手指上，问题是，辱华漫画本身就是情绪性的，并不需要以现实为蓝本。

几乎所有的西方辱华漫画，都会拿中国人的辫子来做文章，把这根辫子当作愚昧、顽固、野蛮、落后的象征。即便是作为国家使节的张德彝，也曾在法国街头被路边儿童笑作"猪尾甚长"（《欧美环游记》）。

中国留学生刚到日本时，大概都曾因为辫子而受了不少的窝囊气。日本学者实藤惠秀说："首批留日学生十三人中就有四人中途退学归国，原因之一就是忍受不住'猪尾巴！猪尾巴！'这种嘲弄。"（《中国人留学日本史》）

图 4-23 《黄蜂》漫画《骑上高头大马》。旧金山华人矿工头头奥唐奈（W. H. O'Donnell）骑在华工背上，一手执叉，一手扯着华工的长辫子。这位华工就是典型的长辫子、长指甲、黄皮肤、招风耳形象。1885 年

图 4-24 日本《画报近代百年史》选载的佚名漫画《战中战后的国内情势》

日本《画报近代百年史》中的一幅漫画，也许可以让我们更直观地重温这些中国留学生所遭受的屈辱。一群扛着日本海军旗的小孩，追着两个拖着辫子的中国商人，一路喊着："日本胜利！支那败北！日本胜利！支那败北！"成年日本人则微笑着站在边上看热闹（见图4-24）。

郭沫若在自传小说《行路难》中细腻地描写了这种客居异乡的屈辱。主人公爱牟去租房子，一个日本妇人大惊小怪地问了他一句："支那人吗？"爱牟感受到一种奇耻大辱，马上夺路而逃，心中恨道："你忘恩负义的日本人哟！我们中国究竟何负于你们，你们要这样把我们轻视？你们单是在说这'支那人'三个字的时候便已经表示尽了你们极端的恶意。你们说'支'字的时候故意要把鼻头皱起来，你们说'那'字的时候要把鼻音拉作一个长顿。啊，你们究竟意识到这'支那'二字的起源吗？在'秦'朝的时候，你们还是蛮子，你们或许还在南洋吃椰子呢！"

不肖生则在《留东外史》中虚拟了一段留学生与日本人的对骂："隔一座房子有一家人家，正在楼上开着窗子，朝着这里高声大喊：'豚尾奴不要闹，再闹我就要喊警察了！'黄文汉听了，只气得打抖，三步作两步的审到外面，也高声答骂道：'什么禽兽，敢干涉你老子！你这禽兽不去叫警察，就是万人造出来的。'"

由辫发而带来的屈辱，大概可以用邹容《革命军》的这段话来代表："拖辫发，着胡服，踽踽而行于伦敦之市，行人莫不曰Pig tail（译言猪尾）、Savage（译言野蛮）者何为哉？又踽踽而行于东京之市，行人莫不曰チヤンチヤンホツ（译曰拖尾奴才）

者何为哉？嗟夫！汉官威仪，扫地殆尽；唐制衣冠，荡然无存。吾抚吾所衣之衣，所顶之发，吾恻痛于心。"

六、背曳以辫，如绳索，如锁链，如兽尾

20 世纪初留日的中国学生，为了避免因辫子带来的歧视，发明了一种将辫子盘在头上，再在头上扣一顶大帽子的习俗。鲁迅在《藤野先生》中用厌恶的语气说："上野的樱花烂熳的时节，望去确也像绯红的轻云，但花下也缺不了成群结队的'清国留学生'的速成班，头顶上盘着大辫子，顶得学生制帽的顶上高高耸起，形成一座富士山。也有解散辫子，盘得平的，除下帽来，油光可鉴，宛如小姑娘的发髻一般，还要将脖子扭几扭。实在标致极了。"

鲁迅 1902 年来到日本，1903 年就将辫子剪去了，是日语预备学校江南班中的第一个。他在回忆自己的剪辫史时说到辫子的种种坏处："一不便于脱帽，二不便于体操，三盘在囟门上，令人很气闷。"据其好友许寿裳回忆："鲁迅对于辫子，受尽痛苦，真是深恶而痛绝之，他的著作里可以引证的地方很多，记得《呐喊》便有一篇《头发的故事》，说头发是我们中国人的宝贝和冤家。晚年的《且介亭杂文》里有云：'对我最初提醒了满、汉的界限的不是书，是辫子。这辫子，是砍了我们古人的许多头，这才种定了的，到得我有知识的时候，大家早忘却了血史，反以为全留乃是长毛，全剃好像和尚，必须剃一点，留一点，才可以算是一个正经人了。而且还要从辫子上玩出花样来。'"（《亡友鲁

迅印象记》)

正是因为这条辫子，"汉人之旅外国，其见恶也宜矣。故凡吾人所至之地，有半边和尚之称，有拖尾奴才之号，或侮之，或辱之，甚或以枪轰毙之，含冤茹苦，无可告诉"(《论发辫原因》)。饱受歧视的中国留学生，由于辫子的遭遇而重拾了二百多年前民族压迫的惨痛记忆。章太炎称中国人"习夷俗久，髡鬃垂鬓，以为当然，亡所怪咢。日本人至，始大笑悼之；欧罗巴诸国来互市者，复蚩鄙百端，拟以豭豚，旧耻复振"(《訄书·解辫发》)。也就是说，"辫发之耻，其实是新耻（外国人的鄙视）唤醒了旧耻（满清的异族统治)"(张世瑛《清末民初的剪辫风潮及其所反映的社会心态》)。在国外被视作中国人形象标志的辫子，经过了清末民族主义者的象征转换，变成了满族对汉族实行民族压迫的标志。

受压迫的汉民族主义者，急欲切除这条辫子，同样，占据统治地位的大清王朝，则强硬力保这条辫子继续盘在全中国人民的头上。作为折中维新的代表人物，康有为在《请断发易服改元折》中，试图用一种更温和的语气，来阐明断发易服的必要性："今则万国交通，一切趋于尚同，而吾以一国，衣服独异，则情意不亲，邦交不结矣。"康有为反复列举断发易服的好处，认为断发易服既有利于工业化进程，也有利于个人卫生，还有利于社会文明之进程等，诸多理由，最后归结到一点："若在外国，为外人指笑、儿童牵弄，既缘国弱，尤遭戏侮，斥为豚尾。"

康有为还试图用东西方列强的发服流变来说明，万国竞争之世，趋新求强，"皆先行断发易服"。可惜的是，大清王朝的保守

图 4-25 中国漫画家张白鹭作品《皇帝梦》。画中将伪满洲国画作一只肥猪，即将面临宰杀的命运，却还在做着复辟的美梦。1932 年

4-26 美国辱华漫画《他已黔驴技穷》。手执利刃的义和团一旦被列强踩住辫子，马上束手无策。1900 年

派根本不可能允许汉人变法来撼动满族统治的绝对权威。维新变法、君主立宪虽有其好处，但在保守势力当权的大清帝国，根本没有可行性。

同为维新派，谭嗣同的态度比康有为更加决绝，他在《仁学》中痛陈辫发之弊："日本之强，则自变衣冠始，可谓知所先务矣。乃若中国，尤有不可不亟变者，剃发而垂发辫是也。"谭嗣同认为，处发之道有四。一曰全发，"中国之古制是也。发受于天，必有所以用之，盖保护脑气筋者也。全而不修，此其所以长也，而其病则有重腿之累"。二曰全剃，"僧制是也。清洁无累，此其所以长也，而其病则无以护脑"。三曰半剪，"西制是也。既足以护脑，而又轻其累，是得两利"。四曰半剃，"蒙古、鞑靼之制是也。剃处适当大脑，既无以蔽护于前，而长发垂辫，又适足以重累于后，是得两害"。孰得孰失，何去何从，明者自应辨之。

维新失败，进一步刺激了革命派的发展壮大。清末汉民族主义者在日本"チャンチャン坊主"一词的基础上，进一步发展了辫发的羞耻内涵，声称："头剃其半，背曳以辫，如绳索，如锁链，如兽尾，自顾亦觉形秽矣，何况外人？其于身体种种之不便，于家计种种之不便，于国家种种之不便，游外洋者，莫不备尝其害，深恶而痛绝之。"（《论发辫原因》）

从国际环境来说，辫子被表述为野蛮落后的象征；从国内环境来说，辫子被表述为民族压迫的象征。晚清民族主义者反复论证的一个观点就是：所有的耻辱，都是民族压迫的结果，我们要摆脱野蛮落后的形象，就必须割掉这条累赘物，要割掉这条累赘物，就必须与清王朝统治者划清界限。

于是"进化—剪辫—革命"就具有了三位一体的等价关系："盖欲除满清之藩篱，必去满洲之开头，举此累赘恶浊烦恼之物，一朝而除去之，而后彼之政治乃可得而尽革也。"按照革命者们天真的想法："发辫之害如此，虽欲不变通之其可已乎！戊戌推翻新政，一蹶不振，论者多咎变法之被不先变发。发短不可以骤长，不可以骤长，则面目形状既变，衣服装束不得不随之而变，衣服装束变，而行为政治皆不得不变矣。"（《论发辫原因》）

七、与其变自人，何若变自己

从刊载于《团团珍闻》的一幅新闻漫画《猪尾巴的成年礼》（见图 4-27）来看，日本在甲午战争胜利之后，曾对占领地民众实行过剪辫行动，试图剪除其"豚尾"改造成"大和顺民"。

日本刚刚占领台湾的时候，"标榜以严禁鸦片、断台人之辫发、解放妇女之缠足作为台湾统治上之三大主义，若不断行此政策，则虽然领有台湾，亦无用处"，但因为受到台湾人民的顽强抵抗，改而放松变革步伐，"在渐禁政策下，总督府并不明令禁缠断发及严格取缔，以立即收变革旧俗及外表同化之效，而只是透过学校教育或报章杂志的宣导，鼓励台人放足断发"（吴文星《日据时期台湾社会领导阶层之研究》）。

在 1900 年之前，关于中国人主动剪辫的记录并不多。即使是海外华人，也多保留发辫，因为一旦剪去发辫，就意味着再也回不到中国故土。中国虽大，决容不得无辫男子。1868 年，张德彝在美国遇见一个剪辫易服的华人传教士，就曾严厉地教训他

图 4-27 《团团珍闻》漫画《猪尾巴的成年礼》。跪在地上的中国人身上，写着"顺民"两字。左边两个日本人正在用中国人的辫子圈地，圈地的牌子上写着"新日本领地"。1895 年

图 4-28 《笨拙》漫画《中国佬张三为他的尾巴而哭泣》。太平天国期间，许多中国人将剪辫视作噩梦，对这条辫子恋恋不舍。1853 年

图4-29　美国《精灵》漫画《非剪不可》。文明女神正手执一把"世纪进步"的剪子为华人剪辫，辫子上写着"陈腐的传统"。1898年

说："夫大清国之禁律，男子剃发长服；今汝已剪发异服，则吾不以华人视汝矣……汝今为取小利而乱大义，忘却尔祖尔父，汝死后将何以见尔之先代祖宗乎？尔之祖父亦必不以汝为其子孙矣。"（《欧美环游记》）

19世纪下半叶美国的排华运动中，旧金山市政府针对华工惜辫如命的特点，曾经出台一种"辫子法案"，规定男性犯人的头发不得长于1英寸，否则就要强制剪发（见图4-29）。这条法案曾经让广大华工忍无可忍，为此还将旧金山市政府告上法庭。

美国华工的特点是，他们越受歧视，就越是封闭自己的交际圈，组织互助团体，固执地保守来自中国的文化传统，"以忍受鱼肉最酷，故组织团体亦最多"（戴鸿慈《出使九国日记》）。美国加州一位参议院代表说："中国佬由于缺乏欧洲人所特有的那种同种关系，所以在一切环境中和一切变化之下便仍然保持着他们独有的民族特性，而当其到国外求生时，他们所希望的也是获得一笔足以过舒服日子的财产，然后返回孔夫子的国家。"（麦克考宾《在美国联邦国会参众两院调查中国移民问题的联合特别委员会上的发言》）这一点既让许多美国人百思不得其解，也使之成为中国人顽固不化的主要论据之一。

同是漂洋过海的中国人，在辫子去留问题上，不同教育程度以及不同年龄阶段的人群表现出了截然不同的态度。

一是留学生与底层华工的态度形成了鲜明对照。容闳和他率领的儿童团，以及随后留学欧美的中国学生，都很愿意融入西方文明当中，因而对头上的辫子表现出深恶痛绝的割舍态度；而那些难以融入西方社会的底层华工，就只有通过抱团固守，彼此相互取暖，因此，辫子反而成为他们彼此相互认同的外在标志。

著名革命宣传家景梅九刚到日本时，几个日本学生用笔谈的形式告诉他："辫子不好看，剪了好，我们称豚尾。"景梅九大受刺激，直奔理发馆，打着手势要求把辫子剪掉（景梅九《罪案》）。许寿裳也在到达东京的头一天，就迫不及待地"把烦恼丝剪掉了"（《亡友鲁迅印象记》）。1900年前后的中国留学生，在国外待上一段时间之后，许多人都选择了剪辫易服。他们清楚地认识到剪辫易服乃"天下大势所趋，虽强有力者莫能挽。及今弗剪弗易，终必有剪且易之一日，所谓变亦变，不变亦变也。与其变自人而徒受异族之侵凌，何若变自己而先振自强之气"（佚名《剪辫易服说》）。

二是青年学生与成年学究的态度形成了鲜明对照。1906年，山西保矿运动期间，派往日本的第二批山西留学生中，有几位老先生，宁死也不肯剪去辫子。景梅九在一次同乡会上讽刺说："这头发本是一种烦恼的东西，弄成一条辫子，搁在脑背后，已经不成个体统；如今人把它挽在头上，作了个盖顶势，好好一个头颅，让他盘居上面（影中央政府），压制得全身不爽快（影国

図 4-30 日本漫画家北泽乐天讽刺中俄关系的漫画。踩在中国背上正着手剪辫的是俄国，可是，中国的身后却放着一只由英军和日军联合制成的铁夹，暗示如果俄国试图独吞在华利益，必将受到英日联合制裁。1901 年

民不自由），如今请大家下一番决心，痛痛快快地，一刀两断，剪除了他（影革命），不但一顶圆光，而且通身快活，大家有什么顾忌，不肯决然舍去呢？"（《罪案》）

鲁迅是较早剪辫的中国留学生之一，可是回到国内，却还得装一条假辫子。鲁迅回忆起这段不愉快的经历时说："装了一个多月，我想，如果在路上掉了下来或者被人拉下来，不是比原没有辫子更不好看么？索性不装了，贤人说过的：一个人做人要真实。"可是，这样一来，情况变得更加糟糕，"最好的是呆看，但大抵是冷笑，恶骂。小则说是偷了人家的女人，因为那时捉住奸夫，总是首先剪去他辫子的，我至今还不明白为什么；大则指为'里通外国'，就是现在之所谓'汉奸'。我想，如果一个没有鼻

子的人在街上走，他还未必至于这么受苦"（《病后杂谈之余》）。

次第发生的小规模剪辫行为，在1900年之后，就已经不是什么稀奇事了。较早的集体剪辫事件，大概是从新加坡侨民开始的。《中国旬报》报道说："传说有新加坡生产之华人，将于来春（1901年）正月改穿维新服色，不复如前穿着支那之服矣。"（佚名《服色维新》）

景梅九回忆辛亥革命前夜的剪辫风潮："这时清廷虽未下剪发令，剪发的却也不少。留学生回来，没有戴假辫子的了。我自然是秃头，也不觉得有甚么怪看。当时还有请下剪发令的，却惹起一场笑话。因为那时剪去发子的人，都不大戴中国硬壳瓢帽；于是卖瓢帽的商人，大起慌恐，向清廷请愿说：'万不要下令剪发，以致妨害我们底商业。'"当时一位叫陈慧亭的留学生讽刺说："这些帽商，可笑极了！原来是为头做的帽瓢，并不是为帽瓢做的头。"（《罪案》）

大量的留学生回国，首先带动了各大城市的剪辫风潮。1905年废除科举之后，大批青年学子转向新式学堂，尤其是新式军事学堂。这些新式学堂往往聘请一些归国留学生担任教员，他们中的许多人都是同盟会会员，这些人不仅身体力行剪除辫发，还动员学生剪辫，播种革命思想。许多学生受其影响，开始还只是尝试性地剪去部分辫发，将剩余一小撮盘起塞入帽中，但很快就将剩余部分也彻底剪除了。1906年的时候，在南京等地的新军中，革命气氛已经相当浓厚，"几乎所有的士兵都剪了辫子，表示对清朝统治的反抗，谁要不剪，就被骂作'豚尾奴'"（何遂《辛亥革命亲历纪实》）。尤其是广州起义失败后，

图 4-31 《纽约先驱报》漫画《无情地将它割去》。新式中国士兵的腰上写着"新中国","满大人"的帽子上写着"满族",辫子上写着"多年的移植物"。1911 年

"消息传来学校，各省同志莫不悲愤，誓为黄花岗七十二烈士复仇。两三天之内，（武昌陆军第三中学）除荆州学生外，一律剪去豚尾，表示革命决心"（阎崇阶《陆军第三中学参加武昌起义的回忆》）。

韩世儒在回忆 1909 年冬天陆军贵胄学堂的剪辫风潮时，说到另一种剪辫动机："德国皇太子要来学堂参观，当时每人脑后都垂着一条发辫，不仅非常的不受看，而且妨碍操作，甚至外人称之为猪尾奴。当时在出操和作业等时，就要把它盘在帽内，可是因此帽子戴的又不合要求，仍然是不受看，一般学生都有不如把它剪掉的意思。得知德国皇太子要来参观的消息，为了免得外人看不起，大多数学生表示愿自动剪去。学堂的当局也认为有此必要，当时监督张绍曾即将发辫剪去，暗示提倡之意，于是绝大多数学生很快自行剪掉。但有一部分思想顽固者，无论怎样说服，坚决不赞成，最后学生自动组织了一个剪辫团，秘密于夜间分赴不愿剪的同学宿舍，乘其熟睡之际，突然硬给剪掉。"（《清末陆军贵胄学堂第二期的回忆》）

虽然许多中国人顽固地维护着这条辫子，但剪辫易服毕竟是大势所趋。法国学者罗杰·佩利西耶说："二十世纪头几年，只有那些曾在海外留学的年轻人，才敢于摒弃辫子和传统服装，作欧式打扮，但是到了1910年，这股欧化风潮迅速被那些大型港口城市的青年人所模仿，这些地方的中国人与我们的文明有许多日常接触。"（*The Awakening of China*，1793—1949）

辛亥革命前最轰动的剪辫事件，当属1911年1月15日由伍廷芳发起的上海各界剪辫大会。据《大公报》称，"赴会者车水马龙，络绎不绝，午后聚集已逾二万余人"，剪辫会场"中设高台，旁列义务剪发处，理发匠十数人操刀待割。其时但闻拍掌声，叫好声，剪刀声，光头人相互道贺声。园主叔和观察谓：'自开园以来，未有如斯之盛举，亦未有若今日来客之拥挤。'当日剪辫者有千余人"（邵雍《中国近代社会史》）。

八、辛亥革命的剪辫乱象

海外华侨身处异国他乡，早有剪辫之意。辛亥革命胜利后，各地华侨纷纷响应国民革命的剪辫号召，"每每集合百数十人举行剪辫庆祝会，互相祝贺"（廖嗣兰《辛亥革命前后荷属东印度华侨情况的回忆》）。从各种辛亥革命回忆录来看，海外华侨得知国内已经剪辫，欣然响应，剪辫运动几乎没有遇到任何阻力。

国内形势相对要复杂得多。1912年农历正月，北京市政厅组织群众游行以庆祝民国成立，"尽管政府已经公布要把辫子剪

图 4-32　纽约版《孙中山与中国的觉醒》插图《脑袋和尾巴》。旧上海街头看热闹的中国人，一条条长长的辫子组成了一道"怪异"的街头景观。1912 年

去，但很多汉人由于习惯势力，已经忘记满人入关时强迫剃发留辫的种种惨剧了，忘记拖在脑后的辫子是民族屈辱的象征了，对于这根'猪尾巴'反而恋恋不舍起来，不肯剪掉。因此，在游行队伍中就有些所谓'维新'的人，手里拿着剪刀，看见谁的辫子还拖在后面，就悄悄替他剪掉。这一来，立刻在游行队伍中引起了一片混乱，连围在两旁看热闹的群众，也恐影响到自己，不由一哄而散"（叶恭绰《民元北京兵变时我之闻见》）。一出热烈的庆祝活动，居然以闹剧收场。

尽管革命者们在辛亥革命前已经就中国人的剪辫必要性进行了许多宣传工作，而且具有相当高的支持率，可是当剪辫运动真正到来的时候，还是遇到了意想不到的阻力。一方面，"愚夫愚妇以为发辫之事为中国从古所已然，不敢变易，变则谓之背祖忘先"（佚名《论发辫原因》）；另一方面，许多人曾在这根辫子上倾注了大量的心血和感情加以梳洗、护理，突然要将它从自己身上割去，一时也下不了手。尤其是对于那些"头上盘着一条少见的粗黑油亮的大辫子，好像码头绞盘上的大缆绳，若非精足血壮，决没有这样好的头发"（冯骥才《神鞭》）的恋辫者；再一方面，

还有人误以为剪了辫子就得穿洋服，"因此，不愿穿或穿不起洋服的人对剪辫都还有顾虑"（赵连城《同盟会在港澳的活动和广东妇女界参加革命的回忆》）。

针对剪辫行动中所遇到的各种阻力，1912年3月5日，南京临时政府以孙中山的名义颁布《剪辫令》（即《大总统令内务部晓示人民一律剪辫文》）："今者满廷已覆，民国成功，凡我同胞，允宜涤旧染之污，作新国之民。兹查通都大邑剪辫者已多，至偏乡僻壤，留辫者尚复不少。仰内务部通行各省都督，转谕所属地方一体知悉。凡未去辫者，于令到之日，限二十日，一律剪除尽净，有不遵者以违法论。"

可是，隐性抗拒《剪辫令》的依然不在少数，恋辫者想出了各种各样的办法来应对《剪辫令》。在烟台，由于商会联合抗拒剪发，一些年轻人遂组织起剪发队伍，决定强行为这些商人剪发。1912年7月，"及十一日午前十一钟，商会董事吴敬之行经都督府门，剪发队知为商董，遂从后将伊豚尾剪去，但剪时吴颇抵拒不服，致剪者失手误伤吴之头部"（佚名《烟台剪发罢市记》）。吴敬之受伤后大闹政府机构，而且组织商会联合罢市，不仅在烟台造成很大影响，甚至成为全国新闻。

在都市之外的县镇乡村，"一些秀才、举人，是当地的头面人物，他们的概念是'身体发肤，受之父母，毁之不祥'。他们还有不敢讲出口的思想，'截发容易留发难，万一大清复辟，视无辫者为革命党，必有杀身之祸'。他们既不愿剪，又不敢公然反抗，在无可如何之中，居然想出了绝妙好计，一倡百和，大家从箱底翻出了儒巾，将辫发盘在头顶，戴上儒巾，脑后无垂辫，掩藏完密，扬长过市"（陈逸艻《故乡兴化见闻》）。在此期间，一些地方的"尖顶帽"乘时而来，与传统的瓢瓜帽不同，这种帽子有尖顶耸起，可容辫子藏于其中，一时皆大欢喜。

由于剪辫而导致的发式紊乱，在 20 世纪初成为一道非常奇特的风景。"山东地区有许多富家子弟'留齐眉穗，并于两侧附丝带，油光粉亮，无异于女子'；天津则是有'绅衿官幕之纨绔子弟，皆于发辫外留齐眉穗，刷得亮光，男女无别，恬不知耻'；北京更有浮薄少年'额前垂发，俗名浏海，形同妇女，类近娼优，不知羞耻，实属有伤风化'；'杭州人之剪去发辫者不多，而剪去者多自成一式，发作人字形，从中心披下，并无头颅，自远望之，无异浏海'，这和当时流行的女子剪刀式发型无疑有异曲同工之妙。"（张世瑛《清末民初的剪辫风潮及其所反映的社会心态》）如此便形成一种奇怪的发式风景："外人入我中国，见我国民剪发者半，长拖豚尾者半，去其豚尾而仍剃半发、非僧非鞑者亦半。见我女界，天足者半，豚蹄如锥者亦半。此果为何等之特别统一也？"（孽儿《自由谈话会》）关于辛亥革命后的剪辫运动及其复杂性，已经有许多精彩论述，本书只作简单介绍，不再赘述。

九、递进式东渐的辫发政治

按照今人的理解，发式应该属于个人私事。可是，满族统治者入主中原之时，将是否剃发留辫视作是否接受满族统治的身体政治。当时许多汉族人为了反抗这种野蛮的身体政治，情愿砍头牺牲。可是，二百多年之后，大多数人都已经被成功洗脑并且习惯了这种半秃半辫的身体习俗，并且将其内化为一种"自古以来"或者"受之父母"的文化传统，再也舍不得割舍。

西方俗语中原本就用 pigtail 来指称辫子，最初将这个词用到中国人头上的时候，并不含有特别的贬义。但是从 18 世纪后期开始，大清王朝在历次涉外事务中种种既无能又自大的表现，让中国形象变得日益滑稽可笑，大大拖累了全体华人的形象。

19 世纪的西方书刊特别注重插画，有关中国人的奇怪习俗以及中国官员狂妄无知的故事，借助图像得到广泛传播。在西方漫画中，中国人最主要的形象特征就是长辫子、长指

图 4-33 《黄蜂》漫画《中国人的新年》。讽刺那些同情中国人的美国人也变得像猪一样，被中国人架到火上而不自知。1884 年

甲、暖帽、补服、瓢瓜帽，尤其是头上的辫子，几乎成了中国人的标志性身体符号（见图 4-33）。

随着中国形象日益下滑，本来就显得奇特的辫子，逐渐成为西方人嘲弄中国人的重要把柄。"幽默"的英美文人喜欢将 pigtail 中的 pig 与 tail 稍稍做些分离，玩弄文字游戏，甚至可以从 Chinese pigtail 中派生出一条 Chinese pig's tail。还没学会这种"幽默"的普通市民与儿童，则直观地将拖着长辫子的中国

男子笑作"女人"或"女孩"。

甲午战争之后，许多日本人有了"翻身倭奴得解放"的狂喜。本来在英语词典中语义双关的pigtail，被战后的日本媒体固化成了单一的"豚尾"。因此，中国人头上的辫子也就顺其自然地成了"豚"或"豕"的标志物。

19世纪越洋谋生的中国劳工，不仅在异国他乡饱受歧视，在中国本土一样要遭受来自乡绅士大夫的歧视，被他们称作"猪仔"。李钟珏《禁猪仔议》称："同治初年，泰、西、英、荷诸国，开辟荒岛，乏人垦治，以重赏诱往做工，遂有贩卖猪仔之事。当时闽之厦门，粤之香港、澳门，公然设馆，被拐者驱入舟中，絷其手足，如载群豕，其苦难言。及至外洋，更遭惨酷，十必死五。"这些"猪仔"在士大夫们的笔下，多被称作"愚民""穷民""苦力""无业游民"等。这些高贵的士大夫们也许不知道，其实在西方人眼中，所有的中国人都是"猪仔"，他们当然也不例外，只是不自知而已。

清末的民族主义者正是利用了这些辱华词汇，顺势将国际间的"国族歧视"置换成了国内的"民族压迫"，认为这一切耻辱都是由满族统治者给我们造成的。民族主义者们对于国外媒体将中国人骂作"Pig""豚""豕"视而不见，却单单拿出一条"豚尾"来大做文章，显然是为了强化"尾"与"辫"的内在关联，以刺激汉人的民族情绪，使利于民族主义的革命诉求。

对于中国民族主义者来说，中国一再受辱的主要根源并不是西方，也不是日本，而是国内的民族压迫，只要大清王朝一日不推翻，中国人的受辱史就一日不会结束。在清末民族主义者眼

图4-34 《黄蜂》漫画《午休》。美国女神身上写着"图说美国新闻",画面底部的牛和熊代表"股市",蛇身上写着"印度问题",大猪身上写着"中国问题",小猪身上写着"一夫多妻制",大猪的屁股上还画着一张华人面孔。1882年

图4-35 《黄蜂》漫画《中国问题:补救不及》。19世纪80年代的美国,以"中国问题"为题的漫画特别多,这幅漫画直接将中国人的脸画在猪屁股上,猪尾巴和中国辫子二位一体。1881年

图 4-36　维也纳《公鸡》漫画《海蛇 1900》。图中文字大意为："反复再现，死而不僵。"1900 年

中，中外矛盾是次要矛盾，是派生性的，国内的民族矛盾才是主要矛盾，是根源性的。如果强调外国人骂中国人为"Pig""豚"或者"豕"，它就只是一个单纯的辱骂词，着重强调了中外矛盾，无益于国内民族主义革命宣传。只有强调"豚尾"之耻，强调这不是中华民族所固有、应有的耻辱，才能用来说明这是满族统治者强加给其他各族的锁链，是我们遭受羞辱的根源，如此才能借助留辫带给国人的耻感效应，激发全体中国人民奋起剪除这根锁链，推翻清朝统治。是否留辫，再次升格为新时代的新政治。

　　在日本媒体笔下，关于チャンチャン的汉字形态，分别写作豚尾、豚尾汉、豚尾生、豚尾公、豚尾坊、辫发奴等，就笔者所见，尚未发现"豚尾奴"三字组合。可是，到了中国民族主义者笔下，"豚尾"后面，一律写作"奴"字："留学生之未尽剃发者，彼嘲之为半边和尚，又骂中国人为长尾奴，或豚尾奴，或下等奴，讥笑无所不至。"（思远《日本之野心》）一首由中国人自己写的《豚尾奴》叹道："豚尾奴，无奈何，黄发垂垂脑后拖，胡儿制度工象形，能令犬马奴伏多。汉儿太无耻，竟道三百年来祖宗遗，一毛不敢拔，尽人都如斯，但求剃发免罪戾，堂堂王朝猪尾宾，岂知丑态留人世，贻笑邻邦实污秽。"

即便使用奴字，日语奴的本意是混蛋、家伙。但是，作为混蛋、家伙的奴字显然不足以唤起全体中国人对于民族压迫的愤懑情绪。几乎所有的留日学生，不约而同地使用了"亡国奴"或者"奴才"来解释日语"奴"字，"把辫子看成为亡国奴才的标志"（《同盟会在港澳的活动和广东妇女界参加革命的回忆》）。如此，豚、尾、奴三字，每一个字的羞耻内涵都得到了最充分的发挥。

源自西方的 pigtail，经日本放大后成了一个侮辱性的新词チャンチャン。中国的民族主义革命者又将这个新词推向了极端化，组造了一个中文新词"豚尾奴"，其目的是最大限度地刺激民族耻辱感，激发全民反抗民族压迫的革命斗志，以此达到促进民族主义革命的目的。

如今每年春节，商家都会出售一种仿古的、拖着一条黑丝假辫的瓜皮小帽。许多父母把它戴在孩子的头上，当作一种"时尚"装饰。他们也许不知道，因为这条辫子，清末华人曾经受到多少羞辱；为了割掉这条辫子，又有多少革命志士流血牺牲。这一切终于都过去了，如今我们可以用一种更平和的心态，用一种复古审美的态度去玩赏这条辫子，未尝不是一种盛世幸福。

虽然我们相信随着社会的进步，中国国力的加强，这些种族与文化之间不理解乃至相互敌视的姿态一定会逐渐得到淡化，但是，重温一个中西方文化碰撞的旧话题，也许对于一个正在日益强大的民族能够起到一些清神醒脑的作用。

第五章

哀"旗"不幸,
怒"旗"不争:
大清龙旗五十年

前面我们讨论了西方视域中的中国龙，以及龙与中国形象在16—19世纪的变异史。事实上，龙作为中国符号的最终形成，以及这一符号被西方社会普遍接受，离不开第二次鸦片战争之后大清龙旗的影响。从现有资料来看，以龙为标识的大清龙旗以及大龙邮票等大清物什，都曾在西方社会广为传播，其中尤以大清龙旗影响为著。这一点，我们从当时的西方书报插画即可看出，大凡涉及中国龙的插画，其龙形象往往仿自龙旗中的红珠龙，而与龙票中的卡通龙相距略远。

接下来，我们将以大清龙旗为中心，着重讨论中国人的龙观念是如何加工出口、周游西国之后，再辗转回销国内的，也即在中西外交互动以及清末的政治生态中，龙旗与龙纹扮演了什么样的政治角色。

一、大清龙旗的糊涂账

龙旗作为大清国旗缘于何时何事，长期以来众说纷纭，莫衷一是。

《中国的国旗、国徽和国歌》一书解释说："义和团运动失败后，清政府洋务派官僚李鸿章，在同各个帝国主义国家举行的通商、互派公使等外交活动中，见到别国政府都悬挂着自己的国旗，而中国却没有，有失天朝尊严，便向慈禧太后上奏，请求制定国旗。当时，慈禧一方面出于外交的需要，一方面也自感脸上无有光彩，便下诏，令李鸿章负责设计国旗图案。经多次商议，李鸿章呈上了画有虎、豹、狮、龙、麒麟、八卦等图像的国旗图案。慈禧决定选金龙旗为国旗，通称黄龙旗，旗为三角形。黄龙旗，被认为是中国历史上第一次出现的国旗形式。"

这是目前比较流行的一种说法。还有论者在沿袭上述情节之后，进一步解释说："金龙旗又称为黄龙旗，因为龙是皇帝的象征，黄色为满族的代表色。最初的黄色旗为三角形，后改为长方形。从1900年在全国悬挂，到清王朝灭亡时终结。"（曲野等《略述清末以来我国国旗的变化》）

可是民国时期也有论者认为，三角龙旗远在咸丰年间即已诞生："至旗之有龙，实始于咸丰戊午（1858年）。先是美使列卫廉，以粤洋多盗，华船每冒挂洋旗以求庇，乃上书中政府，请仿各国成例，制定一种国徽，俾便商民遵用。事下礼部拟订，以中国尚龙，遂刷为定式。然初定者为红地三角形，且仅限于税关暨官有之轮船，商家未敢僭用。"（陈伯熙《上海轶事大观》）

图 5-1　清末的官车铺，门口斜挂一面龙旗。黄明延《中国旗帜图谱》

　　而 1906 年康有为的《保皇会改为国民宪政会文》在批评龙旗之不适于国旗时，又说：“《诗》称'龙旗扬扬'，原为天子之用，与国无关。同治初时，新定国旗，乃用黄龙，实为未合。且万国交通，彼不能喻吾国俗，而在彼以龙为大兽，黄为病旗，不见敬重，反为轻讥，将来在所必改者也。”康氏认为以龙旗为国旗始于“同治（1862—1874 年）初时”。

　　在有关大清龙旗起源的论述中，比较严谨的学术论文主要有汪林茂《清末第一面中国国旗的产生及其意义》、小野寺四郎《中国最早的国旗——关于清朝黄龙旗》、游佐彻《大清国“黄龙旗”与 20 世纪的中国“国旗”》等。但这些论文主要围绕“国旗”的概念及其产生之社会政治背景进行论述。本章拟在梳理龙旗渊源的基础上，着重于龙旗在不同时代背景中的形制变化、功能转换，以及伴随着近代中国屈辱史而展开的龙旗在海内外被悬挂与被认知的历史。

二、外国旗号：认明确系该国旗号，便准入港

国旗、国徽都是国际交往中的国家识别符号，是基于国与国之间的平等关系而派生的。鸦片战争之前，中国人并没有所谓国旗的观念。中国乃"中央帝国"，既不需要外交，也不愿意与其他"蛮夷小国"平等相处。所谓旌旗，主要用于帝国内部各种仪式，用来标识公侯将相的身份地位以及集团属性等。

第一次鸦片战争之后签订的许多中外条约，均已涉及国旗概念。如 1844 年《望厦条约》中的 the flag of the United States，以及 1858 年《天津条约》中的 American flag，本该译作"美国国旗"，但在当时的中文本中，只是写作"合众国旗号"。这些国家之所以需要"旗号"，是因为他们要到大清国来贸易，为了方便大清官方"认明大合众国旗号，便准入港"；而大清官方并不需要到他们的国家去贸易，所以，大清王朝还没有制定"大清旗号"的必要（《坤舆图识补》绘录的大清"国主旗"，见图 5-2）。

咸丰年间，广东发生了一起缘于"华船冒挂洋旗"的"亚罗号（Arrow）事件"。依据当时的海上国际惯例，没有旗帜的商船可能被视作无国籍甚至海盗船，无法参与国际贸易。一些中国商船为了进行国际贸易，只能向外国机构申请注册，同时升

图5-2 箕作省吾《坤舆图识补》绘录的大清"国主旗"，龙身上画着一对古怪的翅膀。1846年

挂注册国国旗，如此一来，他们就能以注册国的名义要求贸易保护，拒绝接受大清国的管辖。1856年10月8日，一艘名为亚罗号的华人商船被疑参与海盗活动，遭到广东捕快的扣押。由于该船已经在港英政府注册，声称升挂了英国国旗，英国领事巴夏礼（Harry Smith Parkes，1828—1885年）借口广东水师侮辱英国国旗，遂挑起事端，点燃了第二次鸦片战争的导火线。

按理说，"亚罗号事件"之后，大清王朝应该考虑制定一面标志大清国形象的专用旗号，方便华商进行海外贸易。可是，当时的大清王朝对民间商贸活动不仅不予鼓励和支持，甚至有意打压。大清王朝1866年制定的《华商买用洋商火轮夹板等项船只章程》中，明确规定华商购买洋船后，"不准复用外国旗号"。自己没有旗号，又不许商人借用外国旗号，等于从制度上扼杀了中国商人的海外贸易。

在这种官、民分离，以官为本的国家观念背景下，虽然大清王朝早就知道别国均有"某国旗号"这种东西，但是，老百姓和商人的迫切需求却并不在他们的考虑范围之内，所以，制定自己的国旗始终提不上议事日程。

三、三角黄龙旗：使外国舰船一望即知，不敢妄动

第二次鸦片战争之后，西方列强进一步侵入中国，甚至在中国水域部署海军。中外水师如此同处一块水域，免不了生出许多龃龉。由于没有统一的官船旗号，大清水师在与西方海军的交涉中吃了许多哑巴亏。

同治元年（1862年）五月，法国公使哥士奇（Michel Alexandre Kleczkowski，1818—1886年）曾经向恭亲王奕䜣提及，外国船只一般都会竖立本国旗号，易于辨认，如有冒犯，则可视为犯该国之禁。别国都有旗号，可是我们自己却没有旗号，"适因湖北江南，皆有英人与我兵勇斗殴，焚毁兵船等事，屡向理论，而该国词穷，则以不能识别强辩"。奕䜣痛定思痛，开始考虑"如我处师船亦一律竖立黄色龙旗，外国果能望而知为官船，不敢轻举妄动，未始非豫事队维之一法。即或不然，我亦可执彼国之例，与之辩论，彼自不能再行曲意狡展"（《筹办夷务始末》）。

为此，奕䜣主持的总理衙门致函两江总督曾国藩征求意见，询问增挂龙旗是否有碍行军。曾国藩经与湖北、江西各巡抚会商之后，当即复信表示赞同增挂龙旗，并且给出了三角旗式的建议及大致尺寸："各处师船，仿照外国竖立旗号之例，概用黄色龙旗，使彼一望即知，不敢妄动，且于行军无碍。嗣后除各营旗帜照常竖立外，应分饬各营另添龙旗一面，拟用三角尖旗，大船直高一丈，小船旗高七八尺，其斜长及下横长各从其便，均用黄色画龙，龙头向上。"选择削角龙旗作为水师官船的标志，显然经过了奕䜣以及曾国藩等人的充分考虑。

图 5-3 根据《皇朝礼器图式》绘制的清代八旗中的正黄旗。黄明延编《中国旗帜图谱》

一本 1842 年的英文图书是这样介绍中国军队等级制度的:"鞑靼军队共分八旗,用不同的颜色来区分各自的旗帜,黄色或者说皇家的颜色是最高级别的颜色,然后是白色、红色和蓝色,另外四个等级的旗帜则是将这四种颜色镶在其他的颜色当中。汉族士兵只能使用绿色旗帜。所有黄色旗帜的中心,都有一条象征皇权的黄龙。"(*Narrative of the Second Campaign in China*)

可见只有象征皇权的黄色龙旗,才具有凌驾于"各营旗帜"之上的统率地位。将黄色龙旗让渡给以汉族官兵为主的水师舰船,本身就是对水师地位的莫大提升。奕䜣卖了个不花钱的人情,曾国藩则乐得为手下官兵争得了使用黄龙旗的权利。奕䜣提供给曾国藩参考的方案是"黄色龙旗",而作风低调的曾国藩似乎考虑到了"黄色龙旗"与八旗中"正黄旗"(见图 5-3)的形态过于接近,为避僭越之嫌,主动提出将"黄色龙旗"削去一角,"拟用三角尖旗"。这是曾国藩稳健政治风格的表现,但是,当这面形制怪异的三角尖旗走出国门的时候,却会遭遇诸多不便。

同治元年闰八月二十四日(1862 年 10 月 17 日),总理衙门业经奏明朝廷之后,随即命令各省水师船只一律照样办理,并且立即照会各国驻华公使："希即行知贵国各路水师及各船只。嗣后遇有前项黄龙旗帜，即系中国官船，应照外国之例，不准擅动。倘有移动，即照犯禁办理。"（《筹办夷务始末》）

这里有两个问题值得注意。第一，黄龙旗只限于水师官船悬挂使用，普通民船既不能享用龙旗，也得不到大清王朝的保护。自唐宋以降，龙旗已经逐渐演变为帝王家的专用旗帜，黄色也是皇家专用色。在"溥天之下，莫非王土，率土之滨，莫非王臣"的观念下，黄龙旗的象征意义是再明显不过了，意即"皇家所有，不得冒犯"。第二，营旗主要用于对内标识，龙旗主要用于对外标识。外国兵船只要是侵犯了龙旗，无论理之长短，"均先将犯禁之案，从严惩办后，再为理论别事"。因此，龙旗在外交层面上又具有了王朝或者说国家的象征意义。

但是，由于曾国藩倡议的三角龙旗只有大致尺寸及龙头朝向，并没有给出具体规制，甚至旗帜的斜长及下横长均可"各从其便"，各地水师在龙旗的材质、龙形等方面，都不能统一。据1889年天津军械局的一份报告，二十多年来，龙旗的制作，居然一直处在不确定的摸索阶段："原定斜幅黄龙旗式，用黄羽纱制造，中画飞龙，因画龙不能经久，改用兰羽纱镶嵌五爪飞龙，龙头向上。"（张侠等《清末海军史料》）从笔者所见龙旗图案来看，大一点的龙旗，龙身可以多达六折；小一点的龙旗，龙身仅有两折；到了外国人的画笔中，龙身还能绕出一两个小圈圈。中国人都没大搞清楚的旗式要素，外国人就更搞不清了。据大清国驻美大使张荫桓1888年日记："英官书局温士德送阅现刊各式，请余鉴定，所刊龙旗绘画未精，缺去红珠。"（见图5-5）

图 5-4　大清王朝 1908 年的国书封套，丝绸缎面，刺绣龙纹。现藏科隆东亚艺术博物馆

图 5-5　马萨诸塞州《新编美国英语词典》插页中的大清龙旗。1885 年

四、中国新定旗式：被形势逼出来的追认文件

就在三角龙旗诞生之后不久，大清王朝又闹出一件令人哭笑不得的龙旗糗事。一个负责为大清国购买舰船的英国人，不仅妄想控制这支新购舰队，还自作主张为舰队设计了一面古怪的"绿地夹心龙旗"。

出于镇压太平天国的需要，1862年，大清国委托赫德（Robert Hart，1835—1911年）向英国购买一批舰船和枪炮，赫德写信请老上司李泰国（Horatio Nelson Lay，1832—1898年，见图5-6）代为购买。李泰国将购置舰船的计划提交到英国政府，在未与大清官方商议的情况下，居然提议借此成立一支由英国人指挥的"英中联合海军舰队"。李泰国手握巨额购船经费，找到英国皇家海军上校阿思本（Sherard Osborn，1822—1875年），私自任命其为舰队司令，请他协助购置舰船，并且招募了600名英国水手，还拟就了"国旗"及海军旗帜的样式（葛松《李泰国与中英关系》）。

舰船置定时，已经到了1862年底，大清总理衙门已经将三角黄龙旗的使用办法照会各国驻华公使，李泰国清楚地知道有关舰船悬挂大清龙旗的规定。可是，这位不可一世的英国人根本没把大清衙门的政令当回事，他自作主张设计制作了一面绿地夹心龙旗。李泰国自许为中国全权代表，与阿思本签订了合同《十三条》，其中第九条为："此项水师，俱是外国水师，应挂外国样式旗号；一则因船上俱系外国人，非有外国旗号，伊等未必肯尽心尽力，一则要外国各商，不敢藐视，是以议定旗要绿色，中用黄

图 5-6　李泰国，1861 年清朝首任海关总税务司，曾参与中国海关的创建

图 5-7　李泰国设计的绿地夹心龙旗——"阿思本舰队舰旗"

色两条相交，心内画黄龙尖旗，以为中国之号旗。要绿色者，系因绿旗乃各外国所罕用，便不至与别国旗号相混。"（《中国近代舰艇工业史料集》）李泰国的这面绿旗，只在旗心处夹嵌了一小块三角黄龙旗的旗样（见图 5-7）。

　　英国外交大臣罗素（John Russell，1792—1878 年；有的书译作罗塞尔）在看了李泰国提交的申请资料后，深感不安。1862 年 8 月 19 日，他在李泰国的信上作了如下批注："这是中国国旗吗？舰队既为中国皇帝服务，就应悬挂中国国旗，并加上某种标记，以资识别。"外交次长莱亚德（Austen Henry Layard，1817—1894 年）接着在旁边注道："李泰国于两天前（8 月 17 日）告诉我，中国政府并无国旗。"8 月 28 日，李泰国进一步要求将这面"国旗"刊入英国的政府公报，罗素在李泰国的申请信上批注："旗帜在我们承认之前，必须先由中国皇帝采用或批准。"但是，事态发展过快，罗素已经很难阻止李泰国的冒进行动。

事态发展印证了罗素的担心。《十三条》一出，大清官员一片哗然，"原议船中所用外国人，不过令其教练枪炮行驶轮船之法，而兵权仍操自中国，不至授人以柄"（《曾国藩全集·奏稿之六》），可现在却全权被两个外国人控制了，此举不仅大折天朝威风，还严重危及天朝的国家安全，曾国藩等人当即表示坚决反对。1863年5月，总理衙门就《十三条》与李泰国谈判，不仅强调舰队的中国主权，还一再强调这支舰队必须悬挂指定的大清水师三角黄龙旗。可是，1863年9月，这支舰队还是悬挂着他们自己设计的古怪龙旗驶抵上海。经过反复交涉，双方互不让步，最后，在曾国藩的建议下，大清王朝只好自认倒霉，贴钱遣散了这支刚刚组建起来的联合舰队，当然也就毁弃了这面由英国人制作的绿地夹心龙旗。

由于缺乏一面象征国家形象的旗帜，许多涉外事务受到掣肘。同治十一年（1872年），总理衙门决定扩大水师三角龙旗的使用范围。九月初三日（10月4日），总理衙门批准将三角龙旗定为中国轮船桅梢所竖常挂之主旗式样，"龙头向上，旗用黄羽纱制，龙身用蓝羽纱"（《中国近代海军史事日志》，见图5-8），定于十月一日（11月1日）一律更换（《中国历史大事年表（近代）》）。值得注意的是，所谓的"中国轮船"，只是特指大清官方轮船，并不包括民用商船。

或者因为大清王朝的办事效率低，或者因为事不关民生，此

图 5-8　大清王朝 1872 年实际使用过的黄羽纱三角龙旗，现藏于英国国家
海事博物馆

事未在民间激起多大反响，事隔一个多月之后，才有新闻对此略
加报道。1872 年 3 月的上海《申报》，只在轮船新闻中稍稍提了
一下："北京总理衙门，照会各西国官员，谓中国新定旗式，如
三角，色用黄，中画龙，用蓝色。所有福州、上海炮局所制轮
舶，及各关口巡河船，均建此旗，以标认识。其船长一百六十尺
之下者，该旗长用六尺四寸；其船长在一百六十尺之上者，该旗
长用九尺六寸。"

　　从当时担任大清税务官员的两位英国人的函电中，我们知道
这项制度正式下达海关时，已经到了第二年春末。同治十二年二

月二十日（1873年3月18日），总理衙门批准以三角黄龙旗作为海关船只的标志旗，正黄底，镶蓝色，飞龙朝上。大约与此同时，招商局等一批涉外官方机构也陆续开始悬挂黄龙旗，以示其官办身份及国家权威。

可是总理衙门并没有提供明确的旗帜规格，甚至连旗样都未能提供。当大清海关总税务司赫德指示其助手金登干（James Duncan Campbell，1833—1907年）在伦敦定制一批三角黄龙旗的时候，也没法给金登干提供准确的旗样。金登干只好委托本杰明·埃金顿弄一个旗样，结果，"埃金顿先生说，他们拖延了时间，是因为从海军部弄到旗子的正式图样花了很长时间"（《中国海关密档——赫德、金登干函电汇编》）。

旗样寄到英国之后，金登干找了几家公司投标制作，发现英国人不擅长印制这种图形复杂的龙旗，"印制大号旗子是行不通的，而小号旗子呢，第一批制版费将会很高，而制作费则不亚于绘制的旗子"。值得一提的是，这样来来去去折腾了几个月之后，金登干给赫德写信说："制旗商说，做中国旗很别扭，需要很有经验的人来缝制，以免旗尖'耷拉'。如果是△状，即等腰三角形，而不是锐角三角形◁，旗子就会飘扬得好得多。"（《中国海关密档——赫德、金登干函电汇编》）金登干敢于自作主张地建议将龙旗的锐角三角形改成等腰三角形，大约也是知道龙旗规制并不严格。

不过，总理衙门1872年的这项新规定充其量只是一份为形势逼迫而制定的追认文件。事实上李鸿章1871年9月签订的中日《天津条约》中，就已经将龙旗称作"此国旗号"，该条约第

17 条："两国船只旗号各有定式，倘彼国船只假冒此国旗号私作不法情事，船货均罚入官。"

五、外交仪式中最早的龙旗：美国设计、美国制作、美国悬挂

尽管三角黄龙旗早在 1862 年就诞生了，但在最初五六年间，似乎并没有被朝廷官员使用在水师舰船之外的其他场合。同治五年（1866 年）张德彝出使西方各国的时候，依然将各色国旗视作新鲜事物："（七月）初六日（8 月 15 日）……见各国使臣公署，皆竖旗于门首，临风飘漾，舒卷自如。内有日本国红旗方形，中绘白色园光如日。又有黄白蓝红等色方旗，不知为何国所树。"（《航海述奇》）

1868 年，大清王朝委派原美国驻华公使蒲安臣（Anson Burlingame，1820—1870 年）为办理各国中外交涉事务大臣，率领一个大清使团出访西方各国。由于当时的大清王朝尚未有国旗概念，而蒲安臣大约是出于一些外交仪式的需要，特地为这次外交之旅制作了一面象征性的国旗。为了与国际通行旗式接轨，蒲安臣将龙旗的三角形改成了四方形。

有些现代学者认为蒲安臣擅自修改三角龙旗为四方龙旗的做法大大侵犯了中国主权，但在当时，三角龙旗本来就不是国旗，而且也没有具体规制，即使是当时一同出使的大清官员也没觉得此举有何不妥。志刚甚至在同治七年七月初三（1868 年 8 月 20 日）日记中用了一种嘉许的语气记载此事："蒲使制大黄旗一面，

蓝镶边，中绘龙一，长三尺，宽二尺。与使者命驾之时，以为前驱。"（《初使泰西记》）

蒲安臣不愧为中国通。曾国藩设计的水师龙旗，为了避免僭越，将总理衙门建议的黄色龙旗削成了"三角尖旗"，因为按照封建官员的旗服规制，随着职级下降，官旗上的图案元素或旗幅也应逐级削减。而蒲安臣制作的这面外交龙旗，为了避免僭越，则特意在黄龙旗周围加了一道"蓝镶边"，因为在八旗位阶中，蓝色的色级在黄白红蓝四色中是最低的。

锺叔河认为，蒲安臣制作的这面镶蓝黄龙旗就是中国官方使用的第一面外交龙旗（《走向世界：近代中国知识分子考察西方的历史》）。不过，锺叔河未能注意到，至迟在蒲安臣制作大黄旗的四个月前，一些美国机构或个人已经自行替中国代表团挂上了龙旗。据张德彝记载，同治七年四月初六日（1868年4月28日），"随志、孙两钦宪往芒格茉街利克房中赴宴，系总督黑公所约。楼房峻丽，灯烛辉煌，正面高悬大清龙旗与合众花旗，左右则英法各国彩旗，随风飘漾，绮浪叠翻"（《欧美环游记》）。当时的大清使团自己都没有龙旗，美国人却已经主动替中国人把龙旗做好，并且挂了起来。从当时美国的一幅时事版画来看，美国人画的龙旗的确有点怪，龙背上长着一对翅膀，尾巴还绕了个圈（见图5-9）。

在张德彝的记述中，不同的大清龙旗还在美国多地反复出现。闰四月二十八日（6月18日），蒲安臣使团乘车至教军场，"正面兵房如蜂穴，以木板高搭看台，中竖合众国花旗，左右立二中国龙旗"。六月初六日（7月25日），"志、孙两钦宪同蒲钦

图 5-9 美国《莱斯利新闻画报》版画《蒲安臣与大清使节在纽约》。中国官员背后挂着一幅龙旗，龙背上画着翅膀，龙尾绕了一个圆圈。1868 年

使具帖请正副统领以及大小官员六百余名，在寓晚酌。四壁悬挂中外旗帜，陈设芳华，彼此畅谈，子正始散"。十五日（8 月 3 日），"登'丹呢拉得陆米'轮舟，长约十六七丈，明楼三层，登之可以远眺，上立大清龙旗"。二十七日（8 月 15 日），"是日街市多插花旗，船上高树大清龙旗，鼓乐笙箫，疑在天上"。只是张德彝未说明这些大清龙旗具体为三角还是四方（被一些外国书刊理解为"国旗"的龙旗场景，见图 5-10）。

尽管大清龙旗早已天下咸知，但从同期及稍后在国内举行的一些外事活动来看，至少在 1869 年岁末，龙旗还没有在大清王朝的官方外事活动中发挥作用。同治八年九月十八日（1869 年 10 月 22 日），英国王子到沪访问，海关放炮迎接，"见各国船桅

皆挂花旗，计三十余种。中土海关与船只前挂一旗，绿色长方，中界白十字，后挂花旗廿余方以为识"（《欧美环游记》）。中方"廿余方"旗帜中，并没有出现龙旗的身影。

进入19世纪70年代之后，龙旗的意义和功能悄悄地发生了一些变化。同治九年（1870年），大清王朝为了处理天津教案，不得不派头品顶戴崇厚出使法国。崇大人在从北京到上海的路线中，其仪仗队一直使用的是绣着"崇"字的黄缎大纛、红绸万名伞、四字旗牌等。十月二十四日（11月16日）在上海登上远洋客船，随即"挂大清黄龙旗于桅顶，舒卷飘扬，飞空蔽日"，使团一入广州，改登江船，马上就"撤龙旗"（张德彝《随使法国记》）。

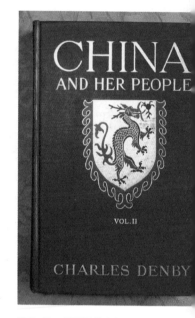

图5-10 美国图书《中国和她的人民》，封面的龙珠图案疑为清末外交场合使用过的龙旗，被一些外国书刊理解为"国旗"。1906年

崇厚这种做法，大概当时已经成为大清使团的一种默契。十月十三日（11月5日）使船途经烟台的时候，张德彝发现"有轮船名'满洲'者，上插龙旗"，马上意识到这是志刚的使团"由法邦回棹至此也"。这也从侧面证明了"上插龙旗"在当时还不是内地官船的普遍做法，所以张德彝才会一望而知是回棹使船。"可见这些清朝统治者已经认识到，除了要用大旗来显示自

图 5-11　美国《精灵》杂志漫画《记账》。墙上的三角龙旗与美国花旗并置，明显被当作国旗使用。1885 年

图 5-12　1878 年巴黎世博会中国馆的牌楼与龙旗。吴海勇《百年世博的中国表情》

己的等级、身份外，对外国更要用旗帜来标志自己的国家。"（汪林茂《清末第一面中国国旗的产生及其意义》）

　　虽然设计龙旗的初衷只是用作水师官船的标志，大清王朝当时并未意识到需要一面国旗，但由于大清国没有其他可以用作国家象征的旗帜，这面水师龙旗事实上已经被外国人视作大清国国旗（见图 5-11）。据何如璋 1877 年《使东述略》记载："（大清使团）船近内口，依戍台停泊后，施炮二十一声，桅换日章。日本戍兵，亦挂龙旗，炮如其数。互相为敬，西人所谓仪炮是也。"

这边挂"日章",那边挂"龙旗",相互致敬,在这样的语境中,龙旗事实上已经担负起了国旗的功能。

至迟到光绪初年,龙旗的使用范围已经从船上扩大到陆上。光绪二年(1876年)美国费城世界博览会上,中国展馆北向建木质大牌楼一座,上书"大清国"三字,两旁有东西辕门,"上插黄地青龙旗,与官衙一式,极形严肃"。不过,相比之下日本展馆不仅场地大可加倍,布置井井有条,而且"遍插白地红心旗"(李圭《环游地球新录》),显然比大清国更加重视本国的旗帜。

由上可见,最早在外事场合使用的龙旗,是一些美国机构或个人自作主张替中国使团设计、制作,并应用于中美外交仪式上的。龙旗作为涉外事务中的国家象征,大约在同治年间逐渐被中国官员所接受。但在对内明确为一种民族国家的象征,则是更加晚近的观念。

六、四方龙旗:官方确认的大清国旗

奕䜣与曾国藩讨论这面大清水师旗号的时候,只是为了使外国兵船"一望即知为中国官船",完全没有考虑与国际通行旗式接轨的问题。最早提出国旗旗式应该与国际通行旗式接轨的中国人,大概是第一位驻外使节郭嵩焘。

郭嵩焘赴英日记中,于光绪二年十一月十九日(1877年1月3日)记载了所见"各国旗式",认为外国旗式皆长方形,一般横长七八尺,竖四五尺,"未尝用斜幅作尖角式","西洋不必师古,而天地自然之文,无中外一也。九旗之等,以丈尺为差,其制皆长方。古旗无用斜幅者。今惟令旗尖角，以便卷舒。国旗尖角，似不足式观瞻"。而且按国际惯例，挂黄旗是船上有危重病人的信号："有恶病则竖黄旗所至之海口，候之，即以医至；禁舟人不得上下，行海各国皆同此例。"

郭嵩焘啰啰唆唆记了一大通，殷切地希望能"存此以备他日考定旗式之一助"。可是，郭嵩焘的意见非但没有成为主流意见，其副使刘锡鸿还于光绪四年（1878年）向朝廷密参一本："镶黄正黄，皆御用旗色，而郭嵩焘谓是草木黄落，其色不佳，要将船上黄龙旗改用五色。经臣拦止，乃变其说！为宜镶红帛，著之日记，以备他自考定。查一朝旗式定自开创之天子，郭嵩焘何人，乃敢以考定为言，所谓他日系指何日？"（《郭嵩焘大传——中国清代第一位驻外公使》）

其实，只要到了国外，都一定会对"四海频见"的各国国旗产生观感。张德彝早在同治十一年（1872年）随崇厚出使法国的时候，就已经非常详细地记载了"各国旗帜形式"，只不过张德彝在政治上似乎比郭嵩焘更圆熟一些，他在说明"各国旗帜，尺寸大同小异，各皆长方，横宽七八尺，纵长四五尺"之后，并没有进一步生发对于大清三角黄龙旗的任何建设性意见。

直到光绪十四年（1888年），在奕譞、李鸿章等人主持下，才在《北洋海军章程》"武备"章特列"国旗"条："按西洋各国，有国旗、兵船旗、商船旗之别。大致旗式以长方为贵，斜长次之。同治五年（注：应为同治元年），总理衙门初定中国旗式，斜幅黄色，中画飞龙，系为雇船、捕盗而用，并未奏明为万年国旗。今中国兵商各船日益加增，时与各国交接，自应重订旗式，

图 5-13　美国图书公司《中华国》中所描绘的龙旗龙纹。1902 年

以崇体制。应将兵船国旗改为长方式，照旧黄色，中画青色飞龙。各口陆营国旗同式。"

　　这是大清王朝第一次在官方文件中正式将龙旗明确为"国旗"。天津军械局奉令"妥酌尺寸"如下："查黄龙旗为与各国交接而设，旗幅必须较大，方壮观瞻。其宽长尺寸又须与升挂之处合宜。遵经妥细考校，酌拟制造。尺寸分为大小四号：头号横长一丈五尺六寸，直宽一丈六寸五分；二号横长一丈三尺九寸，直宽九尺五寸；三号横长一丈一尺五寸，直宽七尺六寸；四号横长九尺六寸，直宽六尺三寸。旗式一律照长方，照旧用正黄色羽纱制造。旗中青色飞龙，仍用羽纱照旧制镶嵌，龙头向上，五爪，业经制成式样呈请核定。"

　　这个核定后的旗式规格被转咨海军衙门、总理衙门查照立案，同时咨行沿海、江各省关，照会东、西洋各国一体知照（美国图书公司《中华国》中所描绘的龙旗龙纹，见图5-13）。张之洞接到大小旗图四张之后，迅速"合就札发札到该局，即便会同营务处查照。将发去各旗图，分别照会移行沿海地方文武各衙门，及各局所、各台讯、暨管带兵轮各员弁，一体遵照办理。并移送藩、臬、运三司，暨呈送抚部院衙门、水陆提督、粤海关一体查照，仍俟办毕，即将原图缴还备案"（《清末海军史料》）。

有意思的是，这份1888年发布的咨文，依然是一份追认文件。早在光绪二年（1876年）出版的葛元煦个人著作中，就已经明确区分了四方"大清国旗"与三角"大清国常用旗"（见图5-14）。由此可见，大清王朝的许多迈向现代化的官方文件，都是被形势逼出来的无奈追认，总是事实在前，文件其后。行政能力之落后，令人叹为观止。

到了光绪二十二年（1896年），李鸿章领衔出使欧美的时候，四方龙旗已经成为必不可少的仪礼道具："未初，邮船高揭龙旗及头等钦差大臣旗，展轮驶出吴淞口。炮台暨中西各兵舰，亦共鸣炮送行。一缕轮烟，遂指香港海程进发。"首站到了圣彼得堡，"火车甫停，中国驻俄使馆中诸随员，共祗迎于道左。俄京尹则先就车站高悬国旗，并派乐工及兵士恭待"。可是，李鸿章不住公务旅馆，却住进了一个名叫巴劳辅的富商家。这位富商在他家楼额上高高挂起一幅李鸿章像，"入其堂，则四壁高悬中国黄龙旗，窗门屏障间皆悬中华文字，又皆吉祥颂祷语"（《李鸿章历聘欧美记》；反映这一场景的漫画，见图5-15）。且不论李鸿章此行有什么结果，至少说明，至迟到19世纪末期，无论公私场合，龙旗已经被国际社会所普遍认可并使用。

图5-14 葛元煦《沪游杂记》书前插页。该书早于官方12年将四方龙旗称作"大清国旗"，将三角龙旗称作"大清国常用旗"。1876年

图5-15 伦敦《笨拙》漫画《英式生活对李鸿章的影响》。画面中李鸿章正在接待外国来使，李府墙上挂满了各种古怪的龙旗。1897年

七、龙旗商用：招徕生意的商业招幌

　　三角黄龙旗色彩鲜艳、形制特别，易于辨识。商人大概是最早敏锐地意识到龙旗"无形资产"的一个群体。早在大清国官员自己还没意识到龙旗的象征意义时，一些贩卖中国产品的商人已经开始借用龙旗进行广告宣传了。张德彝第一次随使出访西方列国时发现，有些中国商人为了标识货品产地，往往悬挂龙旗，以作招徕。同治五年五月十八日（1866年6月30日），张德彝等人到荷兰动物园参观，"园主约饮午酌，忽见一楼上插大清龙旗，即往观之。楼中多中土暨东洋诸岛土产，万货云集，无美不备"

（《航海述奇》）。

本来只是大清水师官用的三角龙旗，放在国外的语境中，被商人这么一借用，马上发生了结构性的功能转换，摇身一变为标识产地、区分国别的商标符号。

1868年，张德彝再次随使出访西方列国。同治七年七月初三日（1868年8月20日）抵波士顿，有本地官员来迎，先在城内周游，"一路皆插花旗，间有竖中国黄旗者……有举中国雨伞者，有摇中土绣花绸缎者……凡有些须华物，无不炫之。沿途人多，竟有骑墙跨脊、攀树登梯者"。七月初七（8月24日）至坎布里奇，当地官员来迎，"车过时男子免冠，女子摇巾，群呼庆贺。更有女子掷花车内者，花上系笺书'庆贺中华'四字。缓行数十里至会堂，堂前挂大清龙旗，高悬匾额，文曰'慰望庆贺'"（《欧美环游记》）。

1888年，驻美公使张荫桓在接到关于确认四方龙旗作为国旗的咨文后，马上在《奏请定国旗形式片》中提出："臣奉使海外，例张国旗，而南北美洲每以中国旗式官商一致为诧。盖诸华商久经循用斜幅龙旗，遇中国庆典及臣出入岛境，辄高悬以为荣耀，未便抑令更张。而西俗国旗最为郑重，亦不宜无所识别，且章程内亦有巡历外洋与各使臣相涉之事，今北洋海军国旗既以长方为式，臣在海外敬悬国旗亦拟用长方式，绘画仍旧，此外各华商仍令永远遵用斜幅龙旗，以示等差。"

从奏章中可以看出，美洲地区的华商很早就开始悬挂龙旗。虽然这种做法不被大清官方所认可，但这些华商显然很能处理关系，节庆高悬龙旗的做法也很给大清国和使臣面子，张荫桓当然只能睁一只眼闭一只眼。张荫桓此奏章意思是说，既然现

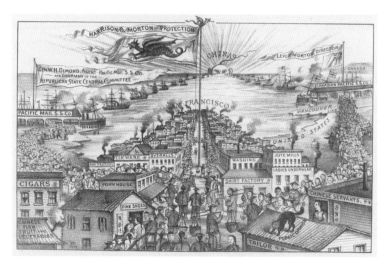

图5-16 煽动反华情绪的《中国移民来到旧金山》，描绘了一个被华人占领的旧金山，市中心高高飘起一面巨大的插翅龙旗，龙尾模式化地卷出一个圆圈。印刷年代不详

在有了四方龙旗，那就干脆把三角龙旗给那些商人用好了，我们当官的，改用升级版（见图5-17）。这一奏折大概起到作用，很快得以实行。其实对于商人来说，关键是得有一面方便经商使用和身份认同的旗帜，三角或者四方，对于他们并不重要。后来的历史证明，海外华商直到今天还在许多仪式场合使用三角龙旗。

中国商人也只有在天高皇帝远的异国他乡才敢挂挂龙旗（见图5-18），隔海沾点龙气，回到国内是断不敢如此冒失的。因为龙旗本是皇权标志，一般商民不得僭越使用。多数华商进行海外贸易都只能在其他国家注册，悬挂别人的国旗。光绪二十七年（1901年），丘逢甲尚在《汕头海关歌寄伯瑶》诗中叹道："我工

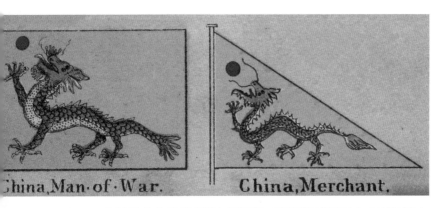

图 5-17　马萨诸塞州《国际英语词典》书前彩页，已经明确区分了四方的"大清军旗"与三角的"大清商旗"。1891 年

图 5-18　日本横滨开港时期的中华街，龙旗招展。横滨开港资料馆《横滨中华街 150 年》

我商皆可怜，强弱岂非随国势。不然十丈黄龙旗，何尝我国无公使。彼来待以至优礼，我往竟成反比例……华商半悬他国旗，报关但用横行字。"

国内最早僭用龙旗的非官方组织，大概是义和团（见图5-19至图5-21）。由于早期的义和团运动提出"扶清灭洋"的口号，大清王朝也希望借助义和团力量将洋人驱逐出境，因而大部分官员对义和团运动表示了默许甚至支持。义和团成员大都是彻底的无产者，出于扶清灭洋的目的僭用龙旗，也就为官方所默许。

可是，作为有产者的商人却不敢如此冒失。个别商家若能得到最高统治者的赏赐，"恩准"悬挂龙旗从事商贸活动，在当时是一种莫大的荣耀。据王照记载，义和团运动之后第三年，北京城开始有商民使用龙旗，但也是因为与慈禧扯上了点关系。"李家为京北一带镖行头领，富而侠，迎请（太后及皇上）驻跸其家，任粮草捍卫。壬寅（1902年）余遇其保镖之武士于汤山店中，言皇上至李家时，尚身着蓝布衫，亦奇观也。李家镖车高插黄龙旗，云是太后所赏，是时国内商民尚无插国旗之例，以为异数。"（《方家园杂咏纪事》）从1909年《图画日报》上，我们还可以看到这一类广告龙旗（见图5-22）。

一则北京的清代传说也提到，天义酱园因为得到皇帝的赏识，"运送酱菜的小车上，准插一面黄龙旗，可以随意出入紫禁城，不管内城外城，不论三更五更，京师的城门要随时开门放行"（张宝章等《北京清代传说》）。可见普通老百姓对于龙旗的崇高地位还是很清楚的。

图5-19　疑为义和团使用过的龙珠长方旗，附有绳索用于悬挂。现藏于英国国家海事博物馆

图5-20　美国人绘制的"庚子事变"激战图，打着龙旗的大清官兵与美国海军陆战队在大使馆外展开对攻。作者及创作年代不详

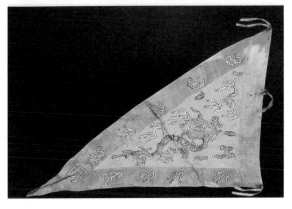

图5-21　八国联军士兵收藏的义和团龙旗。现已捐赠给中国国家博物馆

图 5-22　上海《图画日报》风俗画。上海四马路影戏院门口的广告龙旗上，赫然写着"皇家奖赏"，可见不是一般商家能挂的。1909 年

　　义和团运动之后，大清皇权被大大削弱。沿海港口城市与国际接轨得早一些，商人使用龙旗也比北京早一两年。1901 年，醇亲王载沣为清兵枪杀德国公使克林德一事，赴德交涉，途经上海，"沪商会以此举有含垢忍辱之意，遂一致悬旗欢送，以表爱国之诚，而形式亦改为黄地长方矣。商店用国旗，实自此始"（《上海轶事大观》）。

　　中国百姓骨子里一直都有皇权崇拜的情结，平时觊觎龙旗而不敢轻举妄挂，得一机会，商家遂相约以爱国之名，高挂龙旗欢

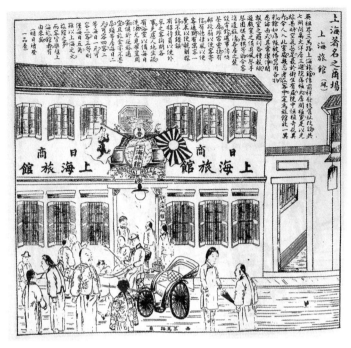

图 5-23　上海《图画日报》风俗画。日本人开的上海旅馆，门首插着大清龙旗与日本军旗。1909 年

送皇亲。面对如此热情的民众，醇亲王除了默许，还能怎么办？不过，龙旗自此一挂，商家再也不愿把它从门口取下来了。

上海商人仿照日本人的插旗方式，将两面龙旗呈 V 字形斜插于商店门首，颇有些装饰效果。这种插法很快成为一种商业时尚，风行上海。甚至一些日本商人也赶时髦，在门首斜插两面旗帜，一面大清龙旗，一面日本军旗（见图 5-23）。

有研究者称，"当时许多中国人意识不到国旗代表的是一个国家的尊严，很多商人把国旗当作商业的幌子来招徕生意。更有

图 5-24　和硕醇亲王载沣出使德国时使用的"丝麻大龙旗"，旗右侧书有"大清国钦差专使大臣和硕亲王"字样。黄明延《中国旗帜图谱》

甚者，有些商人随意在国旗上加嵌广告"（苏振兴《漫话清代国旗的起源》）。这种情况确实比较普遍，但在当时并不违规，故宫现存一面据说是和硕亲王出使德国时使用的官方"大清国钦差专使大臣和硕亲王"四方龙旗，就在青色大龙之上，加嵌了四条形态各异的小龙（见图 5-24）。

各地商会组织为了和谐官商关系，往往积极悬挂龙旗，主动示好于朝廷。大清驻外使馆，较早形成了皇帝生日（万寿节）升龙旗的惯例，至迟在 1888 年，美国华商也开始循例升旗示庆（《张荫桓日记》）。光绪二十五年六月二十八日（1899 年 8 月 4 日）是光绪皇帝"三十万寿之庆典"，康有为率领美洲华侨华商在维多利亚等地燃灯升旗："龙牌在上，龙旗在顶，乡人无商工

贵贱老幼，长袍短褐，咸拳跪起伏，九叩首，行汉宫威仪。"（康有为《美洲祝圣寿记》）

每逢官员出访，悬挂龙旗也是海外华人欢迎仪式中的必备仪礼。1905 年所谓五大臣出洋考察的时候，戴鸿慈一行在日本长崎的中华会馆小憩，看见"神埠华商遍悬龙旗"，连幼稚园的小孩，也学会了"各执小龙旗，三呼万岁"（《出使九国日记》）。1907 年，主张改革的广东道台林辂存前往南洋各岛视察学务商务。"该处铺户学堂，均悬挂龙旗。和兰政府派高等官会同各商董，到车站迎接。林氏服西装，乘双驾马车。经过各街，人山人海，拥列道旁，呼万岁声，络绎不绝。"（《台湾日日新报》）

上海商会借口迎送醇亲王载沣，把龙旗挂了起来。有了上海的示范作用，天津商会迅速跟进，他们拿皇帝生日的"万寿圣节"做借口，将龙旗挂了起来。据《大公报》报道，1902 年 7 月光绪皇帝生日期间，天津自闸口以及估衣街，天津城内外，地面方圆数十里，商民们无不"高揭黄龙旗帜"，各种庆典陈设，则悉仿西式。

有趣的是，在龙旗使用这种涉嫌"僭越"的政治问题上，帝都北京总是走后手棋，直到 11 月慈禧生日时，才有北京商铺悬挂龙旗以伸庆贺的记载："所有东交民巷各国使馆及洋商铺均高悬国旗以伸庆贺。"（《大公报》）商业的流动性是无孔不入的，借助商会和商人的推动，这一风气在全国各商业城市得以迅速蔓延。1906 年光绪皇帝生日时，"厦门商会拟于是日举行迎会，以为祝嘏。提道宪亦表同情，均出为提倡鼓舞，美其名曰'普天同庆会'。且欲热闹三天，从廿五日起，至廿七日止。此外仍须各户悬挂龙旗，衙署铺设，以壮观瞻"（《台湾日日新报》）。

虽说大清王朝顽固保守，可也不是铁板一块，当他们醒悟到龙旗对于凝聚民心的作用时，也开始有意识地提倡各工商机构及学校等，在国事庆典中悬挂龙旗。只是这种醒悟来得太晚，已经无补于大厦将倾。"庚戌（1910年）八月下旬，余在都门，见警察遍传内外城各铺户住户，于九月初一日（10月3日），一律悬挂龙旗，以贺资政院开院大典。命令一下，纷纷置备，于是各巷有贴发售龙旗，或代绘龙旗之广告，定价只铜币数枚，旗之可观与否，置之不论。最可笑者，如东城之花儿市，打磨厂一带，设摊于地，亦云发卖龙旗，每对铜元四枚。余俯视之，乃于黄纸一幅上，

图 5-25　1910 年的北京商业街，图中可见商铺门前尽垂龙旗。陈玲等编《明信片清末中国》

涂一似蛇非蛇似龙非龙之怪物。过而见之者，以其价廉，竞争购之，顷刻而尽。说者谓中国人民，本不知资政院为何物，今即随声附和，仿端午之灵符，悬挂黄纸，虽近儿戏，亦甚难得。"（雷震《新燕语》）从王树村保存的一幅清末北京年画（见图 5-27）来看，老百姓居然可以用印年画的方式印制一国之龙旗，这种龙旗的确"四不像"。

图 5-26　丁韪良《唤醒中国》插图。武昌教会学校的中国学生，打着龙旗和校旗外出郊游。
1907 年

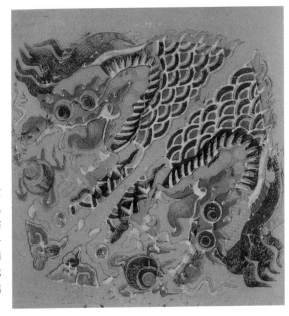

图 5-27　清末北京
年画中的龙旗图案。
这张貌似四方的山寨
版龙旗，沿着对角一
折，即可折成一幅两
面都有图案的三角龙
旗。王树村《中国民
间年画》

第五章　哀"旗"不幸，怒"旗"不争：大清龙旗五十年　263

八、龙旗飘落：没落王朝的屈辱与遗恨

有清一代，民间年画多绘升平气象，可龙旗的出现频率却非常低，因为老百姓的生活中几乎不会出现龙旗。倒是日本明治时期的浮世绘中，屡屡出现大清龙旗（见图5-28、图5-29），因为日本军队常与大清龙旗打交道。不过，大清龙旗在日本画家笔下并不表现为正面形象，而是作为腐败、无能、贪生怕死的大清官兵的战败符号而出现的。

大凡留学日本的中国学生，成天看着这样的图画，无不深受龙旗屈辱史的刺激。民族主义者对这面龙旗尤为深恶痛绝。邹容在《革命军》第五章"革命必先去奴隶之根性"中说："中国黄龙旗之下，有一种若国民非国民，若奴隶非奴隶，杂糅不一以组织成一大种。"

"商女不知亡国恨，隔江犹唱后庭花"从来不是偶然个别的历史现象。商人对于政治，总是既保持距离，又充分利用，他们更多考虑如何从政治变局中获取自身的商业利益，而不是符号的政治意味。悬挂龙旗的最大受益者是商人，最热衷于悬挂龙旗的也是商人，上海商户尤其喜欢"门口高扎两面龙旗，临风招展，仿佛导人进观"（汤伟康《上海旧影　十里洋场》）。

如此一来，大清末年的中国人中，就有了两种截然不同的龙旗观：一是爱国学生对于大清龙旗深恶痛绝，必欲扯落于地，踏上一只脚；一是商人特别热衷于在商业场所悬挂大清龙旗，当作招徕生意的商业招幌（见图5-30）。

学生与商人的这种冲突，可用1911年春节期间发生在澳门

图 5-28　日本歌川国政四世的《神社陈列缴获清军战利品》。龙旗被当作日军战利品，与下跪的清军俘虏和崭新的大炮等一起被陈列。1894 年

图 5-29　日本中川俊社的《日清两军盖平大激战之图》。黑衣者为日军，蓝衣者为清军，日军和清军争夺红色龙旗。这类甲午中日战争的浮世绘作品，几乎都是日军作持刀劈杀状，清军作倒地不支状；凡出现龙旗，必作斜倒状，日军执旗杆中部，清军执旗杆底部。1895 年

图 5-30　明治时期的横滨中华街，龙旗和太阳旗交相辉映。横滨开港资料馆《横滨中华街150 年》

的一次抗议事件来说明："一群培基学堂学生到营地大街宝衡银号抗议悬挂清朝的龙旗，和店方面的主事人发生争执，并向龙旗扔掷石块。该银号请葡警弹压，澳门的华探目刘康善带警探来到现场，见到所谓肇事的学生很多是当地绅商的子弟，就一面劝学生守秩序，一面劝告该银铺把龙旗取下。学生在这一次抗议中取得了胜利。"（赵连城《同盟会在港澳的活动和广东妇女界参加革命的回忆》）

即便同为清末爱国文人，对待龙旗的态度也很不一样：一是对这幅象征国家命运的龙旗充满期许；二是对这幅象征腐败王朝的龙旗百般揶揄；三是哀龙旗之不幸，怒龙旗之不争。

在吴趼人写于 1905 年的《新石头记》中，结尾写贾宝玉一场大梦，中国已经走向独立富强之路，万国博览会正在上海浦东召开："空场上竖了一枝插天高的旗杆，挂着一面飞龙黄旗，迎风招展，另外有一根长绳，从旗杆顶直连到房顶上，沿绳挂着五洲万国的国旗。"

李伯元则在写于 1903 年的《官场现形记》讲述了一个关于龙旗的笑话。一位中国大使的太太，不懂国外规矩，把洗好的衣服晾在临街的窗外："这条绳子上，裤子也有，短衫也有，袜子也有，裹脚条子也有，还有四四方方的包脚布；色也有蓝的、也有白的，同使馆上面天天挂的龙旗一般的迎风招展。有些外国人在街上走过，见了不懂，说：'中国使馆今日是什么大典？龙旗之外又挂了些长旗子、方旗子，蓝的、白的，形状不一，到底是个什么讲究？'因此一传十，十传百，人人诧为奇事。便有些报馆访事的回去告诉了主笔，第二天报上上了出来。幸亏钦差不懂得英文的，虽然使馆里逐日亦有洋报送来，他也懒怠叫翻译去翻，所以这件事外头已当着新闻，他夫妇二人还是毫无闻见，依旧是我行我素。"

更多的文人对龙旗爱恨交织。1870 年，22 岁的黄遵宪第一次来到香港时，看到日益繁荣的香港飘扬着英国国旗，发出了"山头风猎猎，犹自误龙旗"（《香港感怀十首》）的感叹。此后，诗人一生的诗作中，多次咏叹龙旗。如："春郊三月杨柳丝，九衢夹道飞龙旗"（《乌之珠歌》）；"广厦百数间，高悬黄龙旗。入室阒无人，但见空皋比"（《罢美国留学生感赋》）；"闪闪龙旗天上翻，道咸以来无此捷。得如将军十数人，制梃能挞虎狼秦"

（《冯将军歌》）；"水是尧时日夏时，衣冠又是汉官仪。登楼四望真吾土，不见黄龙上大旗"（《到香港》）；"龙旗猎猎张游去，徒倚阑干独怆神"（《自香港登舟感怀》）；"最高峰头纵远览，龙旗百丈迎风飑"（《哀旅顺》）；"卅载安危系，中兴郭子仪。屈迎回鹘马，羞引汉龙旗"（《马关纪事》）；"可怜将军归骨时，白幡飘飘丹旐垂。中一丁字悬高桅，回视龙旗无子遗"（《降将军歌》）；"黄龙旗下有此军，西人东人惊动色"（《聂将军歌》）。黄遵宪甚至在其始稿于 1880 年的《朝鲜策略》中建议"即奏请海陆诸军袭用中国龙旗为全国徽帜"。诗人对待龙旗的态度，大概也只能用"哀旗不幸，怒旗不争"来形容了。

1911 年的辛亥革命，终于结束了大清龙旗的历史使命。武昌起义打响之后，萨镇冰率领海军前往武昌镇压起义。可是到了武昌之后，海军却掉转炮口，随之起义了。"时适日落，阳明即落下龙旗掷于甲板而践踏之，旋弃于江（龙旗本悬挂于舰尾，因当作战时候，改悬在后桅之支桅上，故能顺手落下）。在此一刹那，海军龙旗，便成历史陈迹。"（张怿伯《海军辛亥革命纪实》）

海军反正之后，"展轮下驶，经过九江、安庆、芜湖等城，望见满城白旗，知皆已起义，惟南京仍悬挂龙旗，传闻何海鸣尚欲顽抗革命军"（朱天森《记辛亥革命海军起义与闽籍海军人物》）。这时，是否扯下大清龙旗，已经成了革命或者反革命的分野标志。

宣统皇帝 1912 年 2 月 12 日宣布退位。"第二天，北京城各家报纸就把诏书的全文发表出来，当天把龙旗也收起来了。"全

图5-31 民国初年的漳州年画《革军大战武昌城》，大清龙旗的末日之战。王树村编
《中国现代美术全集·年画》

图5-32 法国《小报》新闻
画《关于中国的武装起义》。
左边的大清官兵，穿着中古
军服，举着一面不合时宜的
三角黄龙旗。1911年

国各地随之纷纷砍倒龙旗。"宣告中华民国成立的消息传到兴宁，我们新陂小学全体教员、学生立即在操场上集会庆祝，把清朝的黄龙旗扯下来，升起新的五色国旗，同时大放鞭炮，大家都为之欢呼鼓舞。"（《李洁之文选》）

九、龙旗余绪：作为仪式符号被传承

从 1862 年大清水师升起三角龙旗，到 1912 年宣统退位，全国扯下龙旗，正好 50 年。封建帝制灭亡，龙旗作为官方旗帜的历史宣告结束，可是，普通老百姓的龙旗情结并未就此消散。

虽然老百姓悬挂龙旗的时间非常短，可就在这短短数年中，迅速掀起了一阵龙旗热。"沪商竞制龙旗，争奇斗盛，各不相下"，甚至还上演了一出闹剧：有一位暴发户为了炫富，特制了一些绸质刺绣的大龙旗，"佳节令旦，必一炫耀焉，盖广告作用也"，可是这些质地精良的龙旗没挂几次，大清王朝就垮台了，龙旗用不上，只好束之高阁。1912 年夏天某日，雨过天晴，经理突然想起应该将龙旗拿出来晒晒。店员戏以长杆将龙旗挑起，像往常一样作 V 字形斜挂于屋顶。结果，驻沪某军舰士兵从望远镜中发现岸上有龙旗隐现，疑为复辟机关，马上电话通知警察局。警察大惊，侦查良久，乃敢"荷戈直入，径趋张旗处，摘以为证，将治以淆乱人心之罪"。老板赶紧请商会出面斡旋，好不容易摆平此事，最后罚款、毁旗了事。（《上海轶事大观》）

另一出举世瞩目的闹剧发生在 1917 年 7 月初的北京。张勋复辟，拥立溥仪重登龙座，"命令各商户一律悬插龙旗，以志庆

图 5-33 安特生《龙与洋鬼子》插图。1917 年张勋复辟时期，北京城到处挂满了黄龙旗。1927 年

贺。内外城商家于上午十钟起，均陆续高竖黄龙旗"（张慧盦《复辟详志》）。清朝结束已经六年，许多人家的龙旗早就不知扔哪里了，"被要求挂龙旗的民众没有办法，就拿纸糊个三角龙旗插在门前。街道和胡同里一排排的纸旗帜，让人感觉这个国家的人都犯了什么病"（谢轶群《民国多少事》）。

仅仅一日之内，就见北京城"沿街檐瓦间临风飘展者，尽是黄龙满帜"（见图 5-33）。之所以能迅速组织起如许旗阵，据说旗源有三：一是"大商店如瑞蚨祥、祥义号等，皆系清末亡时所制而椟藏者"；二是张勋在徐州所制，巡警所发；三是小户人家"以黄布用蓝料涂龙于其上"，一面黄布，草草画一条非龙非蛇的东西，权作龙旗。画店则把这事视作一大商机，"皆大书符书'专售龙旗'之招牌，贴陈门首。其龙旗均系倩画工临时丹青者，价值颇昂，几如米珠薪桂，业此者咸利市三倍"。可是，好景好市也只持续了十天，张勋很快就被"讨逆军"击败，于是，沿街商户只好陆续撤下龙旗。据说骡马市有家专售龙旗的商店，积压了不少龙旗，只好在门首贴一"龙旗大减价"的广告，成为

图 5-34　钱病鹤声讨张勋复辟的漫画《国人皆曰可杀》。一位革命军手持军刀，劈向举着龙旗仓皇逃窜的辫子军。1917 年

图 5-35　日本横滨中华街关帝诞上，背插三角龙旗的周仓。2010 年

笑谈。(《复辟详志》；声讨张勋复辟的漫画，见图 5-34)

　　张勋之后，三角龙旗在国内已经很难见到了。但在海外华人商界，许多商会自立会以来就一直使用三角龙旗作为商会身份的标识物，即便在四方龙旗产生之后，他们依然沿用着三角龙旗。三角龙旗已经成为他们身份认同和仪式表演中稳定传承的象征元素。横滨中华街的商人们，直到今天仍在游神活动中广泛地使用

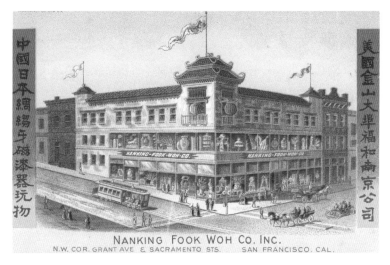

图 5-36　旧金山的大埠福和南京公司大楼明信片，楼上高插着三角黄龙旗。1904 年

着三角龙旗。在关帝诞上，无论关公还是关平、周仓，神像背后，都得装饰性地斜插上几面三角龙旗（见图 5-35）。

　　至于中国，自从 21 世纪传统文化复兴风潮回暖以来，一些形态各异的、画着龙形的旗帜，开始逐渐回归到一些仪式场合，起着点缀和装饰的作用。只有当国家强盛，民族自信了，我们才能卸下龙旗身上屈辱的历史包袱，才能心平气和地用一种审美的眼光，重拾三角龙旗的独特形制和美艳色彩。

　　综上所述，可知最早将龙旗从军用转为民用的，是海外从事中国贸易的商人，他们悬挂龙旗是为了向外国顾客标示"中国出产"。1870 年左右龙旗才被大清王朝从水师舰船移用到各种涉外仪式。1888 年清王朝将三角龙旗改成四方龙旗，并赋予"国旗"

的称号，但依旧只是官用，禁止民用。龙旗最早在国内被僭用是"扶清灭洋"的义和团运动，接着，上海商会以迎送皇亲国戚的名义悬挂龙旗，并借用龙旗进行商业广告活动。可是，由于龙旗所代表的封建王朝在外国人眼中充满滑稽意味，成为国耻标识物，许多中国学生对这面龙旗深恶痛绝。同为中国人，不同群体眼中的龙旗，分别折射着不同的政治色彩和商业色彩，并由此产生了不同的龙旗观。不同时代的不同风向，左右着同一面龙旗的不同命运。

第六章

"龙图腾"
是学术救亡的
知识发明

前面我们已经梳理过龙形象的变迁史：龙是上古先民虚拟出来的一种通天神兽；后被帝王将相用作天授神权的象征物，成为一种权力标志；19世纪以降，中国龙和中国辫子一样，被西方人视作愚昧落后的野蛮象征；清末爱国学生尤其是民族主义者，无不为这条象征专制野蛮的皇权标志物而深感屈辱；民国初年的知识分子将扯落龙旗、砸碎龙椅、赶跑真龙天子视作革命胜利的象征，龙是他们的打倒对象，而不是尊崇对象。

在这样一种"龙黑"的语境下，龙要翻身重做新中国的国家象征，首先必须具备两个基本前提：1. 随着帝制远逝，多数中国人逐渐淡忘了龙的专制皇权色彩，淡忘了龙所承载的耻辱记忆。2. 提出新的包装理念，将龙改头换面，赋予其新的文化内涵。

第一点很容易做到，历史是很容易被淡忘的，时间就是最好的清洗剂。20世纪30年代的爱国知识分子早已不再担心"真龙天子"重坐龙廷，对龙的憎恨之情也日渐消散，加上龙在民间本来就有深厚的群众基础，时过境迁，人们可以用一种更平和的语调来谈龙说凤，如周作人在《麟凤龟龙》中所说："一条爬虫有着牛头似的一个头，事实上是不可能，但经过艺术化，把怪异与美结合在一起，比单雕塑一个牛马的头更好看，是难得的事情。图画上的水墨龙也很好看，所以龙在美术上的生命，比那四灵之三要长得多多了。"

第二点正是本章将要详细论述的，也即图腾概念在中国的传入和兴盛，以及龙与图腾的具体耦合过程。

图 6-1　法国明信片《经过盟军的努力，龙被征服了》。八国联军合力将中国龙吊在一根写着"联合"的树枝上。1900 年

一、图腾者，蛮夷之徽帜

当我们讨论"图腾是什么"的时候，并不需要从西方 Totem 概念的产生、发展、没落开始讲起，更不需要追究 Totem 到底是土著的观念还是学者的臆造，我们只需要知道中国的龙图腾发明者们是如何理解图腾，又是如何将龙附会在图腾概念之下的。

1903 年，严复将英国法学家 Edward Jenks 的 *A History of Politics*（1900 年）译成汉语，题为《社会通诠》，书中首次使用"图腾"作为 Totem 的译名，将图腾理论介绍给了中国读者。严复特别在"图腾社会"后面加上了自己的一点说明："图腾者，蛮夷之徽帜。"1934 年，张金鉴重译了此书，题为《政治简史》，书中又将图腾社会译作"草莽（图腾）社会"，并且详细译述了一幅关于草莽社会的"黯然无光的黑暗图画"："草莽之人是痛苦的，营养不足的，躯干丑劣的。彼等既无衣履，又少房舍，寒暑交迫，倍为痛苦，随时有不可意想之危险，缺少家庭之快乐，无一定食物之供给。"

在这些早期图腾理论的译介者和接受者眼中，图腾社会是一种极端蒙昧落后的社会状态。1905 年《国粹学报》创刊时，黄节《国粹学报叙》开篇第一句即说："吾国得谓之国矣乎？曰不国也。社会莫不始于图腾，继以宗法，而成于国家者也。呜呼悲乎，四彝交侵，异族入主，然则吾国犹图腾也。"很显然，这时黄节是把图腾当作贬义词来用的。

那么，到底什么是图腾呢？李则纲说："何谓图腾（Totem），据法国涂尔干（E. Durkheim）的定义：'一大群人，彼此都认为有亲属的关系，但是这个亲属的关系，不是由血族而生，乃是同认在一个特别的记号范围内，这个记号，便是图腾。'"（《始祖的诞生与图腾》）

20 世纪 30 年代的图腾论著中，最具代表性的概括，要数岑家梧在《图腾艺术史》中的表述："（一）原始民族的社会集团，采取某种动植物为名称，又相信其为集团之祖先，或与之有血缘关系。（二）作为图腾祖先的动植物，集团中的成员都加以崇敬，不敢损害、毁伤或生杀，犯者接受一定的处罚。（三）同一图腾集团的成员，概可视为一完整的群体，他们以图腾为共同信仰。身体装饰、日常用具、住所墓地之装饰，也采取同一的样式，表现同一的图腾信仰。（四）男女达到规定的年龄，举行图

图 6-2 日本漫画家乐天作品《清朝灭亡》，象征大清国的龙被剑钉在地上。1912 年

腾入社式。又同一图腾集团内的男女，禁止结婚，绝对的行外婚制（Exogamy）。"

二、外国学者眼中的中国图腾主义遗迹

　　荷兰汉学家高延（J. J. M. de Groot，1854—1921 年）在《中国宗教制度》（1901 年）中，有一小节专讲"图腾主义的缺席"。高延认为，如果我们把长江北部的部落名称列出来，可以找出半打以动物命名的部落，即熊、龙、马、牛、鸟、燕，可是，这些动物名称只是一种识别标志，并没有被任何部落声称为所谓祖先的标志。高延特别提到，熊和龙在现实中非常稀有，只是被一些个人用作自己的名字，后来才被他们的子孙采纳，将之作为姓氏使用，此外并没有显示其他的图腾特征。至于南中国，

高延特别注意到了盘瓠崇拜的现象，但他似乎并不认为这是犬图腾的标志，他说："没有迹象表明，动物曾经作为部落的祖先被崇拜，因此，我们当然可以严重地怀疑，作为一种宗教现象，所谓的图腾主义（Totemism）是否存在于东亚。"

高延的观点得到了弗雷泽（James George Frazer，1854—1941年）的附议，他在《图腾主义与族外婚》（1910年）中引述了高延的论述，认为中国人同姓不通婚的习俗与图腾主义没有关系，不能作为中国存在图腾主义的证据。

与高延和弗雷泽的意见相左，认为古代中国存在图腾主义且较早对此进行系统探讨的，是美国东方学家劳费尔（Berthold Laufer，1874—1934年）。1917年，他在《美国民俗杂志》发表《印度和中国的图腾主义遗存》。文中列了两份表，说明中国姓氏以植物、动物为姓的存在。在动物姓氏表中，作者以汉语拼音的第一个字母为序，总共列举了56种动物名称，龙被夹在第26位。作者的结论是，这些动植物姓氏的存在并不意味着它们都有着同样的图腾起源，需要仔细考察这些姓氏的神话历史。劳费尔把重点放在西南少数民族的神话上，认为夜郎国的犬崇拜、云南的傣族南朝朝廷以及疍民的龙崇拜，大约可以称得上是图腾主义的遗存。

较早将社会学方法运用于汉学领域的法国人葛兰言（Marcel Granet，1884—1940年），在其博士论文《中国古代的节庆与歌谣》（1919年）中谈到"郑文公有贱妾曰燕姞，梦天使与己兰"的故事，其下注道："这是一个完美而清晰的图腾主义例证。"过了几年，他又将这条思路进一步扩大化，写成《古中国的跳舞与神秘故事》(*Danses et légendes de la Chine Ancienne*)，此书一经出版（1926年），马上被人带回中国，由李璜摘要译述后于1933年初出版（见图6-3）。

李璜的译述夹杂了太多自己的判断和取舍。他说："我不能不佩服格拉勒（即葛兰言）先生用力之猛，一部七百多页的书，用中国古事作材料，在我们别后一年，便出版了！"这话在推崇慢工出细活的中国人看来，大概也有些明褒实贬的意思。据说李安宅就很看不上葛兰言的著作，他在1939年发表于《美国民俗杂志》的书评中，对葛氏著作评价很低，认为他只是提供了一些用科学术语包装的理论假设，其贡献仅在于激发人们更系统地研究中国历史。但是，这些负面评论并不影响葛兰言此书成为20世纪30年代中国图腾文化界影响力最大的一部参考书。

图6-3 李璜译述的《古中国的跳舞与神秘故事》。七百多页的原著，被他译成薄薄一小本，居然成了20世纪30年代中国图腾学者的必读书。1933年

日本神话学家松本信广（1897—1981年）从1921年开始连续发表《中国古代的姓氏与图腾主义》。松本信广从《左传》《国语》《诗经》等上古文献中钩沉了一大批古代姓氏，以及动物官名的传说、感生传说等，逐一论证它们与图腾主义的关系。"要之，从中国古代的文献中，可以看到明显的图腾主义的痕迹，虽然这种痕迹是极其稀薄的，但是，从前述大量事实中，我认为可

以断言，中国人曾经有过图腾主义的时代。"文中虽然也提及豢龙氏、御龙氏，但只是作为其众多动物官名中的一种予以提及，并未着重论述。

三、图腾主义在中国的流行

严复译介的《社会通诠》中有单章讨论"图腾群制"。书中插入了严复自己对图腾的解释："图腾者，蛮夷之徽帜，用以自别其众于余众者也。北美之赤狄，澳洲之土人，常画刻鸟兽虫鱼或草木之形，揭之为桓表。"接着，严复又举台湾、闽越之土著为例，说："而台湾生番，亦有牡丹、槟榔诸社名，皆图腾也。由此推之，古书称闽为蛇种，盘瓠犬种，诸此类说，皆以宗法之意，推言图腾，而蛮夷之俗，实亦有笃信图腾为其先者，十口相传，不自知其怪诞也。"

严复通篇使用"蛮夷"称呼图腾社会，用了很大的篇幅介绍图腾社会的群婚关系："男子于所婚图腾之女子，同妻行者，皆其妻也。女子于所嫁图腾之男子，同夫行者，皆其夫也。凡妻之子女，皆夫之子女也。"书中介绍说："凡同图腾，法不得为牝牡之合，所生子女，皆从母以奠厥居，以莫知谁父故也。澳洲蛮俗，图腾有祭师长老，所生者，听祭师为分属，以定图腾焉。其法相最古，至今莫敢废。"

据说《社会通诠》发表之后，一度引发立宪派和革命党的大辩论，可见此书当年之影响。可是，由于当时的社会焦点主要集中在革命或立宪的政治问题上，文化问题并非热点，其中关于图腾的讨论，鲜有附议。

1929 年，杨东莼、张栗原将摩根（Lewis H. Morgan，1818—1881 年；有人译为莫尔甘）的《古代社会》（*Ancient Society*）翻译出版："莫尔甘（Lewis H. Morgan）的《古代社会》，是一部世界名著。……出版以后，得到相当的好评。"该书"阿尔衮琴诸部族"一节用人类学调查报告的形式对图腾概念做了实例演示。此后十几年间，该书由昆仑书店和商务印书馆多次重版。中国图腾学者对古代图腾社会的想象，很大程度上参照了此书对土著部落的描述。"王礼锡主办《读书杂志》，于中国社会史论战诸期刊载关于中国社会史的论文，均根据 Morgan 之说解释我国古代的图腾制度。"（岑家梧《西南民族文化论丛》）

图腾主义最完整的介绍是胡愈之翻译的《图腾主义》（1932年），该书署名"法国倍松著"（即 Maurice Besson），是一本关于图腾知识的综述性入门小册子。该书认为图腾可以分为三种："（1）部族图腾，即全部族所共有而且世代相传者；（2）性图腾，即为部族中女子所共有，或为部族中男子所共有者；（3）个人图腾，这是和财产一般，完全属于个人，而且可以当作一种遗产，由母系交付于后代。"这本小书迅速在国内学界刮起一阵"图腾风"，正如黄华节在 1933 年的《初民社会的性别图腾》中说："近年来国内出版界论'图腾制'的译著，时有所见。学者对于图腾制的一般意义，性质，和形式，大致已经明了了。但论图腾制者，几于完全偏于'宗族图腾'（Olan totem）一方面，故一般人仅知其一，而不知此外还有'性别图腾'（sex totem）和'个人图腾'（Individual totem）。"

图6-4 上海印刷的德文图书《中国汉子》,封面以"同"形的龙、长城和中国红来代表中国。1901年

此后十余年间的相关著述,鲜有不引述《图腾主义》者。该书第5章"亚洲的图腾遗迹"中提道:"葛赖内所著之《中国的跳舞及传说》书中,指出在古代中国存在的图腾主义的详情。中国在周以前已有外婚制的存在。古书纪述夏后氏豢龙并食龙,龙当为夏的图腾。中国古代社会,农业经济发展甚早,故中国古代社会,多以乡野动植物为图腾,少昊氏以鸟命官,便是一例。据葛赖内所述,则中国古代舞蹈,有所谓雉之舞,熊罴之舞,其为图腾仪式之一种,亦无有疑义。"这段话为《中国的跳舞及传说》做了一则大大的广告,很快,李璜就将此书"译述"面世。

不过,李璜只是摘要地介绍了作者的部分观点,并没有认真翻译其论述细节,前述《图腾主义》介绍的一个重要观点"龙当为夏的图腾"也没有受到李璜的重视,未做译述。书中提到古中国图腾"有鸟,有兽,有怪物,并且如《史记》所述,还有奇怪的故事夹杂于中,都表示图腾旗帜和女系制的意思"。此书被图腾学者们反复引证的,其实只是一句断语:"我坚强的相信图腾社会,秘密神社,波尔打吃这类社会建设是从孔子以后才大部分消灭成为过去的。"(《古中国的跳舞与神秘故事》)但就是这句话,被图腾学者们当作了中国曾经图腾社会的权威依

图 6-5 《笨拙》新闻漫画:"'皇家铁路局'现在成了中国官僚机构的一部分——如果中国有了铁路,龙当然必须进入车头的设计。"在这里,"龙"象征着大清王朝的官方势力。1898 年

据,而且时间被截止在孔子的时代。岑家梧认为此书"尤足启发国人对于中国古代图腾制度的研究,所以此书虽只是一种节译本,但它与胡译的《图腾主义》的影响都是很大的"(《西南民族文化论丛》)。

此外,早在 1931 年,吕叔湘就完成了对罗维(Robert Heinrich Lowie, 1883—1957 年)《初民社会》的翻译,交与商务印书馆,可惜"九一八"事变之后,这部译稿连同商务印书馆一同遭到劫难。后来迟至 1935 年,吕叔湘才将该书重译出版。书中对"图腾制"也有详尽而中肯的介绍,只是失去了时间上的先机,因而很少被图腾学者视作主要参考文献。1934—1936 年是图腾主义译介出版最丰盛的三年,除去专门的图腾主义著作之外,诸如《经济通史》《近东古代史》《神之由来》等社会史译著,也有许多关于图腾知识的介绍。

四、民族危难时期的学术救亡运动

欧美图腾主义横行学界的黄金时间是 19 世纪末至 20 世纪初，20 世纪 30 年代正是西方图腾主义收官、退潮的时候。而在 1932 年至 1937 年间，中国的图腾主义却突然兴盛起来，相关著述如雨后春笋，触目皆是。岑家梧 1936 年所作《图腾研究之现阶段》，通篇只谈到西方图腾主义鼎盛的一面，完全没有涉及退潮与反思。其原因一方面固然是现代中国的学术潮流滞后于国际学术，另一方面也与当时中国所面临的民族危机有关。

胡愈之《图腾主义》出版之后，正在大力倡导"文化学"的黄文山，为了"再造中国古代的文化史和社会史"，迅速作了一篇《中国古代社会的图腾文化》（1934 年），开篇即说："中国古代社会有没有图腾文化的阶段，这是一个没有人解答过而亟待研究的问题。"这个问题之所以重要，是因为"图腾文化乃全世界共有的现象"。在黄文山眼中，不仅动植物是图腾，英雄也是图腾，颜色也是图腾，如"炎帝神农氏与黄帝轩辕氏大抵也是图腾名"，"黄帝也许是以黄为图腾之部落的酋长"，"殷人尚白，白亦图腾之一"。

黄文山从盘古、女娲、炎帝、黄帝一路向下，说到禹的时候，终于提到了龙图腾："伯祥氏以禹为龙，其理由安在，未得详闻。中国社会本有尊龙之习惯，龙恐亦是夏代图腾之一。……人类学家以为一切氏族，无论在什么地方，都有将图腾作客观的表现之企图。那末，中国人到处喜欢画龙，不就是图腾艺术的遗迹了吗？"

黄文山的图腾研究起步比较早，胆子还不够大，说话尚留有余地，他说："我疑心这些动物的名称，如夔、狨、龙、鸿、熊、狸、娥等，均是氏族的图腾名。"紧跟在后面的图腾学者就没这么客气了，卫聚贤单单论及一个"少皞是以鸟为图腾"，就能捕风捉影地找出一大堆古怪的鸟名，将这个鸟图腾再细分成24个不同鸟的子图腾。(《古史研究》)

黄文山在文中介绍，他这篇文章正在排版的过程中，刚好读到姜亮夫发表在《民族月刊》上的《殷夏民族考》(1933年)，"姜君考定夏民族自命为龙族子孙，但龙究竟是什么动物，他说：'即是一个专门的生物学或古生物学家，也指不出来，因为那种生物之有否不敢断定'"。

图 6-6 英国图书《中国：国家、历史与人民》是较早将中国龙形象用于封面设计的图书。1862 年

可惜由于战乱，《殷夏民族考》今已散佚不存。姜亮夫后来补写了一篇《夏殷两民族若干问题汇述》，其中有一节"夏民族为龙属民族"，文中虽然没有使用"图腾"二字，但使用了"族徽"。在他的其他著作中，有"作为图腾（族徽）的绘画文字"的表述，书中图腾和族徽二词，往往混用，可见在姜亮夫看来，族徽和图腾基本是等价的。

姜亮夫对于图腾理论的把握显然也很囫囵，论述比较粗疏。他先是论证了"夏"字本义，"一定是个爬虫类的东西，所以足大，背有文，头大，都是爬虫类的特征"，作为夏的宗神禹，也是龙蛇一类，"所以夏族当是以水怪为族徽的民族的总称"，这种水怪就是后来的龙。"原来一种民族的传说，总要有些物质的根据，便是后代的所谓制度文物，也离不了这个因子。夏民族是以龙为族徽的民族，我们寻得到些物质的因素吗？曰：'有！'一是洪水的传说，一是考古学家在北方一带（即夏民族栖息之地）发现多量的爬虫二事。"作者只是简单引述了一些考古发现，认为上古北方也曾洪水泛滥，几乎未做论证，直接得出结论："我们说夏民族是以鳞介属为其崇敬之物，因而自命为龙族子孙，是无可疑的了。"

姜亮夫大概是最早系统论述"夏民族以龙为图腾"的中国学者，他在1983年补写的"小引"中，解释了《殷夏民族考》的写作背景："写此文时，正是'九一八''一·二八'接踵而来之时，在上海生活的艰苦，还耐得住；而租界的鸟气，随时亲身经历，倒气愤懊恼时时遇到，发发牢骚也不可能，写诗无人要，小说太渺茫，戏剧未写过，还是从个人稍稍有些修养、有点把握的史学考论入手。此文发表后，本来计划写'民族性''民族文化特点'，更不自量，想第四卷写'民族贡献与今后出路'，但民族文化特点，用'龙''凤'两字为引子而再深入。问题愈来愈多，以至于大病。"

姜亮夫以龙、凤作为民族图腾，虽然在学术上不够严密，但在政治上有其救亡之深意。20世纪30年代，由于受到帝国主义的侵略压迫，中国知识分子中的民族主义情绪空前高涨起来，社会各界都在用自己的声音呼吁全民族的团结，一致对抗帝国主义的压迫。与姜亮夫发表《殷夏民族考》的同时，章乃器接连发表《一九三三年如何？》《民族的路出在那里？》《民族的出路》《民族之前途如何？吾人将何以自处？》等一系列文章："自从九一八事变发生以后，中国人民因为受了外侮的刺激，民族的出路问题，忽然地抬起头来！我们翻一翻报章和杂志里的论调，多半是论到民族的出路；街论巷议，多半说的是民族的出路。"（《民族的出路》）

图6-7　英美合作出版的图书《破碎的中国》。封面设计将中国红珠龙牢牢地控制在英美两国的旗帜下，旗杆压住龙身，直插龙尾。1899年

关于民族的出路，夹杂着各种各样的声音。如汉奸文人王朝佑就在《中国灭亡论》中呼吁："吾知中国必不能打倒日本，必为日本所制。吾知欧美必不能主持正义，与中国表同情。而今日何如乎？四省丧失矣！列国有仗义执言，为我吐不平之气者乎？国联调查矣，各国有秣马厉兵，与日本决一雌雄者乎？盖今日之世界，民族自决之时期也。"所以，"中国兄事日本，必能进步向上，反对日本，必至灭种亡国"。

辛亥革命已经过去二十多年，中华民族独立自强的曙光似乎仍未显现。中国从何处来？中国向何处去？中国的民族历史问题逐渐成为热门话题。图腾问题突然大热，其原因正如《近东古代史》（A. Moret & G. Davy 著，陈建民译，1936年）所说："氏

图6-8 《笨拙》漫画《落井下石！》。画中日本对西方列强说："很高兴加入你们中间，先生们。但请让我提醒大家，如果不是你们干涉，我早已经征服它了，也就没有后面这些麻烦事。"在画面的最远端，一条不知所措的中国龙正趴在一边探头探脑，等候屠宰。1900年

族实即一种群体，其职务兼宗教与家庭二者，其性质则为神秘的。其团结之原因，实缘群体之各分子互视为拥有一种共同之图腾，因而拥有一种共同之名，由一种共同之神秘物质造成，而此共同之神秘物质非他，即图腾之物质是也。氏族中人皆有之，无人独占之，一切之人皆从此共同之源而出。"

日本侵华之野心，早已路人皆知。团结全民族力量抵抗日本侵略，对于20世纪30年代的中国知识分子来说，是压倒一切的工作。中国的民族学和人类学正是在这样一种大背景下兴盛起来的。出于和姜亮夫相似的目的，林惠祥《中国民族史》所得出

的结论却与姜亮夫"龙凤图腾说"大相径庭。

林惠祥认为，华夏即为"花族"之自称。"原始民族之族名最常者或由图腾信仰，以为其族系出自某种自然物，因拜其物为祖，并取其物之名以名其族……中国之四裔据《说文》谓'羌西戎羊种也，从羊儿。南方蛮闽从虫，北方狄从犬，东方貉从豸，西方羌从羊，此异种也'，又云'蛮，南蛮蛇种'，'闽，东南越，蛇种'，此诸族之名皆图腾也。同时诸族之名既多为图腾，则我族之称华似亦为图腾，盖华即花之古字，华族即'花族'也。"至于"夏"字，林惠祥据《说文》，训夏为人，因为许多原始部族都将自己叫作"人"，这是自尊其族的表现，所以说，"我族虽已有'花族'之称，然彼为图腾族名与夏字之自称可并用而不相冲突也"。最后，作者得出结论：

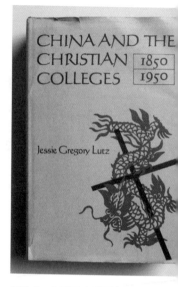

图6-9 美国图书《中国教会大学史：1850—1950》，封面是典型的"龙与十字架"造型，以龙象征中国，将龙置于基督的对立面。1971年

（一）"华"为图腾名称，意即"花族"。

（二）"夏"为自称之语，意即"人"。

"中国诸民族系以一系为主干而其他诸系以次加入之，加入后其名称即销灭而只用主干系之名。"正是林惠祥这个"以一系为主干"的观点，点亮了后来闻一多"化合式图腾"的航灯。

当时的学术界正处在动荡不安的社会环境下，大家各说各话，姜亮夫的"龙凤图腾说"与林惠祥的"花人图腾说"，相互之间并没有形成学术对话，当时也未见有何学术回应。

五、图腾主义在上古史学中的泛滥

中国的图腾学者普遍以为图腾主义是人类社会的必经阶段，讨论初民社会而不讨论图腾是有偏颇的。杨堃曾批评莫尔甘（摩根）对于图腾信仰的关注度不够："对于初民氏族之研究，仅注意于分类亲属制，而未曾注意到图腾信仰的事件，故结果不免有些错误。"他甚至将莫氏"错误"的原因归结为"图腾主义之发现者是麦克来纳，莫氏与麦氏是学敌，故不愿述其说"（《家族演化之理论》）。

吕振羽是较早利用图腾理论分析中国古代社会的历史学者，而且几十年如一日地执着于这套理论。他认为"原始时代的人类，在中期野蛮时代的部落组织中，每个部落都有一个动物或无生物作为其部落的名称"，许多风俗甚至延续至今："在中国今日的姓氏中，也保留着不少的原始图腾名称的遗迹。如马、牛、羊、猪、邬、乌、鸟、凤、梅、李、桃、花、叶、林、河、山、水、云、沙、石、毛、皮、龙、冯、蛇、风等等便是。"（《史前期中国社会研究》）

吕振羽所罗列的中国史前图腾多达数十种，涉及龙图腾却只有两句话："神农氏即神龙氏（帝王世纪：神农母有神龙首感而生神农）。""属于庖羲氏之各族有：飞龙氏，潜龙氏，居龙氏，降龙氏，土龙氏，水龙氏，青龙氏，赤龙氏，白龙氏，黑龙氏，黄龙氏（《竹书纪年》及《竹书笺注》）。"这两句话的总篇幅不足《图腾制度存在的形迹》一节的1/40。吕振羽认为："图腾的名称，在最初大概是因为某一部落以某种动物为其食物的主要来源，而被其他部落给她加上的一种标志，如食蛇部落便被呼为蛇图腾，食三青鸟的部落，便被呼为三青鸟图腾，食龟的部落，便被呼为龟图腾等是。"我们顺着吕振羽的思路向前推，以龙为图腾的部落岂不是专门吃龙的部落？

以姓氏中的动物名称作为中国古代曾经图腾社会的证据，是20世纪30年代最流行的图腾研究法。所有的图腾学者都没有将龙这种神话动物与现实动物做任何区分，一律归入图腾候选生物。1934年，钟道铭就曾以狗、蛇、羊、龙、熊、驴、卢、狐、鱼、盘、禹、鹿、马、牛为例进行图腾研究，并且认为："这些古代遗传下的用动物名称的姓，我们除去解作图腾底遗迹以外，实在没有其他解释的方法。"（《中国古代氏族社会之研究》）

在图腾研究中着力最重的是李玄伯的《中国古代社会新研》，该书正文283页，有近200页的篇幅都在讨论中国古代图腾及相关社会制度。作者认为"姓即是图腾，图腾团亦即原始宗族，有史时代家族的前身"，书中涉及的古代图腾多达数十种，重点讨论了凤图腾和玄鸟图腾。除了偶尔在一堆动物图腾名称中夹杂一个"龙"字外，全书几乎完全没有涉及龙图腾。

1930年王云五出任商务印书馆总经理之后，曾主编了一套"百科小丛书"，其中以图腾为主题的两本小册子——李则纲《始祖的诞生与图腾》（1935年）和岑家梧《图腾艺术史》（1937

图6-10 日本《现代杂志》漫画《抗日的议题》，文字大意为："将来中国人在独立宣言中一定会把抗日排日当成重要的议题，可是当初如果日本不插手的话，中国早被列强分割殆尽了。"作者一边将自己打扮成中国的朋友，一边毫不掩饰地将中国画成了一只任人分割的"烤乳猪"。1934年

年），在20世纪30年代的图腾文化领域影响深远。

　　李则纲依进化思想，将中国古代氏族划分为两类来展开讨论，一类是优存的氏族，一类是没落的氏族。"如伏羲、神农、黄帝、少昊、颛顼、帝喾、尧、禹、皋陶、伯益、契、弃等人物的诞生，或由风，或由大人迹，或由神龙首，或由大电，或由流星，或由瑶光，或由黄熊，或由薏苡，或由白虎，或由玄鸟，姑无论伏羲、神农、黄帝等是否果有其人，但这些传说，恰恰显示由图腾的名物转移到开祖英雄个人身上的一个过程。我们认为这些传说所称的始祖，换句话说，即所暗示的氏族——如风氏族、龙首氏族、电氏族等等，当为中国古代优存的氏族。"基于这种

开祖英雄名字即"氏族图腾名称之转移"的理由，李则纲认为"所谓共工、蚩尤、骁兜、三苗、浑沌、穷奇、梼杌、饕餮、防风氏等古代罪人，或即被霸氏族所奉的图腾"。李则纲所开列的中国古代社会"图腾记号"，多达42项，其中与龙有关的记号有"神龙首""赤龙""黄龙""龙"4项，分别排在表中第3、10、18、38的位置。

将自己的想象掺杂几个外国人名和几句外国引文，然后当作一种理论资源来解释中国上古神话，这是20世纪三四十年代图腾学者们常用的手法。李则纲在他的另一长文《社与图腾》中说："氏族社会里，所赖以团结社群的，则为同群之人共同信仰的图腾，这种图腾，或为动物，或为植物，或为无生物，他们相信他们同一图腾即为同一血缘。"按照这种逻辑，人除了不把自己当图腾，其他万事万物都是图腾。图腾是个筐，啥都往里装。

李则纲还提出"社是封建社会初期用来联合各部落的东西，等于古代图腾"的观点，把图腾主义延伸使用到了"封建初期"。他所归纳的社图腾中，有一类是龙图腾："共工既为一个龙氏族的称号，他的儿子勾龙，自然也是龙氏族的图腾，亦即氏族社会里一个民族的保护神。"

岑家梧的《图腾艺术史》是在日本留学期间写成的，因而受到日本学者的影响也就不奇怪了。全书第三至八章依次对世界范围内的图腾文学、装饰、雕刻、图画、跳舞、音乐等图腾制现象进行了介绍，凡有中国事例者，均罗列于后，逐项加以比对、阐释。作者在附录的《中国图腾跳舞之遗制》中认为："中国史前社会之同样，经过图腾制的阶段，史籍中所见的痕迹极多。傩，

图 6-11　何天爵的《真正的中国佬》，书名"Chinaman"一词带有明显的辱华色彩，封面设计采用了皇家的团龙图案与明黄色彩。1895 年

图 6-12　美国图书《穿越神秘的陕西》插页。晚清名将善庆的"龙字碑"拓片。1905 年

百戏等富有图腾意义的跳舞，至为显明。"最后总结说："以上粗率地列举百兽率舞，鹤舞，象舞，百戏，角觝，狮子舞，傩舞等的动物模仿跳舞，略可窥见中国图腾跳舞的遗制。此外各地民间习俗中有牛舞，祈年舞……都与图腾跳舞有关。"

　　和此前的图腾学者一样，岑家梧论述得较充分且有说服力的，仍然是商族玄鸟图腾、蛮夷盘瓠图腾、高车狼图腾之类，在作者建构的中国图腾艺术史上，仅在述及"西南夷传"时简单提及哀牢人的龙图腾，龙在岑著中不仅没能占据一个领袖位置，甚至连一个普通的席位都没占上。

　　陈钟凡在为岑著所作的序言中，补充了一些新的信息："图腾雕刻之见于殷周骨器铜器上的，有夔龙、夔凤、蝉叶等纹样，最多的莫如兽头，学者多目之为饕餮，其说本于《吕氏春秋》，究竟饕餮为何物，其说未明。"作者的观点是，这些都是动物头像，且有牛头、羊头、马头及虎狼头的分别，"其为图腾动物的描写，显然易见"。

与《图腾艺术史》同时完成的，还有日本评论家佐野袈裟美（1886—1945年）的《支那历史读本》（1937年），该书中译本题为《中国历史教程》。佐野书中引述李则纲的观点，认为帝俊就是帝喾、帝舜、高祖夋，夋同狻，狻就是狮子，"即表示出当时是用狮子做图腾"。可是，作者并没有说明"当时"到底是何时。书中也曾提及禹是一条虫，"大概就是蜥蜴之类"，并没有说禹是龙，或者熊。

较早提出夏有龙氏族、龙图腾的，还有卫聚贤的《中国的氏族社会》，可是，作者论述的第一个图腾也是狮子，接着分别论述了作为图腾的燕、象、龙、陶壶等，他得出的结论是："尧为夏陶壶氏族的图腾，禹为夏龙氏族的图腾，舜为殷狮氏族的图腾。图腾为其氏族所崇拜，因崇拜而认为祖先，后氏族扩大成为国家，乃将图腾演变成为祖先的又演变成为其国的帝王，后又因统一的观念，又演变为共同的古帝王。"后来大概读到些新的材料，作者又专门写了《夏人以犀牛为图腾》和《熊为图腾》作为"补遗"。

卫聚贤论及龙图腾的篇幅并不多。其论证思路大致是这样的：禹字训为虫，又禹字在甲骨文和金文中与九字有连带关系，而九字可能又是虬字的虬，按《说文》："虬，龙子有角者，从虫，虬声。"可见"九"为龙之一种，"故禹与龙多有连带的关系"，作者由此得出结论："夏人以龙为图腾，故殷人祀为神；奉龙为图腾的国，当以龙为国名；奉龙图腾国之地有一部分被殷人所占领，故有此地名；龙图腾国之人，故以龙为名……《左传》有鄑国，当即奉龙为图腾的禹国之后。"作者参照埃及人的生活经验，认为"在河水将涨之际，鳄鱼先至，夏人因以为水神（故有禹治水的传说）或农神"，据此提出"龙即鳄鱼"的观点："禹为夏人以二鳄鱼为图腾的民族，因图腾的崇拜，后演变为神，再后则演变为古代的帝王。"

这种论证方式极不可靠，对图腾主义的理解也多有想当然之处，想起龙就说夏人以龙为图腾，想起鱼就说夏人以鱼为图腾，彼此往往矛盾。岑家梧就对卫聚贤的研究很不以为然："若果只拾取表面的三二图腾现象，便证明中国古代某族已有图腾制度的存在，则极为不智。如卫聚贤于嘉兴新塍镇发现一鱼形刻石，便说吴人以鱼为图腾，又根据山西万泉县（今万荣县）荆村瓦渣斜发现红陶上的鱼形花纹，便说陶唐为鱼图腾发明陶器的民族，又说：'夏民族有以鱼为图腾的部落，按贝加尔湖人尚有以鱼为图腾的遗迹，夏民族当自贝加尔湖来，以鱼为图腾。'此都失之疏略。"岑家梧认为："今后苟欲断定夏或吴族以鱼为图腾，必须证明夏人以捞鱼为主要生产，夏人以鱼为部族名号，以鱼为祷告，以鱼为一切装饰的表现对象，等等。凡此皆须根据丰富的确实的资料，作深入的系统的探索，始属可信。"（《西南民族文化论丛》）

罗维早在1920年的《初民社会》中就已指出："动物名字是初民社会中异常普通的一个特色，不足推断这种动物和以此为氏的社群之中有特殊关系存在。除非这个名字'在授名者或受名者或双方的心中发生与这个动物的心理联系'，或外婚制之起源可考定为出于这个联系，方始有图腾制之可言。否则单以动物之名为氏的氏族不见得比以绰号、地名或祖先之名为氏的氏族更有被认为图腾氏族的资格。"简言之，单以动物为名，根本不足作为图腾制存在的证据。罗维甚至对于图腾制的存在也已产生怀疑："总结一下我自己对于图腾制这个题目的意见，我不相信自来在这个题目上所浪费的聪明和博学已经建立了图腾现象的真实性。"不过，这些意味深长的忠告几乎从未得到中国图腾学者的引证，因为这种观点不是他们所需要的观点。

相反，中国图腾学者全都振振有词地重复着"图腾制为氏族社会必有之现象"的论调。他们甚至认为"图腾不过是用兽名表现其群体强壮且有威力的意思"，也即"因为原始时代动物威力之雄大，所以原始人类对于动物无不具有崇拜的心理，或者设想自己的祖宗就是这些动物，或者有意拿来作本族祖宗威力的表现，所以动物的名称便成了各氏族底标识——图腾"（荆三林《史前中国》）。虽然越释越偏，但是，这种想当然的解释恰恰是最具中国特色的图腾主义。

六、通过历史教育激发民族情绪

很明显，在早期的图腾类著作中，龙并没有占据突出的地位。真正将龙摆在中心位置展开全面论述的，是闻一多。1942年11月，闻一多发表《从人首蛇身像谈到龙与图腾》，这是《伏

图6-13　庚子事变后的德国出版物《我们的海军在中国》，封面为德国士兵在龙的土地上升起德国旗帜。1901年

羲考》的主体部分。闻一多是个激进的爱国主义者，《伏羲考》深刻地烙印着闻一多民族主义的政治诉求。

日本侵华战争爆发之后，许多知识分子都在思考民族问题："我们常常提及'民族'，有欲完成一'民族统一'，但究竟什么是民族？什么是中华民族？"（洪尊元《中国之前途》）

孙中山曾在《三民主义》中定义说："什么是民族主义呢？按中国历史上社会习惯诸情形讲，我可以用一句简单话说，民族主义就是国族主义……我说民族就是国族，何以在中国是适当，在外国便不适当呢？因为中国自秦汉而后，都是一个民族造成一个国家。"闻一多在谈到自己的理解时说："五四时代我受到的思想影响是爱国的，民主的，觉得我们中国人应该如何团结起来救国。五四以后不久，我出洋，还是关心国事，提倡Nationalism，不过那是感情上的，我并不懂得政治，也不懂得三民主义，孙中山先生翻译Nationalism为民族主义，我以为这是反动的。……其实现在看起来，那是相同的。"（《五四历史座谈》）

从政治上、文化上论证中华民族的完整统一，是自清末以来中国知识分子面对帝国主义侵略的无奈挣扎。"民国初元，国人曾揭橥曰'五族共和'，而国徽之五色。论者以为是即五族之代表，然以一国之人，而自标五族，实与近代政治思想相反。盖在现代政治上之意义，凡一国权力所不能及，而人民原为一族者，则标榜民族以联络之，即以此壮其外交之声势。未闻已成一个民族国家，而反自标五族以示分裂者也。"（王恒《现代中国政治》）

图6-14　金兆梓《中国史纲》揭示的"个人生活、民族生存、世界大势"关系示意图。1941年

抗日战争期间，史学界涌现出一大批中国上古史论著，大都围绕着一个中心话题："中国民族由来之研究"。金兆梓在《中国史纲》的绪论中画出了"个人生活、民族生存、世界大势"三者之间的关系示意图（见图6-14），明确指出个人是"小己"，民族是"大己"，"要晓得我们这民族集团生活现有的状况，不是单将那现有的状况做分析的研究所能了事的，还得要寻求那现有状况的由来"。

在闻一多先生（见图6-15）的遗稿中，有一份题为《神话与古代文化》的演讲提纲，其导言部分开宗明义为"历史教育与民族意识"。仲林《图腾的发明》据此将闻一多的思想归纳如下：只有先让民众知道他们"有共同的来源"，"民族意识"才能产生，而且"知来源愈悉则民族意识愈坚固"；只有通过这种"历

图6-15　闻一多，中国现代伟大的爱国主义者，著名诗人、学者。左图是他1946年被暗杀之前的照片，右图为画像

史教育"，"民族主义的心理建设"才能成功；近代史学就是要善用考古学和民俗学的新方法，发现整个民族和全面文化的事实，并将这一事实用文艺的手段讲述出来，从而达到激发民族情绪的最终目的。

　　可是，我们该用哪些"历史知识"来教育民众呢？在许多知识分子看来，杂乱无章、各说各话的图腾主义同样无助于将中华民族团结在一个共同的旗帜下对抗日本侵略。芮逸夫在《中华国族解》中说，1939年"曾有一场中华民族问题的论战，参加这场战役的有十多位学人。其中有一派的主张是：'凡是中国人都是中华民族，在中华民族之内，我们绝不再析出什么民族。'另一派却反对这种说法，以为在中华民族之内是可以析出若干民族的"。

闻一多一直在努力寻求"团结起来救国"的文化方略，他在写给臧克家的信中说道："近年来我在联大的圈子里声音喊得很大，慢慢我要向圈子外喊去，因为经过十余年故纸堆中的生活，我有了把握，看清了我们这民族，这文化的病症，我敢于开方了……我始终没有忘记除了我们的今天外，还有二三千年前的昨天，除了我们这角落外还有整个世界。我的历史课题甚至伸到历史以前，所以我研究了神话，我的文化课题起出了文化圈外，所以我又在研究以原始社会为对象的文化人类学（《人文科学学报》第二期有我一篇谈图腾的文章，若找得到，可以看看）。"

七、闻一多：龙是我们立国的象征

《伏羲考》就是闻一多为"这民族，这文化的病症"开出的一剂药方。他要将杂乱无章的泛图腾统归到一个特定图腾的名下，以实现其"团结起来救国"的理想。他在众多的上古图腾中选中了龙："假如我们承认中国古代有过图腾主义的社会形式，当时图腾团族必然很多，多到不计其数。……所谓龙便是因原始的龙（一种蛇）图腾兼并了许多旁的图腾，而形成的一种综合式的虚构的生物。这综合式的龙图腾团族所包括的单位，大概就是古代所谓'诸夏'，和至少与他们同姓的若干夷狄。"

本书无意于损害闻一多先生光辉的爱国形象，只是因为民族独立的伟大使命早已完成，我们已经无须借助所谓的龙图腾来做

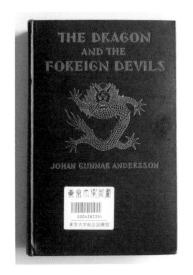

图 6-16　瑞典地质和考古学家安特生的中国闻见录《龙与洋鬼子》。1928 年

图 6-17　德文版《龙与洋鬼子》。1927 年

"救国药方"，因而可以沉静下来，从学理的角度重新审视闻一多的《伏羲考》。

　　《伏羲考》的核心是第二部分《从人首蛇身像谈到龙与图腾》，可是，这一部分的论据却十分单薄。闻一多说"我所有的材料仅仅是两篇可说偶尔闯进我视线来的文章"，一篇是芮逸夫的《苗族的洪水故事与伏羲女娲的传说》，一篇是常任侠的《沙坪坝出土之石棺画像研究》。抛开那些与龙图腾的论证没有必然逻辑关系的烦琐细节，下面我们看看闻一多的龙图腾是如何生产出来的。

　　闻一多首先梳理和罗列了一批伏羲女娲人首蛇身交尾像，

然后"揣想起来，在半人半兽型的人首蛇身神以前，必有一个全兽型的蛇神的阶段"，循着这种"揣想"，他将之与交龙、腾蛇、两头蛇、一般的二龙全都联系起来，断言这种二龙交合的表象背后一定有着某种悠久的神话背景："其渊源于某种神话的'母题'，也是相当明显的。"那么，这个母题究竟是什么呢？闻一多没有经过任何论证，马上就给出了答案："我们确信，它是荒古时代的图腾主义（Totemism）的遗迹。"这个图腾，就是龙。

那么，"龙究竟是个什么东西呢"？同样没有经过任何论证，闻一多马上就给出了答案："它是一种图腾，并且是只存在于图腾中而不存在于生物界中的一种虚拟的生物，因为它是由许多不同的图腾糅合成的一种综合体。因部落的兼并而产生的混合的图腾。"

闻一多的论证方式是典型的循环论证：龙神话的母题是什么呢？是图腾主义。为什么是图腾主义呢？因为龙是一种图腾。龙为什么是图腾？因为它是以图腾主义为基础的。

接下来的文字，与其说是"事实论证"，不如说是"理论说明"。只不过闻一多所依据的理论，并不是人类学既有的图腾主义理论，而是他自己特意为这篇文章而发明的"化合式图腾"新概念："在化合式图腾中，也必然是以一种生物或无生物的形态为其主干，而以其他若干生物或无生物的形态为附加部分。龙图腾，不拘它局部的像马也好，像狗也好，或像鱼，像鸟，像鹿都好，它的主干部分和基本形态却是蛇。这表明在当初那众图腾单位林立的时代，内中以蛇图腾为最强大，众图腾的合并与融化，便是这蛇图腾兼并与同化了许多弱小单位的结果。"

这种"合并与融化"的观点，此前只见于上述林惠祥的《中国民族史》，没有任何实证依据，而且在《中国民族史》中也只是片言只语随笔一提，被闻一多拿过来之后，加以放大，成为《伏羲考》的支撑性理论依据。

曾有人类学家批评说，龙图腾的提法无法得到人类学理论支持："我们知道所谓图腾是指被原始民族视为自己祖先或亲属的自然物，一般是动物植物，有时也会是无生物，但是，无论如何图腾物总是自然界中实有的物体。龙作为一种图腾同时又不存在于自然界中是难以令人接受的。"（阎云翔《试论龙的研究》）

可是，闻一多并不需要人类学理论的支持，他只需要"图腾"这么一个新概念。他在自己发明的"化合式图腾"理论框架中，未经任何论证，马上就得出了龙即大蛇的结论："所谓龙者只是一种大蛇。这种蛇的名字便叫作'龙'。后来有一个以这种大蛇为图腾的团族（Klan）兼并了，吸收了许多别的形形色色的图腾团族，大蛇这才接受了兽类的四脚，马的头、鬣和尾，鹿的角，狗的爪，鱼的鳞和须……于是便成为我们现在所知道的龙了。"

这个结论肯定是站不住脚的，因为闻一多并没有梳理过龙的形象史。事实上，自有龙纹以来，龙形象就一直处于变动不居的状态。商和周的龙纹不一样，汉与唐的龙纹不一样；即便同一时代，不同地域的龙纹也有差别。从大量出土的汉代画像来看，龙纹跟虎纹就很难分别，有时只能依据其所处的位置来做判断。而所谓"马的头，鬣和尾，鹿的角，狗的爪，鱼的鳞和须"的画龙技法，更是在宋代以后才逐渐成型的。除非闻一多能证明宋代依旧处于前氏族社会的图腾主义时代，证明宋代有多种图腾的共存与兼并，否则，用宋以后定型的龙纹来说明氏族图腾的兼并，在逻辑上就无法说通。

问题还不止于此。闻一多在对该预设的演绎中，几乎完全不顾及材料语境，将不同时代、不同背景的材料做出颠倒时空的安排。按照该预设的要求，闻一多居然将记载最晚的"断发文身"案例设想成原始图腾的"第一个阶段"；然后将记载更早的"人首蛇身"的案例当作图腾变为始祖的"第二阶段"；接着，再将记载最早的"全人形"的始祖传说当作图腾蜕变的"第三个阶段"。

《伏羲考》给读者的总体感觉是旁征博引，步步为营，但每到关键部分，却总是以假设或推测作为前提。《伏羲考》最具特色的论证技巧是：前面刚刚用一种商榷的语气说"假如我们承认某某"，后面马上就把这个"某某"当成定论，据此进入下一个论证阶段。其最终结论是建立在一个接一个"假如""假定""如果""也许""似乎""恐怕""可能就是""可称为""这样看来""便也"基础上的理论假想。陈泳超就曾批评说："闻一多总是对不同材料之间的相似性特别敏感，并有将相似点累积起来从而将其抟塑为同一回事的倾向，但这种努力常常因为没有直接的、过硬的证据而显得缺乏说服力。"（《关于"神话复原"的学理分析——以伏羲女娲与"洪水后兄妹配偶再殖人类"神话为例》）

诗是优美的语言、激情的文字，但是，诗性与学术毕竟还是隔得有点远。诗人闻一多激情而富于感染力的诗性语言，为他省却了许多烦琐的论证，跨越了逻辑限定的障碍，深得青年读者喜爱。

闻一多在论证"龙图腾的优势地位"时说："龙族的诸夏文化才是我们真正的本位文化，所以数千年来我们自称为'华夏'，历代帝王都说是龙的化身，而以龙为其符应，他们的旗章、宫室、舆服、器用，一切都刻画着龙文。总之，龙是我们立国的象征。直到民国成立，随着帝制的消亡，这观念才被放弃。然而说放弃，实地里并未放弃。正如政体是民主代替了君主，从前作为帝王象征的龙，现在变为每个中国人的象征了。"这段话只用了寥寥150余字，就完成了龙图腾"民族象征—帝王象征—国家象征—每个中国人的象征"四者之间的角色转换，令人不得不感叹其诗性语言的巨大魅力。

八、图腾学者的选择性失明

学者写文章，总是选择性地引用自己想要的那一面，而有意忽略与文章观点相左的另一面。闻一多用以说明夏为龙族的七条证据，每一条都可以举出一系列的反证。比如闻一多为证禹之龙身，引用了禹的父亲"鲧死，化为黄龙"的说法，却有意忽略了禹自己"化为熊"的说法。而此前的1937年，卫聚贤撰写《夏人以犀牛为图腾》《熊为图腾》时，一样也不提"鲧化黄龙"的记载。同样，当林惠祥论证华夏为"花族"之自称时，既不提龙，也不提犀牛，更不提熊罴。

夏人的图腾到底是什么？仅据20世纪三四十年代的学者所

论，答案数以十计。可是，更关键的问题在于：夏人有图腾吗？

从闻一多自己的叙述中，我们就可以看出龙图腾的不确定性。闻一多说："在'鲧死，……化为黄龙，是用出禹'和'天命玄鸟（即凤），降而生商'两个神话中，我们依稀看出，龙是原始夏人的图腾，凤是原始殷人的图腾。"他接着解释说："我说原始夏人和原始殷人，因为历史上夏殷两个朝代，已经离开图腾文化时期很远，而所谓图腾者，乃是远在夏代和殷代以前的夏人和殷人的一种制度兼信仰。"这段话真是意味深长，既然夏代和殷代已经离开图腾文化时期很远，那么，仅仅凭着关于夏代和殷代的两则神话，要"依稀看出"远在夏殷之前的社会形态，本身就非常脆弱。

我们从20世纪30年代流行的许多图腾论著中可以看到，夏殷时期与人类生活密切相关的动植物，不仅丰富多样，而且变动不居，我们根本无法断定这些动植物与图腾主义的关系。使用春秋战国之后文人记录的"夏殷神话"之片段，即便用来论证"夏殷文化"都是靠不住的，更别说用以论证比"夏殷文化"更远古得多的图腾主义。

闻一多说，伏羲、女娲二人名字并见，始于《淮南子》，西汉末到东汉末是伏羲、女娲在史乘上最煊赫的时期，左右有首的人首蛇身神而产生的二首人传说，也是在这个时期中发现的。如此依据两汉时期才出现的材料来论证比夏殷更遥远的上古图腾社会，就像依据自称为孔子第73代后裔的孔庆东的长相来复原孔子的音容笑貌一样，太不靠谱了。

虽然书市上充斥着琳琅满目的图腾学理论，可是，包括闻一多在内的几乎所有图腾学者，都有意忽略了图腾主义所要求的"尊崇图腾的原则"，以及"亲属关系""图腾禁忌""外婚制""母系社会"等关键性的判定标准。他们将上古文献中几乎所有与动物相关联的字、词、句、段全都抄将出来，哪怕有些证据甚至可能起到反证作用，也要反意正说，一口断定这些都是中国上古图腾制度的铁证。

闻一多不断使用"夏王多乘龙""粤人文身断发，以避蛟龙之害"等证据来论证龙对于夏族或粤人的重要性，以巩固其华夏龙图腾的论点，可他却有意回避了一个实质性的问题：这些论据恰恰可以用来证明"夏王不以龙为祖、粤人不以龙为亲"。试想"夏王多乘龙"一句，夏王该有多忤逆，才会拿祖宗来当坐骑呀？此外，图腾理论也根本无法解释"避蛟龙之害"的问题。

又比如，闻一多在论证《山海经》中"延维"之神即伏羲女娲时，选择性地只取其"人首蛇身，长如辕，左右首"之义，完全不顾紧跟其后还有一句"人主得而飨之，伯天下"。同理，闻一多视两头蛇为龙图腾之遗俗，可是自古以来人们就以两头蛇为不吉之象，所以才会"见两头蛇，杀而埋之"。

几乎所有的图腾主义入门介绍中都说到，图腾主义最重要的特征之一："某个图腾的分子绝不能与同图腾的结婚或苟合，有犯之者则必处死。"（《古中国的跳舞与神秘故事》）这就是所谓的"外婚制"。外婚制是判断图腾主义最重要的一项指标。这一点，早在严复译《社会通诠》时即已做了详细说明，在胡愈之译的《图腾主义》中表述得更加清楚："图腾制的部族，实现原始

图6-18 宣统年间发行的"大清银行兑换券",俗称"大龙票",票面已经非常西化,图案设计采用了溥仪父亲摄政王载沣的头像以及万里长城图。1909年

人民最初的社会团结。此种团结规定了原始人民对于其图腾,对于其全部族的种种义务,其中最显著的义务则为必须与部族以外的人方能结婚,即所谓外婚制(exogamie)。总之外婚制是一切图腾社会的建筑的梁栋,则已无疑义。"

西方人类学家所观察到的图腾主义,都只存在于小规模的个人、家族、族群之间,根本不适用于"华夏民族"这么庞大的社会群体,或者说,在这么庞大的族群中,根本无法想象如何实行外婚制。试想,假如汉民族都是龙图腾,那么,汉族内部是不允许通婚的,99%以龙为图腾光棍汉,恐怕只能是永远的"单身狗"了。可是,为了论证中国存在图腾主义,绝大多数图腾学者们一旦进入到具体论述,根本不理会这个问题。只要逮住一个兽名或鸟名,就可以展开联想和论述,断定"此为中国

图 6-19　英国图书《中国的问题以及英国的政策》，封面的中国龙画得像一条壁虎。1900 年

图 6-20　法国图书《从热气球和地上看中国》，封面的中国龙画得像条青竹蛇。在欧洲，邪恶的龙大多被画成青、绿、蓝等颜色。从封面用色就可以看出画作者的心态。1902 年

古代图腾无疑"。

　　原始人的生活其实非常单调，他们既不能上网，也没有电视，来来去去就是人、神、自然三者之间那点事。文献记载也好，图像表达也好，其中出现动植物，以及动物神、植物神，那是非常正常的事，与所谓的图腾主义可以毫无关系。可是，图腾学者只要从中看见一点动植物的影子，马上就将之断为图腾，以至于无时无处不图腾，这实在有点让人啼笑皆非。根据现有的资料，我们充其量只能说夏代存在动物神观念（这种观念直到现代都没有完全退出民众生活），而没有任何证据能说明夏代是图腾社会，更无法证明夏代的图腾是犀牛、熊、花，或者龙。

九、闻一多：龙是穷凶极恶而诡计多端的蛇

1943 年端午节，有学生向闻一多问起粽子的来历，引起闻一多写了两篇文章，一是《端节的历史教育》，二是后来的《端午考》。虽然闻一多认为端午节起源于龙崇拜，但他更赞成"纪念屈原说"。在龙和屈原之间，闻一多这次选择了屈原。闻一多认为，如果我们还需要端午节继续存在，"就得给他装进一个我们时代所需要的意义"，"为这意义着想，那有比屈原的死更适当的象征？是谁首先撒的谎，说端午节起于纪念屈原，我佩服他那无上的智慧！端午，以求生始，以争取生得光荣的死终，这谎中有无限的真！"所以他说："我早已提到谎有它的教育价值。"

也就是说，在闻一多的眼中，"意义"比"真相"更重要。"故事的社会功能和教育意义，是在加强民族团结意识。"只要是时代需要的有意义的事，哪怕是谎言，也有它的"教育价值"。正是基于这样一种理念，到了 1944 年 7 月，他又发表了一篇《龙凤》，一反自己在《伏羲考》中提出的"龙是我们立国的象征"，将龙形容为"穷凶极恶而诡计多端的蛇"，对之大加挞伐。

引起闻一多写作此文，对龙文化反戈一击的原因，是一份名为《龙凤》的期刊向他约稿。闻一多痛感"聪明的主编者自己似乎并未了解这两字中丰富而深邃的含义。无疑的他是被这两个字的奇异的光艳所吸引，他迷惑于那蛇皮的夺目的色采，却没理会蛇齿中埋伏着的毒素，他全然不知道在玩弄色采时，自己是在与毒素同谋"。

图 6-21　维也纳《公鸡》漫画《它是对的》。中国龙龇开尖牙冲着入侵者说："我对奥地利人很生气——你们只配用来给我塞牙缝！"1900 年

图 6-22　美国图书《美国人眼中的中国和印度》中的资料图片，1921 年的美国漫画《看起来像件麻烦事》。老迈迟钝的大清王朝牵着一条四分五裂的"中国龙"，正走向寻求"世界医生"的路上。1973 年

好不容易树起来的龙图腾，为什么转眼就要推倒？闻一多解释说："把龙凤当作我们民族发祥和文化肇端的象征，可说是再恰当没有了。若有人愿意专就这点着眼，而想借'龙凤'二字来提高民族意识和情绪，那倒无可厚非，可惜这层历史社会学的意义在一般中国人心目中并不存在，而'龙凤'给一般人所引起的联想则分明是另一种东西。"

另一种什么东西呢？闻一多解释说："我们记忆中的龙凤，只是帝王与后妃的符瑞，和他们及她们宫室舆服的装饰'母题'，一言以蔽之，它们只是'帝德'与'天威'的标记。……你记得复辟与龙旗的不可分离性，你便会原谅我看见'龙凤'二字而不禁怵目惊心的苦衷了。"

闻一多突然掉转枪口对准"龙凤"开炮，还有更重要的现实因素。1943年3月，蒋介石的《中国之命运》在昆明上市。蒋介石在该书"今后努力之方向及建国工作之重点"中强调说："培养国民救国道德，即是恢复我国固有的伦理而使之扩充光大。而其最重要的条目，则为发扬我国民重礼尚义，明廉知耻的德性。这种德性，即四维八德之所由表现。而四维八德又以'忠孝'为根本。为国家尽全忠，为民族尽大孝，公而忘私，国而忘家，实为我们中国教忠教孝的极则。"由此而引申出来的结论是："国家政府的命令，应引为个人自主自动的意志。国家民族的要求，且应成为个人自主自动的要求。"

此书出版之后，国民政府要求每人都必须阅读。闻一多非常反感，他说："《中国之命运》一书的出版，在我一个人是一个很重要的关键。我简直被那里面的义和团精神吓了一跳，我们的英

图6-23 莫斯科出版的英文图书《现代中国的故事》，封面画着一群军阀和官僚骑着一条龙，龙被一把巨大的红色刺刀穿膛而过。在这里，龙象征了黑暗的军阀和官僚势力，刺刀象征着觉醒了的，为基本的生存权利而斗争的普通中国民众。1932年

明的领袖原来是这样想法吗？五四给我的影响太深，《中国之命运》公开的向五四宣战，我是无论如何受不了的。"尤其是1943年底，"开罗会议之后，胜利俨然已经到了手似的"，中国后抗战时代，蒋家王朝的家族统治意识，已经逐渐露出苗头。

1944年3月，闻一多发表《家族主义与民族主义》，对蒋家王朝展开了针锋相对的斗争。闻一多认为三千年的没落文化，便是以家族主义为中心的封建文化，"一切制度，祖先崇拜的信仰，和以孝为核心的道德观念等等，都是从这里产生的"，家族主义的自私本质已经严重妨碍了民族主义的发展。文章结尾，闻一多更是直指蒋介石的四德八维忠孝观："前人提过'移孝作忠'的话，其实真是孝，就无法移作忠，既已移作忠，就不能再是孝了。倒是'忠孝不能两全'真正一语破的了。"紧接着，闻一多又在《从宗教论中西风格》中含沙射影地讽刺道："你的孝悌忠信，礼义廉耻，和你古圣先贤的什么哲学只令人作呕，我都看透了！你没有灵魂，没有上帝的国度，你是没有国家观念的一盘散沙，一群不知什么是爱的天阉。"

清楚了抗战末期的民族主义语境，我们也就很容易理解闻一多《龙凤》一文的政治诉求和社会功用。在闻一多眼里，帝国主义与封建势力是一对相互勾结、狼狈为奸的丑恶势力，对于它们的斗争永远不能放松："虽则在一定的阶段中，形式上我们不能不在二者之中选出一个来作为主要的斗争的对象，但那并不是说，实质上我们可以放松其余那一个。"（《谨防汉奸合法化》）抗战时期，矛盾的主要方面是帝国主义；抗战末期，矛盾的主要方面已经转化成了"英明神圣的领袖，代表着中国人民的最高智慧"的"真命天子"（《八年的回忆与感想》）。

闻一多树立龙图腾，"用学术的方式宣泄了自己的民族主义情怀，即民族仇恨与民族战争背景下的民族团结意识，图腾主义框架下的民族文化自尊心与尊荣感，西方中国形象传说语境下对民族前途及命运的期待与信心"（仲林《图腾的发明》）。同样，闻一多推倒龙图腾，是用学术的方式维护了反封建、反独裁、反家族主义之五四精神，维护着好不容易争取得来的民族主义发展机会。

树立龙图腾，是本着民族主义的需要；推倒龙图腾，同样是本着民族主义的需要。对闻一多来说，两者是内在统一的。

十、被忽视的龙图腾

作为著名诗人，闻一多的学术思想与学术成就并不为当时学界所重。刊载《从人首蛇身像谈到龙与图腾》的《人文科学学报》，是西南联合大学和云南大学学者自组的社团刊物，社会影响并不大。岑家梧的《中国民族的图腾制度及其研究史略》（1949年）只在附录"图腾研究书目"中列及《从人首蛇身像谈到龙与图腾》，正文则一字未提。

1944年出版的翦伯赞《中国史纲》认为："在中国历史上，自传说中之'伏羲氏'时代以至'夏代'，皆有图腾信仰之存在。"翦伯赞选择性地接受了吕振羽《史前期中国社会研究》的部分观点，如承认"属于'伏羲氏'的十一个氏族，皆以'龙'为图腾"，但否认了吕振羽"神农氏即神龙氏"的观点，认为"传说中谓'神农氏'所属的五个氏族，皆以'火'为图腾"。翦伯赞罗列的上古图腾主要有黄帝氏的云图腾、炎帝氏的火图腾、共工氏的水图腾、大暤氏的龙图腾、少暤氏的鸟图腾，其中黄帝氏之族下又分云、熊、貔、貅、貙、虎、雕、鹖、雁、鸢等等，如此一一罗列下来，有名称的图腾数目即多达96个。其中伏羲氏的龙图腾共占据11个席位，约为总图腾数的1/9，分别是飞龙、潜龙、居龙、降龙、土龙、水龙、青龙、赤龙、白龙、黑龙、黄龙。

1945年，马元材《秦史纲要》称："女修吞玄鸟而生大业，而大廉又为鸟俗氏，可见秦民族是以玄鸟为图腾的。玄是黑色，故舜赐大费以皂游，皂亦黑色，游就是画有图腾的旗帜。"吕振羽《简明中国通史》则说："传说中的燧人氏、伏羲氏、女娲氏的时代，是中国图腾制的标本时代。在这时代的姓氏名称，据传说式的记载，几乎全部采用生物的名称，如所谓黄帝的先族有蟜氏，黄帝少典之族有熊氏，神农先族神龙氏，舜之先族穷蝉氏，牛蟜氏，尧之先族有骀氏，契之先族有蛾氏，夏之先族牛螭氏……也都是图腾名称。"郭沫若在始版于1945年的《青铜时代》中，则将殷人的图腾断为猩猩，理由是："殷人的帝就是'高祖夔'，夔字本来是动物的名称。《说文》说：'夔贪兽也，一曰母猴，似人。'母猴一称弥猴，又一称沐猴，大约就是猩猩（orang utan）。殷人称这种动物为他们的'高祖'，可见得这种动物在初一定是殷人的图腾。"总之，图腾学者们八仙过海，各显神通，为古人罗列出一大堆五花八门的图腾。

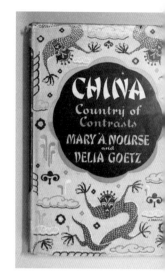

图6-24　美国图书《中国：差异之国》，封面以扭曲、变形的龙来表现中国社会文化的内在矛盾与差异。1944年

通过以上学术史的梳理，我们可以看到，闻一多的龙图腾在当时的图腾学界并没有引起明显的反响。多数图腾学者并未接受甚至未能读到闻一多的观点，他们依旧在漫无边际的"泛图腾"的大海中摸索着，而不是如一些当代图腾学者所想象的"六十多年来，闻一多教授的龙图腾理论在大陆广有影响"（田秉锷《龙图腾：中华龙文化的源流》）。《伏羲考》被抬成图腾学的学术经典，是20世纪80年代以后的事。

图腾本是一个人类学的概念，可是，中国图腾的生产者，多为历史学家和文学家。中国现代学术正处于邯郸学步的阶段，许多学者依然使用"意会"的传统方式来习得西方的新理论新概念，难免囫囵吞枣消化不良，抓住一点就可随意发挥，以至于无事无物不图腾。图腾就像一张"文化"标签，喜欢什么东西就在它身上贴一张。

人类学家岑家梧早在 1937 年就曾撰文批评"氏族图腾"这种概念："原始社会中图腾制崩溃后，继续而来之氏族制，就有许多图腾文化转形变质而构成氏族制之文化。此种转形变质的图腾文化，若不详加考察其异同，当我们划分社会发展阶段时，至易陷入重大的错误。向来有所谓'氏族图腾'一社会进化阶段的名称出现，就表现学者处理图腾问题的混乱。"(《转形期的图腾文化》) 遗憾的是，这类学术批评既未能激发学术对话，也没有对其他学者的研究进路起到什么警示作用，因此也无所谓对或者错。

"由于中国学术界从一开始就缺乏对于图腾学说的全面而透彻的理解和领受，后继者对西方现代人类学关于图腾学说的理论反思缺乏了解，图腾理论早已流为一种浮泛浅薄的陈词滥调。"（刘宗迪《图腾、族群和神话——涂尔干图腾理论述评》）意会和滥用图腾概念的现象始终伴随着中国的图腾研究史。比如岑仲勉仅仅依据"姜嫄履大人迹而生后稷"之寥寥数字，就敢断定"足迹者属于自然力之周代图腾也"(《饕餮即图腾并推论我国青铜器之原起》)，作者不仅预设了周代尚处于图腾社会，而且预设了足迹可以作为图腾使用。

十一、龙图腾在 20 世纪 80 年代的勃兴

龙图腾的生产，是日本侵华战争期间中国知识分子在图腾主

义理论的启发下，集体探讨中华民族"从哪里来，向何处去"的产物，是一次集体参与的知识生产。可是，闻一多的龙图腾假说在20世纪上半叶并没有引起图腾学界的格外关注。而且当时已经接近抗战尾声，所以并没能如愿以偿地起到其"加强民族团结意识"的伟大作用。当然，我们不能以实际功效来衡量闻一多的伟大心灵，无论树立龙图腾还是推倒龙图腾，其出发点都是民族主义的（闻一多的民族主义包含了民主主义的诉求，这是另话）。

1950年之后，人类学被彻底取消，来自资本主义学术泥潭的图腾理论，以及出自封建迷信观念的龙信仰，基本处于沉寂状态。这种状态，直到1978年之后才有了根本改观。

我们可以利用"中国知网—中国期刊全文数据库"（https://www.cnki.net），通过检索一些关键词的被引频次，对龙图腾的接受史做一简单的数据分析。

表6-1 "龙图腾"及其生产者的被引频次

关键词　　　时段	龙图腾	姜亮夫：《殷夏民族考》	卫聚贤：《古史研究》	闻一多：《伏羲考》
1950—1959	1	0	0	0
1960—1969	2	0	0	1
1970—1979	4	0	0	0
1980—1989	247	0	0	52
1990—1999	608	0	6	55
2000—2009	1662	0	5	141
2010—2019	2653	4	6	157

从检索结果看，1950—1976 年间，龙图腾这个概念几乎不被学术论文所提及。龙年也不是像我们今天想象的那样，被视作吉祥年份，相反，"龙年，历来被中国人视为凶年"（苏晓康《龙年的悲怆——关于〈河殇〉》）。尤其是 1976 年，继周恩来逝世之后，朱德、毛泽东在这一年相继逝世，再加上惨绝人寰的唐山大地震，祸不单行，雪上加霜，整个中国民间笼罩着一种恐惧、悲怆的末世气氛，路人谈龙色变，笔者对此记忆非常深刻。白岩松也曾回忆说："那一个龙年可没打算只让中国人哭一次"，我们一大帮孩子都感到"末日可真的是到了"（《痛并快乐着》）。

如果图腾学者不提龙图腾，普通民众根本就不会知道这个概念的存在，更不会知道自己居然也是龙的子孙。学术界集体重拾龙图腾的话题是 1978 年之后的事。事隔三四十年之后，人们早已忘记了姜亮夫的《殷夏民族考》和卫聚贤的《古史研究》；只有极个别的学者认为是卫聚贤较早提出了"龙是夏族图腾"（陈立柱《龙是夏族的图腾吗？》）；许多学者以为"龙为图腾说，最初由闻一多先生提出"（阎云翔《试论龙的研究》），"最早用图腾理论分析龙的学者是闻一多先生"（庞进《广义图腾、精神象征、文化标志、情感纽带——中华龙的定位》）；更多的学者甚至以为"中国龙图腾，这是一久已存在的文化事实"（田秉锷《龙图腾：中华龙文化的源流》）。

与 20 世纪 40 年代的龙图腾只热闹了学术界相反，20 世纪 80 年代的龙图腾主要热闹了大众媒体，主流学术界反倒很少有严肃的学者介入这场热闹。《伏羲考》不仅被知识分子和大众媒体视作中华民族龙图腾的理论依据，甚至成为中国图腾学的经典论著。这大概与闻一多去世之后，其崇高声望不断提升有一定关系。1949 年新中国成立以后，闻一多作为"中国现代史上伟大的爱国主义者、杰出的现代诗人、学者，中国民主同盟早期领导人之一，坚定的民主革命战士"（《纪念闻一多百年诞辰座谈会在京举行》），其学术论著伴随其爱国声誉，日益被经典化和神圣化。这一点，我们可以通过另一组统计数据来看看学者的"学术贡献"与"社会声望"之间的相关性。

表 6-2　"图腾"及早期图腾学者的被引频率

时段 ＼ 关键词	图腾	严复	胡愈之	李璜	李则纲	岑家梧	卫聚贤	闻一多	郭沫若
1950—1959	17	0	0	0	0	0	0	0	4
1960—1969	41	0	0	0	0	0	0	6	13
1970—1979	219	0	2	0	0	0	0	22	44
1980—1989	5129	40	16	1	6	72	35	466	632
1990—1999	14202	101	21	0	12	192	87	916	1167
2000—2009	42135	288	32	10	18	184	86	1433	1510
2010—2019	58375	424	44	19	22	205	123	1505	1589
被引总频次	120118	853	115	30	58	653	331	4348	4959
被引频率 (%)	100	0.7	0.1	0.0	0.0	0.5	0.3	3.6	4.1

从表 6-2 可以看出，中国学者对前人学术成果的引证频率总体偏低。更令人唏嘘的是，一个学者被引证的频次，并不与该学者在该领域的实际贡献成正比，而是与该学者在当前的社会声

望和学术声望成正比。

在表 6-2 所列举的学者中，闻一多对图腾学的贡献主要是《伏羲考》，而郭沫若只是在少数几本著作中略略涉及图腾主义而已，虽然他们在该领域用力不多，可他们是 20 世纪 50 年代之后声望最高的学术旗帜，因而成了该领域引证频率最高的两位学者。他们在图腾学领域的学术成就，如同滚雪球，被后人尊崇性地越滚越大。而其他几位学者，虽然都是早期图腾学领域的辛勤耕耘者，可由于他们未能像郭沫若一样成为新中国成立后的学界风云人物，新中国成立后的图腾学者对他们成果的引证频率几近于零。以李璜为例，由于是亲国民党系的学者，几乎完全不被当代大陆学者所了解。

龙图腾在 20 世纪 80 年代的勃兴，说到底还是因为时代的需要。1978 年中共十一届三中全会之后，思想界和学术界都开始了拨乱反正的文化重建工作，举国上下群情激昂，振兴中华的民族主义情绪极其高涨。这时，台湾地区流行歌曲《龙的传人》正在全世界华人中唱响，且很快传入大陆，著名作家李准 1981 年在香港见到词曲作者侯德健时，告诉他说："我的小孙女才三岁，就会唱这首歌。"（汤华、陈联《"龙的传人"回到了龙的故乡》）

《龙的传人》所传达的"古老的东方有一条龙，它的名字就叫中国，古老的东方有一群人，他们全都是龙的传人"的意象，恰到好处地迎合了日渐高涨的民族主义情绪以及海峡两岸一家亲的政治诉求，用百年悲情加澎湃激情的手法，勾画出一个"黑眼睛黑头发黄皮肤"的东方"巨龙族"，"成为中华民族意识下一切华人身份认同的重要资源"（孙伊《〈龙的传人〉与台湾社会的身份认同》)。

《龙的传人》掀起龙旋风之后，学者们迅速地从《伏羲考》中找出了东方巨龙以龙立国的理论依据——龙图腾："龙是炎黄氏族部落最古老的总图腾，也是中华民族的崇高徽号——龙的传人、龙的子孙和龙的国度。"（何光岳《龙图腾在炎黄族团的崇高地位》）通俗文化的《龙的传人》与精英文化的《伏羲考》，在这个激情燃烧的岁月擦出了耀眼的火花。李泽厚在他的学术畅销书《美的历程》中，写下了这段广为传颂的长句："龙飞凤舞——也许这就是文明时代来临之前，从旧石器渔猎阶段通过新石器时代的农耕阶段，从母系社会通过父系家长制，直至夏商早期奴隶制门槛前，在中国大地上高高飞扬着的史前期的两面光辉的、具有悠久历史传统的图腾旗帜？"

十二、图腾主义的终结

图腾主义在 20 世纪 30 年代中国学界的泛滥，还有更深刻的社会文化心理，那就是华夷观念的变化。

西人初扣国门之时，士大夫们对洋人不屑一顾，正如两江总督裕谦所奏："夷大炮不能登山施放，夷刀不能远刺，夷人腰硬腿直，一击即倒；我兵矛矢击刺，矫捷如飞，用我所长，攻彼所短，此可无虑者二也……总之，此等犬羊之辈，使之知畏易，使之知感难，且非使之知畏，更难使之知感。"（《署两江总督裕谦奏陈攻守制胜之策事宜折》）无论官方还是民间，都觉得泱泱大国打败蛮夷小国实乃易如反掌。

"主"和"猪"谐音,"洋"与"羊"谐音,所以,鸦片战争前后的反洋教漫画中,中国人普遍将洋人画作"猪羊"(见图6-25)。他们往往"将自己喻为正义和勇猛的虎、狮,且自信得到天神天将的协助,进行杀猪宰羊运动"。可是,中西双方交战的结果正与国人预料相反,中国屡战屡败,士大夫的锐气被大大挫伤:"一般老百姓也丧失信心,开始悲天怜己,将自己比喻为任人宰割的牛、羊、马类,而把西方列强比喻为残酷、贪婪和恶毒的虎、狼、蛇、熊。原本代表正义的虎、狮等,转变成凶恶的西方列强的化身。"(黄贤强《跨域史学:近代中国与南洋华人研究的新视野》)

无论是我为虎狮、敌为猪羊,还是我为牛羊、敌为虎狼,均强调了华夷之间的绝对对立和矛盾的不可调和,也即"非我族类,其心必异"的立场。

经过了"五四"启蒙运动之后,中国知识分子开始觉醒,为了唤醒这些"任人宰割的牛、羊、马类",不必惧怕那些"残酷、贪婪和恶毒的虎、狼、蛇、熊",知识分子纷纷投入到了以学术论证"人类种族虽有不同,进化的途径似乎并不殊异"(李玄伯《中国古代社会新研初稿序》)的学术潮流之中。

16—18世纪,欧洲人对神秘中国的仰慕导致一批欧洲学者费尽心机论证中国人与欧洲人同出一源;如今强弱颠倒,轮到中国人费尽心机论证中国人与欧洲人在本质上"不殊异"了。"关于中华民族的来源,中外学者异说甚多,类皆取一鳞半爪之证,为中外同源之说。"(《战后新中国》)李玄伯说自己"方写《希腊罗马古代社会研究序》时,我深感中西古邦制之相同,因而疑

图6-25　在清末反洋教图册《谨遵圣谕辟邪全图》的《狮击猪羊图》中，狮子象征大清国，羊象征洋人之"洋"。1891年

图6-26　《精灵》漫画《像一出中国戏曲，他们永远这么演》。讽刺那条象征中国官僚的龙，一再利用特权贪婪地盘剥美国在华企业。两个舞龙者腿上，一个写着"特权"，一个写着"受贿"，龙嘴上写着"保护费"。跪在地上的是两个美国公司，一个向龙献上"小经销商人"，一个向龙献上"消费者"。1909年

中国古民族与亚利安系各族之同源。但现在意见与此略有不同。中西古邦制只系人类进化的相等阶段，而不必由于种族之同源"（《中国古代社会新研初稿序》）。也就是说，李玄伯曾指望通过"同源"来论证中西之间的"不殊异"，后来发现可操作性不强，于是改用"相等阶段"来论证中西之间的"不殊异"。

许多西方人类学家认为中国未曾有过图腾主义的时代，这个论点居然让许多中国学者很不服气："然则中国古代就没有图腾文化的阶段了么？"（《中国古代社会新研初稿序》）这种只要别人有，就得证明我们也有的心态，在李则纲的《始祖的诞生与图腾》中表现得更为明显："吾人仅就现存的传说研究，似乎已足证明中国古代社会，确也经过图腾制度，这是吾人认为很侥幸的事。"看李则纲的意思，好像万一我们不能证明中国也曾经历过图腾主义或图腾制度，就如未曾经历童年似的。看到别人穿开裆裤，就非得证明我们小时候也穿过开裆裤。

但是许多中国学者没有意识到，我们论证了大半个世纪，其实只是论证了中国和美洲、非洲、澳洲的原始土著有过"相等阶段"。欧洲人类学家可从来就没有论证过"高贵的欧洲人"还曾有过图腾主义的时期，所以我们也不可能借助中国曾经图腾主义而高攀欧洲"文明社会"，而只能将自己拉到非洲土著的档次。我们对标对错了对象。

图腾概念的兴起和泛滥，是西方早期人类学者种族优越感的一种表现。与早期的冒险家和旅行家一样，许多西方人喜欢夸张地描述自己的异文化体验，进而夸大异文化的"怪异"特征。虽然在客观上为我们呈现了一幅多样性的世界图景，但也暴露了他们将自己的文化视作文明标准，而将异文化置于异教徒、低等种族的"异己"心态。图腾主义在许多西方人的观念中往往代表着原始、野蛮、愚昧、落后。一些中国学者以为图腾主义是人类社会的必经阶段，可事实上，所有关于图腾主义的田野调查都在"原始落后"的原住民地区，从来没有在欧洲本土或者基督教盛行的地区展开过。

20世纪三四十年代的闻一多们为了学术救亡的需要，放弃了学术求真的追求，生拉硬扯地给中华民族找出一条龙图腾，可惜当时并没有起上什么作用。直到20世纪80年代改革开放的大潮中，龙图腾才得以大显身手，终于在大陆、台港澳以及海外华人社会中发挥出了凝聚民族力量、振奋民族精神的积极作用。

可是从学理的角度来看，"龙是华夏民族图腾"这个命题是不能成立的。许多高举龙图腾大旗的民族主义者似乎并未意识到这一点，他们确信"龙是中华民族古代民族社会的一种图腾崇拜""天下炎黄子孙都是龙的传人"，全世界都把中国称作"东方巨龙"（郑志海《龙年话龙》）。打个不恰当的比喻，这就像某人从上海学得一个时髦词汇"小赤佬"，虽然不大明白其意思，却敢于在乡人面前夸口道："人家上海人，全都毕恭毕敬尊我为小赤佬。"

人与自然物的关系本来就是无处不在的，任何一个生活单调的乡村，都能找出一系列人与动植物的独特关系。如果把这种关系解读为图腾主义的话，每一个人类学家都能根据自己的所见所闻所想，重新归纳出一套新的图腾定义。可是，当我们把这些来自不同人类学家的不同见解摆放到一起的时候，会发现它们之间

图6-27 《哈珀周刊》新闻画《科罗拉多州丹佛市的山区和平原节》。在这个断续举办了不到十年的非著名美国节日中，华人的游行队伍是一个巨大无比的龙头加上一条细弱如丝的龙身，即使在中国人自己看来，也很怪异。1897 年

总是互相矛盾无法统一。图腾主义之所以能风靡全球，吸引如此众多的学者参与，恰恰因为其内涵与外延都具有不确定性。因其不确定性而有了众声喧哗的可能；但也正因为这种不确定性，才失去了进一步对话的可能以及深入阐释的学术价值。

1962 年，列维－斯特劳斯（Claude Lévi-Strauss，1908—2009 年）《今日的图腾主义》出版，此书译成德文时，书名改成《图腾主义的终结》，列维－斯特劳斯用尖刻的比喻将图腾主义比作医学上的歇斯底里症，对所谓的图腾主义进行了彻底的理论颠覆。"在列维－斯特劳斯看来，无论是在北美的印第安人还是在大洋洲和非洲的土著居民中，都根本不存在所谓的图腾信仰。人们只是出于各种各样的原因和目的，在人类（群体或个人）和物

图 6-28　明恩溥《中国在骚乱中》插图《义和团招贴画》。图片文字为："原画出自北京的满族宫廷，揭示了中国人对于外国人以及中外关系的看法。"1901 年

类（动植物的种类与个体）之间建立起某种联系。由于这一现象涉及的范围十分广泛，以至于我们无法对产生它的信仰背景给出一个普适性的解释，所以宁可把这类现象概括成是动物象征主义。"（王霄冰《图腾主义的终结——列维 - 斯特劳斯如是说》）

早在图腾概念传入中国之前，大清王朝已经通过国旗、邮票、警徽等国家形象象征系统，将龙塑造成了大清帝国的象征符号（见图 6-29、图 6-30）。可是，这个符号承载了太多的屈辱性内涵，民国知识分子不可能直接将之作为后皇权时代的国家象征。图腾概念的介入，让部分爱国知识分子看到了新瓶装旧酒的可能。图腾是一个外来的，没有固定内涵的、陌生化的新概念，

图 6-29　中国的第一款警察帽徽，大龙警徽。1908—1911 年

图 6-30　北洋造光绪元宝，中铸五爪大龙一条。1903 年

恰如"一张白纸，好画最新最美的图画"。于是，姜亮夫、闻一多等人遂将那条本已朽坏的旧龙拽将出来，给它披上一件图腾新衣，名曰"龙图腾"。借助这件陌生而鲜艳的时尚外衣，一条腐朽堕落的老龙，重新被包装成了华夏民族的新形象代表。

　　"时尚"风行的前提是"时"，而后是"尚"。时之不再，尚将焉附？如今图腾主义不仅已经去陌生化，而且早已成为过时的学术理论；那条曾经作为权力象征被帝王将相争来夺去的龙，也被一些知识分子顺势转化成了普通华人的标志符号。曾经的新瓶装旧酒，如今瓶子旧了，酒也变味了。换酒，还是换瓶子？闻一多倒是提出过一个未被采纳的旧方案："要不然，万一非给这民族选定一个象征性的生物不可，那就还是狮子罢，我说还是那能

图6-31　一群中国孩子正在玩"扮龙头"游戏。1902年

够怒吼的狮子罢，如其它不再太贪睡的话。"(《龙凤》)

　　问题是，一种知识能否被接受，是取决于知识本身，还是取决于社会需要？答案可能是后者。狮子能否成为图腾，并不取决于狮子作为图腾是否具有合理性，而是取决于社会是否需要这头狮子。

第七章

层累造成的
民族寓言
"拿破仑睡狮论"

在中国近现代史上，与"中国龙"形成竞争关系的国家象征符号，还有一头据说曾被拿破仑预言将要震惊世界的"睡狮"。

　　拿破仑睡狮论的故事是这样的：鸦片战争前夕，1816年，英国贸易使臣阿美士德出使中国，商谈对华贸易，结果被嘉庆皇帝一棍子打了回去。第二年，一无所获的阿美士德准备回去请求英国女王以武力敲开中国的大门。回国途中，正好经过圣赫勒拿岛，一世枭雄拿破仑当时就被关押在这里（两人画像，见图7-1）。阿美士德登门求见，并向拿破仑讲述了在中国的遭遇以及自己的想法。拿破仑对这个英国人的想法很不以为然："要同这个幅员辽阔、物产丰富的帝国作战会是世界上最大的蠢事。"接着又说出一句在中国广为传颂的名言："中国并不软弱，它只不过是一只睡着了的狮子，这只狮子一旦被惊醒，全世界都将为之颤动。"（史鸿轩《拿破仑的"中国睡狮论"怎么来的》）

图 7-1　左为拿破仑画像，右为阿美士德画像

一、唤醒论的由来

在中国，拿破仑的"中国睡狮论"是妇孺皆知的常识。可是，美国学者葛小伟（Peter Hays Gries）却在《中国的新民族主义》（*China's New Nationalism: Pride, Politics, and Diplomacy*）一书中质疑说："中国人为什么不用自己的形象和语言来描述他们的复兴？说明中国人认为那些受尊敬的西方人如拿破仑之流的观点才是最重要的，而且，借助拿破仑的唤醒睡狮论，有助于中国的民族主义者借助昨天的状态来强调今天的状态：睡狮不会永远沉睡，中国将会再次强大。"

另外一位美国学者费约翰（John Fitzgerald）甚至认为拿破仑从来就没有预言过中国的觉醒，他彻底翻检过与拿破仑相关的

THE
Asiatic Quarterly Review.

JANUARY, 1887.

CHINA.

THE SLEEP AND THE AWAKENING.

THERE are times in the life of nations when they would appear to have exhausted their forces by the magnitude of the efforts they had made to maintain their position in the endless struggle for existence ; and, from this, some have endeavoured to deduce the law that nations, like men, have each of them its infancy, its manhood, decline, and death. Melancholy and discouraging would be this doctrine could it be shown to be founded on any natural or inevitable law. Fortunately, however, there is no reason to believe it is. Nations have fallen from their high estate, some of them to disappear suddenly and altogether from the list of political entities, others to vanish after a more or less prolonged existence of impaired and ever-lessening vitality. Among the latter, until lately, it has been customary with Europeans to include China. Pointing to her magnificent system of canals silted up, the splendid fragments of now forgotten arts, the disparity between her seeming weakness and the record of her ancient greatness, they thought that, having become effete, the nineteenth-century air would prove too much for her aged lungs. Here is the

2

图 7-2 曾纪泽半身照，1883 年慈禧生日"万寿圣节"摄于伦敦

图 7-3 曾纪泽发表于伦敦《亚洲季刊》的《中国先睡后醒论》原文，此文系该书头条论文。1887 年

原始资料，发现"无论法文或其他语言的任何一手资料，都没有记载拿破仑曾经说过这句话"（费约翰《唤醒中国：国民革命中的政治、文化与阶级》）。费约翰建议将"唤醒中国论"的发明权归还给曾国藩的长子、著名外交家曾纪泽（见图 7-2）。

费约翰认为，正是 1887 年曾纪泽发表在欧洲《亚洲季刊》（*The Asiatic Quarterly Review*）上的文章《中国先睡后醒论》（*China, the Sleep and the Awakening*，见图 7-3），引起了世界的注意，最终由清末的中国民族主义者播及全世界。将它归功

于拿破仑，未免剥夺了这位晚清著名外交家的知识产权。

《中国先睡后醒论》大概是中国人在国际权威学刊发表的第一篇英语论文。曾纪泽在文中提道："愚以为中国不过似人酣睡，固非垂毙也。"鸦片战争虽然略已唤醒中国于安乐好梦之中，然而终未能使之完全苏醒，随后乃有圆明园大火，焦及眉毛，此时中国"始知他国皆清醒而有所营为，己独沉迷酣睡，无异于旋风四围大作，仅中心咫尺平静。窃以此际，中国忽然醒悟"（颜咏经译）。据说此文发表之后，"欧洲诸国，传诵一时，凡我薄海士民，谅亦以先睹为快"。

其实，"唤醒论"并非曾纪泽的发明，也不是针对中国的专利。以东京大学图书馆所藏英文图书为例（截至 2010 年），以 awakening（唤醒）作为书名进行检索，结果有 217 个条目，其中与中国相关的 17 条（此类图书，见图 7-4），与日本相关的 14 条，与印度相关的 20 条。一位明治维新时期的英国驻日领事馆通译，就曾将日本比喻为森林中沉睡的美人，认为明治之前的日本完全酣睡于一个太平的梦中。日本学者认为直到江户时代，日本庶民才意识到国家危机的存在，到了幕府末年，沉睡的日本终于被唤醒了（福田和彦《艳色浮世绘幕末篇》）。

可见，"唤醒论"在东西方对峙的文化语境中，是整个西方对于整个东方的一种居高临下的态度，是"文明社会"对于"前文明社会"优越感的表现。曾纪泽只是借用了西方的"唤醒论"一说，用来阐述中国温和而不容欺侮的外交姿态。孙中山先生在《民报》发刊词中也曾借用醒、睡之说，用来内省于民："翳我祖国，以最大之民族，聪明强力，超绝等伦，而沉梦不起，万事

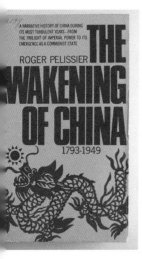
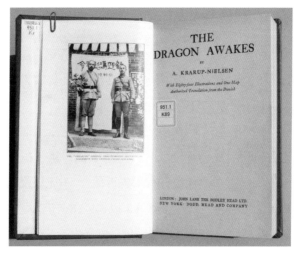

图 7-4　美国翻译出版的法国人著作《唤醒中国，1793—1949》。1970 年

图 7-5　伦敦翻译出版的丹麦人著作《龙的觉醒》。1928 年

堕坏，幸为风潮所激，醒其渴睡。旦夕之间，奋发振强，励精不
已，则半事倍功，良非夸嫚。"

又据一位美国学者的大略统计，从 1890 年到 1940 年间，
美国有 60 余篇论文、30 余部著作在标题中使用了"唤醒中国"
这样一种表达方式（*Scratches on Our Mind: American Images
of China and India*）。可是，这些标题中所提及的唤醒对象往往
是"中国龙"或"中国巨人"，没有一本书或一篇论文使用了
"中国睡狮"。作为外交家，曾纪泽应该很清楚当时的狮子主要被
视为英国的象征物，《中国先睡后醒论》一文中也没有将中国比
作睡狮。那么，睡狮的形象又是谁的发明呢？

二、在睡狮与飞龙之间

许多学者都把睡狮形象的发明权归入梁启超的名下。梁启超在 1899 年发表的《动物谈》中创作了一则寓言，较早地将睡狮与中国进行了勾连。

梁启超隐几而卧，听到隔壁有甲、乙、丙、丁四个人正在讨论各自所见的奇异动物。其中某丁说，他曾在伦敦博物院看到一个状似狮子的怪物，有人告诉他："子无轻视此物，其内有机焉，一拨捩之，则张牙舞爪，以搏以噬，千人之力，未之敌也。"还说这就是曾纪泽译作"睡狮"的怪物，又谓之"先睡后醒之巨物"。于是某丁"试拨其机"，却没什么反应，终于明白这只睡狮机关早已锈蚀，如不能更易新机，则将长睡不醒。梁启超听到这里，"默然以思，愀然以悲，瞿然以兴"，长叹一声："呜呼！是可以为我四万万人告矣！"

从现存文献看，曾纪泽似乎并未将中国比作睡狮，但他画过狮子（见图 7-6）、歌颂过狮子，这是有据可查的。据说曾纪泽在伦敦期间，经常光顾动物园看狮子，他回国后画的狮子也非常受欢迎，他是否曾在某些公开场合发表过"睡狮论"的相关言论，现在已经很难考证。据日本学者石川祯浩考证，梁启超在 1898—1899 年间，曾多次谈到曾纪泽的《中国先睡后醒论》，指实"睡狮"是曾纪泽的发明。梁启超这么做有两种可能：1. 梁启超把他所看过的曾纪泽的《中国先睡后醒论》与曾纪泽的狮子画混在一起，记忆发生混淆；2. 梁启超借曾纪泽的口，融合了严复对于"佛兰金仙之怪物"的介绍，杜撰了一个原创版的新寓

图 7-6　曾纪泽画的狮子。1877 年

言，充分展示了他作为一个宣传家的杰出才能。（石川祯浩《晚清"睡狮"形象探源》）

梁启超乃一时文坛领袖，一说既出，往往迅即成风。曾纪泽的文章译成中文后，虽曾在香港报纸和上海报纸刊载，但并没有收入《曾惠敏公遗集》，大部分转述者都无从见到原文。而梁启超的各种革命表述，每每激起巨大反响。梁启超文风淋漓大气，"笔锋常带情感"，在清末知识分子当中极具蛊惑力。"到 1924 年 10 月《醒狮》周刊的出版宣言，作者就把醒狮说正式派给曾纪泽了。作者把西方人的观点强加给曾纪泽，所说正与曾纪泽在《中国先睡后醒论》中的谨慎态度相反。"（单正平《近代思想文化语境中的醒狮形象》）但这也从侧面说明了大多数睡狮论的传播者其实并没有看到过曾纪泽的《中国先睡后醒论》，他们都是根据梁启超的文章来下断语。

梁启超写作《动物谈》时，正流亡日本。这篇文章也许最早流行于日本留学生当中，因为早期的睡狮概念，多为日本留学生以及革命宣传家们用来形容执迷不悟的伟大祖国。1900 年之后的几年，待唤醒或被唤醒的睡狮形象开始反复出现于各种新兴的报章杂志，尤其是具有革命倾向的留学生杂志，并且被赋予了唤醒国民、振奋民族精神的象征意义。

寻找一种合适的形象识别标志，也即 CI（Corporate Identity）来建构中国的民族国家新形象，是清末民族主义知识分子认为非常迫切的一项工作。可是，由于清代的中国男子总是拖着一条长长的辫子，这条辫子在西方被称作 pigtail（猪尾巴），此前英美俚语以及日本的报章杂志往往把中国人称作猪。一本首版于 1876 年，在伦敦反复印刷出版的所谓"洋泾浜英语童谣集"，还把华人儿童称作小猪 piggy（*Pidgin-English Sing-Song or Songs and Stories in the China-English Dialect*）。在美国涉嫌种族偏见的各种"颜色词"中，pigtail 主要流行于 19 世纪中后期以及 20 世纪初的俚语和童谣中，习惯于用来嘲弄中国人或者美国华人（*The Color of Words: An Encyclopaedic Dictionary of Ethnic Bias in the United States*）。美国的《黄蜂》杂志甚至画出了中国人由猴子向猪的进化过程，日本的报章杂志也直截了当地将中国人称作"豕"。

尽管大清朝廷不断地使用一条腾飞的黄龙作为天朝象征物，可是，在西方的漫画世界，这却是一条拖着 pig-tail 的老迈的龙（见图 7-8），也有些歌谣直接将华人称作 pig-tail dragon（*Pidgin-English Sing-Song*）。

一方面，大清朝廷绝不会把龙纹下放给普通百姓使用；另一方面，中国的知识精英们对这条象征大清朝廷的黄龙也充满了厌

图7-7 梁启超在日本创办的《新民丛报》,从1903年2月的第25号开始使用"狮子与地球"的图案做封面,我们可以将之与大清龙旗上的"龙与红珠"造型做一个有趣的比较

图7-8 伦敦《笨拙》漫画《还是老熊》。俄国熊对英国狮说:"你可以去干点别的,我来处理这个乱党。"英国狮说:"哦,谢谢!但我是不会把你和他单独放在一起的。"这幅漫画中,狮子只代表英国,龙却同时代表了中国和日本,区别只在于中国龙的头上有一根辫子,而日本小龙则头戴军帽,虎视眈眈地和西方侵略者站在一起。1900年

图7-9 《笨拙》漫画《道义支持》。睡在地上那头狮子不是中国，而是英国，中国是远处正和俄国熊进行交易的那条辫子龙。美国鹰对英国狮说："什么！难道你不想争取自由贸易港吗？好，如果你需要支持的话，我可以坐在这里给你拍几下翅膀。"1898年

恶。正如闻一多先生在他著名的《龙凤》一文中所做的，他把龙比附成"穷凶极恶而诡计多端的蛇"，把凤比附为"受人豢养、替人帮闲，而终不免被人宰割的鸡"，认为如果非要给这个民族选定一个象征性图腾的话，"那就还是狮子罢，我说还是那能够怒吼的狮子罢，如其它不再太贪睡的话"。

清末民族主义者之所以宁要睡狮不要飞龙，除了将龙视作腐朽朝廷的象征物，还与龙在清末所附载的各种负面形象相关。丘逢甲在一首七言诗中写道："画虎高于真虎价，千金一纸生风雷。

我闻狮尤猛于虎，劝君画狮勿画虎。中国睡狮今已醒，一吼当为五洲主。不然且画中国龙，龙方困卧无云从。东鳞西爪画何益？画龙须画真威容。中原岂是无麟凤，其奈潜龙方勿用。乞灵今日纷钻龟，七十二钻谋者众。安能遍写可怜虫，毛羽介鳞供戏弄。"在诗人心目中，龙这条东鳞西爪的可怜虫，早已成为供人戏弄的对象，只有威武的狮子，才能用来代表祖国的形象。

三、睡狮论在日本的早期流传

当梁启超"睡狮论"几成定论的时候，北京师范大学张昭军教授在《"中国睡狮说"是梁启超的发明吗？》一文中，提出了不同看法。他认为"睡狮论"不大可能缘于梁启超，因为早在 1894 年甲午战争的时候，日本已经流传着把中国比作"狮子"的说法。1894 年 11 月 15 日的《东京日日新闻》刊载了《今后的对清政策》一文。该文开篇写道："清国的陆海军如此缺乏战斗力，清国的行政几乎不能统管吏民，它势必土崩瓦解，四分五裂。不久，欧洲国家一定会趁势制造各种口实，瓜分狮子。"

张昭军认为："从行文看，以狮子喻中国，已为日本广大读者熟知，故该文没有作专门解释。大隈重信在其《日支民族性论》一书中也有相近的说法：甲午战争的结局暴露了支那的真面目，它根本不是沉睡的雄狮，而是一只'断气已久、四肢冰冷的老狮子'。大隈是这段历史的亲历者，熟悉当时的社会舆论，从其文字表述看，将中国形容为'睡狮'是当时日本人的'常识'。"（日本漫画里的狮子形象，见图 7-10）

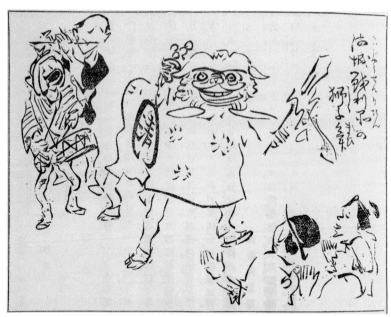

图 7-10　日本《团团珍闻》漫画《海城战利品狮子头》，画中的日本人正在展示和表演缴获的清军舞狮道具。只要国力衰落，无论我们把自己叫作龙还是叫作狮，都只有受着辱的份。1896 年

　　最明确的"睡狮论"可见于 1896 年 9 月 5 日《太阳》杂志，日本政治家尾崎行雄的一篇《东洋的危机》，其中有这么一段话：

　　　　五洲列国对支那存有误解——将这一半死老朽之帝国视为睡狮，此乃东洋和平之一大担保。支那领土广大，人口众多，乃不易相处之邦国，人皆知之，致欧美诸国误以为它尽管已衰老腐朽，但犹存强大实力，巨大余勇。职是之故，诸国皆惧怕睡狮觉醒，尽可能采取亲善方针。即便不得已与之交战，亦尽可能快速恢复和平，实行亲善政略。此情形无异

图 7-11　日本汉学家后藤朝太郎"支那丛谈"之《睡狮》。1929 年

于希望在不惊动睡狮酣睡的范围内，拔去睡狮之爪，触碰睡狮之牙。所以，英、法虽攻陷了北京，但却匆匆缔结了和约，并千方百计实施怀柔之术。他们的意思大概是所谓"睡狮一旦觉醒，就会立即将其仇敌攘逐出东亚，与其如此，不如获得其欢心，与之保持亲近友好，垄断其经贸产业之利益"。

"睡狮"是意译，日本人的原文应该是"眠狮"，文字上略有差别，意思是一样的（见图 7-11）。这些文章的发表时间都早于梁启超的《动物谈》。据日本学者石川祯浩考证，梁启超在 1898—1899 年间，曾多次谈到曾纪泽的《中国先睡后醒论》，指实"睡狮"是曾纪泽的发明。（《晚清"睡狮"形象探源》）此外还有证据显示，许多日本人也认为睡狮论源于曾纪泽，比如大泽龙于 1898 年 2 月在日本发表的《支那论》一文，该文明确指出"曾纪泽尝论支那，比之于眠狮"，发表时间也早于梁启超的《动物谈》。

维新派所办中文报刊《知新报》于 1898 年 5 月 1 日刊登有《日人大泽龙论中国情势》一文。该文不仅有"眠狮"二字，而且出现了"往者曾纪泽尝比支那于眠狮，当时泰西诸国未究其实，咸谓为然"的说法，表明在梁启超以前，的确已出现"中国睡狮说"。

不过，当时在日本也有人认为"睡狮论"源自西方，比如尾崎行雄这段话："欧美诸国误以为它尽管已衰老腐朽，但犹存强大实力，巨大余勇。职是之故，诸国皆惧怕睡狮觉醒。"似乎也暗示了这种说法的西方源头，只是目前尚未找到更直接的证据。

通过文献钩沉和文本解读，张昭军认为：1. 梁启超之前，日本报刊已载有"西方人说中国是睡狮""曾纪泽说中国是睡狮"等说法；2. 梁启超是据其所见所闻而作的转述，只不过没有注明出处而已，并不存在"加工转化""发明创作"或故意假托外人、伪造的问题；3. 日本报刊所载文章的观点来自何处，以及"中国睡狮"是由英国人还是由曾纪泽率先说出的，目前尚难以判断。

四、唤醒睡狮论的传播

唤醒睡狮，以醒狮作为未来的国旗、国歌的形象，逐渐成为清末民族主义者的共同理念。许多著名文人如高燮、蒋观云等，都曾创作《醒狮歌》，这类诗人或者与梁启超倡导的"诗界革命"有一定关系，或者与同盟会的革命宣传活动有一定关系。1904年4月出版的《教育必用学生歌》，收录了18篇"近人近作新歌"，其中有《醒狮歌》两篇、《醒国民歌》一篇、《警醒歌》一篇，其余诸篇也俱是爱国歌、励志歌。

20世纪的最初几年，东京留学生明显掌握了民族主义革命的启蒙话语权。邹容和陈天华两位烈士的宣言式遗著，成了清末民族主义知识分子的必读书。两人遗著不约而同地使用了"睡狮"和"醒狮"以象征亟待崛起的中华民族，这在当时的影响非常大。

邹容 1902 年留学日本，1903 年写成《革命军》，书末直将中国比作睡狮："嗟夫！天清地白，霹雳一声，惊数千年之睡狮而起舞，是在革命，是在独立！"据说此书在上海出版之后，"凡摹印二十有余反，远道不能致者，或以白金十两购之，置笼中，杂衣履糍饼以入，清关邮不能禁"。

陈天华是最早的同盟会会员之一，为了奉劝同胞"坚忍奉公，力学爱国"，决定以己之一死，激发爱国士气，乃遗万言绝命书，于 1905 年 12 月 8 日投海自杀。陈天华的死，在当时引起极大轰动，次年初灵柩运回长沙时，据说送葬队伍绵延十数里。1906 年 5 月，同盟会机关报《民报》从第二号开始连载陈天华的未竟遗著《狮子吼》，时人争相购阅，该期杂志 5 月 6 日印刷，5 月 8 日就印到了第三版，一时洛阳纸贵。

《狮子吼》是一篇现实与幻境交织的小说。主人公梦见自己被一群虎狼追赶，乃长号一声，山中有一只沉睡多年的大狮，"被我这一号，遂号醒来了，翻身起来，大吼一声。那些虎狼，不要命的走了。山风忽起，那大狮追风逐电似的，追那些虎狼去了"。主人公被轩辕黄帝救起，来到一个繁华的大都会，见到"两根铁旗杆扎两面大国旗，黄缎为地，中绣一只大狮，足有二丈长、一丈六尺宽，其余各国的国旗，悬挂四面"，又见到一本大书，"黄绢包裹，表面画一狮子张口大吼之状，题曰'光复纪事本末'"。

陈天华在东京期间与梁启超间有往来。他的另一篇发表更早，影响也更大的《猛回头》（1903 年）中，也有"猛狮睡，梦中醒，向天一吼！百兽惊，龙蛇走，魑魅逃藏"的句子。更重要的信息在《猛回头》的开篇几句话："俺也曾，洒了几点国民泪；俺也曾，受了几日文明气；俺也曾，拨了一段杀人机。"所谓"拨了一段杀人机"，正是典出梁启超《动物谈》中的睡狮寓言。这也从侧面说明梁启超在《动物谈》中假曾纪泽之名而创造的睡狮形象，此时已经成为清末民族主义革命家常用的宣传符号。

佛教用语中早就有"狮子吼"一说，据说狮子吼则百兽惊。1900年，"时八国联军入京，两宫逃西安"，丘逢甲曾作《南汉敬州修慧寺千佛铁塔歌》："神州莽莽将陆沉，诸天应下金仙哭。谓佛不灵佛傥灵，睡狮一吼狯而醒。破敌神兵退六甲，开山力士驱五丁。"抗日战争期间，著名高僧巨赞法师曾在桂林创办《狮子吼月刊》，宣扬抗战救亡，在佛教界产生了非常大的影响。正因为梁启超所创造的睡狮符号暗合了传统文化中狮子吼的正面内涵，新概念得以毫无阻碍地与人们固有的心理图式重合在一起，得以迅速传播。也正因为如此，与梁启超政治主张不同的革命宣传家，也一样大谈特谈睡狮论。睡狮—醒狮—狮子吼，代表同一主体的三种状态，自然也就可以用来指称同一主体——中华民族。

1905年，部分留日学生创办《醒狮》月刊。《民报》和《醒狮》都是同盟会主持的革命刊物，反对帝制，鼓吹民族民主革命，拒用清代皇帝年号纪年，提倡采用黄帝纪年（见图7-12）。《醒狮》第一号所载刘师培《醒后之中国》提到，刘的一位朋友写了一首诗，希望作为新中国的"国歌"，诗中有这样几句："如狮子兮，奋迅震猛，雄视宇内兮。诛暴君兮，除盗臣兮，彼为狮

图7-12　清末民族主义文集《黄帝魂》扉页中的黄帝像。许多学者已经注意到，上古神话人物"黄帝"，也是在20世纪初被当作"中国民族开国之始祖""世界第一之民族主义大伟人"而得到大力弘扬的。当时的民族主义者认为："欲保汉族之生存，必以尊黄帝为急。"1903年

图7-13　中国青年党醒狮派创办的《醒狮》周报。1927年

害兮。"正是由于醒狮符号与同盟会革命宣传之间的这种密切关系，醒狮符号得到了清末革命家的频繁使用。所以费约翰认为："在国民革命时期，狮子在革命绘画中的重要性日益上升，孙中山逝世这一年，狮子获得了自己的地位。"（《唤醒中国：国民革命中的政治、文化与阶级》）

国民革命前后，各种以"醒狮"命名的爱国期刊如雨后春笋

层出不穷，如上海狮吼社先后发行的《醒狮》半月刊和《醒狮》月刊、山西大学曙社的《醒狮》半月刊、中国青年党醒狮派的《醒狮》周报（见图 7-13）等，此外，长沙、兰州、天津等地，均成立了以"醒狮"为名的青年社团，并相应发行以"醒狮"为名的爱国期刊。其他以"醒狮"为名的种种艺术形式更是不可胜数。

五、寻找西方代言者

尽管有许多证据说明清末革命宣传家的睡狮论与梁启超的大力宣传有关，因为很少有人看到过曾纪泽的《中国先睡后醒论》，但是，由于梁启超与同盟会等革命团体在政治主张以及革命态度等方面的不合作关系，同盟会等革命宣传家从一开始就有意屏蔽了梁启超在睡狮论中的弘扬之功。他们一面重复着梁启超讲述的睡狮故事，一面与梁启超展开激烈的政治辩论。

也有一些宣传家认为睡狮论来自曾纪泽，如一本清末小说即在对话中提道："惠敏公上承皇命，出使西洋，以忠信之身涉波涛之险，大展雕龙之才，以折冲六七国强敌，始发睡狮之论。"（儒林医隐《医界镜》）但是，挪用一个大清王朝外交官员发明的政治符号来反对大清王朝，多少有点古怪，冲击力太弱。所以，这些革命宣传家很快就既抛弃了梁启超，也抛弃了曾纪泽，干脆将睡狮论的知识产权派给那些死无对证的外国政治家。

江苏留日学生 1903 年在东京创刊的《江苏》杂志，也是一份坚定的革命期刊，该刊从第三期起，就弃用光绪纪年，改用黄帝纪元，1904 年的一篇时评《德人干涉留学生》中特别提道："德人者，素以瓜分中国为旨者也，数十年前，德相俾士麦（Otto Von Bismarck）已有毋醒东方睡狮之言。瓜分中国之议，亦首唱之德，而德皇威廉又心醉黄祸之说者也。"这说明至迟在1904年，革命宣传家已经开始把外国政治家纳入睡狮论的新寓言中。

但是，更多的变异或许是由于一些民族主义知识分子行文的模糊性。经过了清末革命宣传家不遗余力的宣传推广，睡狮很快就成了一个通用的政治符号，不仅模糊了知识产权，甚至模糊了它的所指，只要说到疲弱的中国、蒙昧的中国、潜力的中国、苏生的中国、崛起的中国，几乎都可以使用睡狮来指代。

台湾在日本殖民统治时期第一大报《台湾日日新报》有一篇翻译文章，内容是英国下议院1906年5月30日的决议，奇怪的是这份决议中居然也用睡狮来指代中国："盖今日之清国，非复前日之清国，睡狮已醒，怵然以大烟为深戒。若我国干冒不韪，但顾金钱，不惟遭华人没齿之恨，且贻万国永世之羞也。"（《补志英国民党禁烟热》）全世界都知道狮子是英国王室的象征物，英国下议院的文件绝不会用自己王室的象征物来指代与之对立的清王朝。可是由这篇翻译可知，睡狮这个我们今天认为很特别的一个政治符号，在20世纪却是个模糊的概念，甚至可以当成翻译者的私货，随便夹带植入英国人的文件。

该报又有文章说："昔日某西人，论清国之音乐，其言曰：支那人实不愧睡狮之称也，舞楼戏馆，茶园酒店，无一处不撞金鼓。"（佚名《清国之音乐》）"纽约《地球报》称，人言清国为睡狮已醒者，伪也，彼亚东之狮，实今日犹酣睡梦乡也。"（佚名

MENACE.

图 7-14 《笨拙》漫画《威胁》。在英国画家眼中，威武的雄狮，无论站着还是躺着，都只是英国。中国是那条躲在角落里的龙。1910 年

图 7-15 中国第一位驻外大使郭嵩焘抵达英国，《笨拙》发表了一幅《中国佬张三》加以嘲讽，威武的狮子头上写着"大不列颠"，中国大使则被画成一个拖着长长辫子的猴子。1877 年

《地球报论清国》）这种行文方式和语气，一望而知是中国民族主义者假借"西人"之口，杜撰来刺激中国人的小把戏。这与今天的中国网友模拟日本人、韩国人讽刺中国人，同出一辙。可正是这类文章，却最能刺激国人的民族主义情绪或者社会变革的要求。

明明是中国人自己的观点、自己的概念，却偏要披上一件"某西人"，或者"纽约《地球报》"之类的外衣，以激起中国读者的重视或愤慨，这大概是近百年来中国民族主义者屡试不爽的小把戏。

1905年左右，"睡狮—醒狮"就已成为民族主义知识分子的惯用符号。尽管曾琦等人直到20世纪20年代依然惦记着把睡狮论的知识产权归在曾纪泽的名下，但这些零星著述已经不成气候，强大的口头传统早已摆脱了曾纪泽，另寻了更有话语权力的"西人"。按照"出使德国考察宪政大臣于式枚"1907年一本奏折中的观点，当时已经"有四千年史扫空之语，惟告以英、德、法、美之制度，拿破仑、华盛顿所创造，卢梭、边沁、孟德斯鸠之论说，而日本之所模仿，伊藤、青木诸人访求而后得者也，则心悦诚服，以为当行"（夏新华等《近代中国宪政历程：史料荟萃》）。

我们前面提到，1904年《江苏》杂志的《德人干涉留学生》就已经把睡狮论的知识产权赠给了俾斯麦，但也许俾斯麦的名气还没有大到让人过耳不忘的地步，大多数人只记得是"西人言"。大约刊于1911年的一篇文章说："西人言中国为睡狮，狮而云睡，终有一醒之时。以此语质之西人，西人皆笑而不答。于是乎莫知其何取义矣。"(《汪穰卿笔记》)作者到处向人打听睡狮论的原始意义，均无答案，可知在清末的睡狮论中，不仅拿破仑还没有出场，已经出场的曾纪泽、俾斯麦等人，均未取得睡狮论的主导权。但把睡狮论的知识产权赠予"西人"，大概已经成为当时占主导地位的说法。

早期所传播的醒狮论，多是"唤醒睡狮"这么一个模糊的意象，并没有生产出相应的故事情节。据笔者查阅，拿破仑和睡狮走得比较近的两种文献，一是1905年的一则《丛谈》："彼法兰西之革命也，设无路易十六之昏暴，与其贵族教士之专横，拿破仑固不能得志。设无拿破仑第三之轻于一掷，卒至国破身亡，爹亚士仍不能得志也。清国革命党之汲汲于为此也，其为拿破仑欤，抑为爹亚士欤，尚难逆料。惟清国乃庞然一睡狮，醒必噬人，各国必不利清国之强。"(逸涛《党祸》)虽然只有一步之遥，同一段话中，既出现了拿破仑，又出现了睡狮，可惜的是，睡狮两个字并不是从拿破仑口中说出来的。二是英国人邦德（Geo. J. Bond）1909年发表的《我们在中国的一份责任》(*Our Share in China and What We Are Doing with It*)："拿破仑曾经说过：'当中国动起来的时候，它将带动整个世界。'现在，中国正在动起来，正在剧烈地动起来。"这一段话中，其他所有要素都具备了，唯独缺了最重要的象征物——狮子。

拿破仑与睡狮寓言相结合的具体时间很难锁定。胡适在1914年12月作了一首《睡美人歌》，1915年3月为这首诗补写了一段说明，称："拿破仑大帝尝以睡狮譬中国，谓睡狮醒时，世界应为震悚。百年以来，世人争道斯语，至今未衰。余以为以

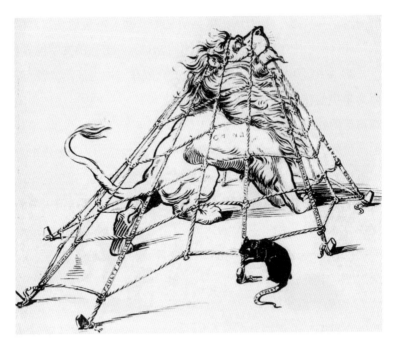

图 7-16　上海一份英文杂志的封面画《狮子和老鼠》，狮子象征着新兴的共和国，束缚它的绳索上分别写着"办事拖拉""管理混乱""财政困难""措施陈旧""繁文缛节"等字样，试图帮助其解开绳索的老鼠尾巴上写着"外国专家"。1912 年

睡狮喻吾国，不如以睡美人比之之切也。"胡适 1910 年至 1917年间一直在美国留学，由"世人争道斯语"可知，当时的美国留学生已经开始流行引述拿破仑"语录"了。

学者杨瑞松曾借助英国《泰晤士报》（*The Times*）的原始文献资料库，检索 1750 年到 1985 年间的全部文献，结果只在1936 年的资料中，找到一条拿破仑与中国沉睡论相关的文献，但也没有提到狮子（《睡狮将醒？：近代中国国族共同体论述中的"睡"与"狮"意象》)。可见胡适的"世人争道斯语","世人"还只限于中国留学生,"斯语"也未进入西方人的文字世界。

20世纪10年代,睡狮论的拿破仑版在国内也还不大流行。因为朱执信在1919年6月的《睡的人醒了》一文中,还把中国睡狮论的知识产权归在1904年《德人干涉留学生》一文中提到的两位外国领导人名下:"'睡狮醒了!'这句说话,十多年来常常听见人说,并且拿着很高兴很有希望的意气来说。我想这句说话,本来不是中国人自己做出来的,却是欧洲里头要压迫中国的一部分人,拿来恐吓其余的人的,同'黄祸'这句说话,是一样的意思……他们要侵略中国的,像俾斯麦、威廉一辈子的人,自然提起中国来便说:这是狮子,他醒了可怕,将来一定有'黄祸',我们赶快抵御他。"朱执信的意思是说:外国人把我们叫作睡狮,可不是恭维,是不怀好意的遏制,人与人之间"贵互助不贵争斗",为什么我们做了几百万年的人,却想倒转去听别人的安排,做什么狮子呢?这与1904年《德人干涉留学生》一文的观点显然是一脉相承的,可见睡狮论的俾斯麦与威廉版还是有一定市场的。

胡适在美国语境中的"世人争道斯语"与朱执信在日本和中国语境中的"常常听见人说",清楚表明了睡狮论已经由清末的以书面传播为主,转变为民国的以口头传播为主。我们知道,口头知识是一种不确定的知识,这种知识虽然有比较稳定的基本内核——睡狮,但其中的非核心成分,却很容易在传播的扩张期发生变异,形成多种异文。笔者粗略统计,1920年前后睡狮论已经有了特指的拿破仑说、俾斯麦说、威廉说,以及泛指的英人说、西人说、外国人说，而且还保留着梁启超所提到的曾纪泽说、乌理西（吴士礼）说等等。

六、拿破仑统摄诸侯

朱执信作为同盟会的骨干分子、《民报》的主要撰稿人，正处于早期睡狮论的传播中心，"十多年来常常听见人说"，却从未听说拿破仑与睡狮论的关系。由此正说明此时睡狮论的拿破仑版还没有在日本留学生以及中国知识分子中成为流行版本。否则，朱执信也不至于请出二流政治明星俾斯麦和威廉之辈来充当睡狮论的代言人。

胡适的《睡美人歌》首发于 1918 年的上海《新青年》，朱执信的《睡的人醒了》首发于 1919 年的上海《民国日报》副刊，一个是言之凿凿的拿破仑说，一个是忠言逆耳的俾斯麦和威廉说，不同版本的睡狮论，无形中形成了一种潜在的竞争关系。这种潜在的竞争并不体现为一种公开的争夺，只是潜伏在受众的记忆当中，等待合适的时机，重新开花结果。

随着时间推移，世界形势不断变化，俾斯麦和威廉这些二流政治明星已经很难激起新生传播者口头传播的兴奋。传播者即便要引述他们的话，大概也会把他们的名字简化成"西人"，否则还得跟人解释半天，俾斯麦或威廉是哪几个字，什么人，干过什么事。因此，俾斯麦、威廉、乌理西、吴士礼、曾纪泽这些名字渐次退出中国人的口头传统，也就成了必然。

拿破仑的地位不一样。20 世纪上半叶活跃在中国媒体的西方政治明星中，拿破仑可以稳坐头把交椅。拿破仑的种种英雄业绩在各大媒体均有介绍，比如清末石印画报中的代表性刊物《图画日报》，其系列"世界名人历史画"的第一位世界名人，就是拿破仑。

俾斯麦与威廉二世（见图 7-17）虽然与中国近代外交灾难有着更直接的关系，但他们的名气在中国人耳中却远不如拿破仑。一般来说，在故事的传播中，越是人们所熟悉的共同知识，越容易为传播者所理解、接受和记忆。只要它能合乎逻辑地补接在这一故事中，就能更加牢固地在广阔的范围内被传播，甚至喧宾夺主，成为故事的主流枝干。这个道理，就像孟姜女的哭夫崩城，本来不关秦始皇的事，只是因为长城太有名了、秦始皇太有名了，所以哭崩杞城变成了哭崩长城，长城倒了，秦始皇也就跟着被拖进了孟姜女故事，做了头号恶人。

不过，由于缺少一个像同盟会这样的专门宣传队伍，也没有一个突发的传播事件，睡狮论的拿破仑版并没有如我们想象，迅速击败其他竞争者，成为优势版本。直到 1933 年，鲁迅尚不知道睡狮论还有个拿破仑版，他在《黄祸》一文中说："（'黄祸'）那时是解作黄色人种将要席卷欧洲的意思的，有些英雄听到了这句话，恰如听得被白人恭维为'睡狮'一样，得意了好几年，准备着去做欧洲的主子。不过'黄祸'这故事的来源，却又和我们所幻想的不同，是出于德皇威廉的。"

笔者遍寻大陆、台湾、香港的公开出版物，至少在文字记录上，直到 20 世纪 30 年代中期，将睡狮论与拿破仑捏在一起的文字记载还非常罕见。1934 年，著名地质学家袁复礼曾在一篇

图 7-17 《新民丛报》扉页插像 "当代第一雄主德皇维廉第二"。这位被梁启超等人推为 "第一雄主" 的威廉二世，恰恰是 "黄祸论" 的最有力鼓吹者，对中国充满敌视。1903 年

图 7-18 陈鹤琴（1892—1982 年），浙江上虞人，中国现代儿童心理学和幼儿教育学的开创者

《书报评论》中顺手提到一句："在十九世纪的起头，拿玻（破）仑仍然以为中国是一个睡狮，不要去催醒他。"

由于找不到其他线索，笔者试图在袁复礼与胡适之间寻找一些交集，结果发现袁复礼 1915 年留学美国，先后在布朗大学、哥伦比亚大学学习，1920 年获硕士学位，1921 年回国。胡适的留学经历则是：1910 年考取公费留学美国，先入康奈尔大学农科，后改读文科，1915 年入哥伦比亚大学研究院，1917 年毕业并获得哲学博士学位回国。两人都是留美学生，时间也大体相近。但这也许仅仅是巧合，只能引起我们的注意，并不能用来证明 "拿破仑醒狮论乃于 1915 年左右产生于留美中国学生"。

对拿破仑睡狮论最用力的传播者，是著名教育家陈鹤琴（见图7-18）。抗日战争中期，陈鹤琴在江西创办了中国第一所公立实验幼稚师范学校，他把幼师称作幼狮。"幼师在训导方面的组织，除与一般学校相同的有学生自治会外，还成立了醒狮团。这是陈鹤琴为幼师学生设想出来的创举。陈鹤琴设计了以小狮子的形象作为幼师的校徽，象征性地把学生说成是小狮子。取名醒狮团是要求每个学生成为一只睡醒的狮子。"每当学校举行集体活动时，大家都会齐唱一首《醒狮歌》："醒呀！醒呀！醒！大家一起醒。醒呀！醒呀！醒！唤起中国魂。"（黄书光《陈鹤琴与现代中国教育》）据谷斯范的回忆："陈校长常常谈起拿破仑的名言：'东方有个睡狮，一旦醒来，将震撼世界。'鼓励同学们要有狮子的搏斗精神，改造环境，服务社会，不能在困难面前低头。"（《陈鹤琴先生二三事》）

我们再查陈鹤琴简历，结果发现陈鹤琴1914年考取公费留学美国，曾先后就读于约翰斯·霍普金斯大学、哥伦比亚大学，获哥伦比亚大学师范学院教育学硕士学位。又是留学美国，又是在哥伦比亚大学，又是相近的年份。

拿破仑睡狮论是不是源发于留美中国学生，我们没有充足的证据，而且很可能永远不会获得充足的证据。但在没有更多线索的情况下，我们只能暂时相信胡适的说法：拿破仑睡狮论早在1915年就已经流行于留美中国学生的口头传统之中，而且传播者和接受者都相信"百年以来，世人争道斯语，至今未衰"。

图 7-19 英国《伦敦新闻画报》1861 年的风俗画《中国新年：广东的舞龙》。中国人一眼就能看出这里舞的是狮而不是龙，但欧洲人很难区分中国龙与中国狮的微妙差别。据说广东舞狮原称"瑞狮"，因为广东话"瑞""睡"同音，所以民国以后就改叫"醒狮"

七、故事的嫁接与生产

1949 年到 1980 年之间，虽然我们时不时还用醒狮来形容中国的独立和崛起，但是拿破仑这个资产阶级的革命代表已经不便作为话语权威被提及，这是拿破仑睡狮论的沉寂期。让拿破仑睡狮论重焕光彩的传播事件，是 1988 年中央电视台播放的电视专题片《河殇》，其第一集解说词说："一个曾经使马可·波罗惊叹不已的东方大国，一个让欧洲君主们惊恐地虚构出'黄祸论'的庞大民族，也曾经令盖世无双的拿破仑警告西方不要去惊醒的一头睡狮，为什么会在近代落到任人宰割的境地呢?"《河殇》播

图 7-20　荷兰明信片《欧洲红牛对话中国龙》。白色的怪物看起来像狮头狮子，可是图片文字说这是一条中国龙，它正扭头对欧洲红牛说："瞧你这个小东西，虽然你看起来很和善，可我不会相信你半分。"1900 年

图 7-21　英国图书《中国见闻》插图照《龙守卫在宁波的福建会馆门前》。无论是中国的龙还是狮子，都被人们想象加工得无比狰狞威武，以至于在外国人眼里，龙和狮子常常混为一谈。1912 年

出之后，拿破仑睡狮论迅速成为全民共同知识，多数中国人很自然就把它归入了"历史常识"。到了 20 世纪 90 年代，有关拿破仑把中国比作睡狮的文字记载已经俯拾皆是。

　　至于拿破仑是什么时候、为何说出这段话来，一直就没个说法。具体的故事情节，直到 1993 年佩尔菲特（Alain Peyrefitte，1925—1999 年）《停滞的帝国：两个世界的撞击》中译本出版之后，才被生产出来。这本书讲述了 19 世纪前后，中国这个"世

图 7-22　美国《精灵》漫画《真正的麻烦是这家伙醒来之后》。在沉睡的中国龙边上，从左至右分别是日本豹、俄国熊、美国鹰、高卢鸡、德国鹰、英国狮、奥地利双头鹰、意大利狼。1900 年

上最强大的国家"与英国这个"天下唯一的文明国家"之间的外交冲突。其中有一段讲到阿美士德途经圣赫勒拿岛的时候，拜会了拿破仑。一心想要教训英国人的拿破仑很不客气地对这个英国人说："你们说可以用舰队来吓唬中国人，然后强迫中国官员遵守欧洲的礼仪？真是疯了！如果你们想刺激一个具有两亿人口的民族拿起武器，你们真是考虑不周。"作者佩雷菲特语带犹豫地认为拿破仑还"可能说过"这样一句预言："当中国觉醒时，世界也将为之震撼。"

《停滞的帝国》中译本出版，只是提供了故事编撰的可能性。如果没有喜欢讲故事的人进行合理的编排，故事也不会自动生

图 7-23 《精灵》漫画《来自东方的不安预兆》。悬在"中国赔款"水果篮上方的大刀上写着"唤醒中国",暗示强迫中国支付巨额赔款可能导致灾难性后果。1901 年

成。万事俱备,只欠一个故事家。

将阿美士德的故事与拿破仑睡狮论进行完美结合的具体个案,是 2004 年 2 月 2 日《环球时报》发表史鸿轩的《拿破仑的"中国睡狮论"怎么来的》。这篇文章一经发表,迅速被数十家媒体、上千个网站所转载。目前流行的最完整的拿破仑睡狮论的故事,几乎全部出自史鸿轩。而史鸿轩所做的,只是将传统的无故事情节的拿破仑睡狮论与《停滞的帝国》中的拿破仑"中国觉醒论"进行了合乎情理的故事编创。

史鸿轩的文章发表后,新加坡《联合早报》4 月 29 日发表旅美政论家司马达的辩驳文章《拿破仑"睡狮论"出自何处》。

图7-24 《精灵》漫画《欧洲长官与棘手的中国士兵》，左图为中国觉醒前的"长官与学生"，右图为中国觉醒后的"学生与长官"。漫画反映了西方人对唤醒中国的恐惧。1911年

作者明确指出："据笔者查考，该文描写拿破仑与阿美士德会见的那一大段文字，主要内容出自佩雷菲特一书的第85章。作者（史鸿轩）对'睡狮论'的表述是：'拿破仑认为，中国并不软弱，它只不过是一头睡眠中的狮子。'因为这三句话没有引号，所以就不能认为是拿破仑的原话。但下文又出现了加引号的话，拿破仑接着说：'中国一旦被惊醒，世界会为之震动。'"司马达的意思很明显：史鸿轩故意打擦边球，混淆拿破仑的原话和自己的想象，悄悄地将"睡狮论"塞到了拿破仑名下，史鸿轩的《拿破仑的"中国睡狮论"怎么来的》是不可靠的。

故事都是不可靠的，但都是老百姓喜欢听的。

八、层累造成的故事与层层剥笋的历史研究

紧接着，2004 年 5 月 5 日，《联合早报》再次刊发汕头陈南阳对司马达的呼应文章《睡狮论出自梁启超》，较早地将睡狮论的知识版权归入到梁启超的名下。此后，该问题的专题研究，主要有大陆学者单正平的《近代思想文化语境中的醒狮形象》、台湾学者杨瑞松的《睡狮将醒？：近代中国国族共同体论述中的"睡"与"狮"意象》、日本学者石川祯浩的《晚清"睡狮"形象探源》，以及张昭军的《"中国睡狮说"是梁启超发明的吗？》等。通过层层"剥笋"，逐渐地将睡狮论的早期历史给剥了出来，勾勒出"曾纪泽—梁启超—晚清民族主义知识分子"这样一条大致的传播路线。

正如我们前面所说的，"唤醒"是一个普遍的主题，在唤醒东方、唤醒亚洲之前，甚至还有许多唤醒欧洲的书籍，这个概念在 20 世纪之前主要是由基督教传教士所使用的。在象征意义上，"唤醒"和"启蒙"几乎是等价的，都是由蒙昧、混沌向文明、有序的过渡。用谷歌检索 1900 年之前标题中带有 awakening(唤醒、觉醒) 的著作，结果多达 10400 条（2010 年检索），大多数都与基督教有关。涉及中国的总共只有 16 条，其中就有曾纪泽发表于 1887 年的英语论文。我们再把时间限定在 1887 年之前，重新搜索，搜索结果达到 7440 条，其中涉及中国的有 6 条，只有 1 条是非宗教著作。

接下来我们要看看曾纪泽是否曾与基督教发生过关系。答案是肯定的。曾纪泽有一个好朋友丁韪良（W. A. P. Martin,

图7-25 丁韪良1898年被光绪皇帝任命为北京大学前身"京师大学堂"的首任总教习，相当于第一任校长。图为丁韪良和他的学生。1901年

1827—1916年，见图7-25），丁是美国基督教新教北长老会传教士，在中国生活了62年，是名副其实的中国通，与大清官方交情甚笃。丁韪良曾在北京建立教会，1868年受命在同文馆教授国际法，1869—1894年为该馆总教习，他对这段经历颇有得色，称自己是"代为哺乳幼狮的母兽"（leonum arida nutrix）。曾纪泽则在同文馆学习洋务知识，受到丁韪良很大的影响。据说曾国藩去世时，曾纪泽扶柩回湘，手上就是一本英文《圣经》。曾纪泽在外交事务上深得西方政界敬佩，与他熟读《圣经》关系甚大。

"中国先睡后醒论"很可能是曾纪泽从基督教的"唤醒"使命中化用出来的命题。1907年，丁韪良自己也出版了一本厚厚的《唤醒中国》（*The Awakening of China*），虽然丁韪良的《唤醒中国》在时间上晚于曾纪泽的《中国先睡后醒论》20年，但丁是曾的老师，究其观念之形成，当早在曾纪泽之前。这里并不是要为丁韪良争一个"唤醒说"的首发权，恰似相反，笔者认为"唤醒中国"在当时是无须由具体个人发明的常识性命题，是西

方视角中司空见惯的带有宗教使命色彩的口头传统。

只有当"唤醒"的主角具体到了"睡狮"头上，"唤醒中国睡狮"的故事才算真正拉开序幕，至于"狮子"的比附是否与丁韪良"代为哺乳幼狮的母兽"一说有关，还需更多证据。对于中国的民族主义者来说，只有当不可一世的拿破仑出场，并且使用了充满敬畏的语气，将中国狠狠地恭维了一番的时候，"睡狮论"的故事才算圆满收官。

在中国日益强大的今天，重温朱执信先生一个世纪之前说过的一段话，也许是有意义的："一个国对一个国，一个人对一个人，要互助，要相爱；不要侵略，不要使人怕；要做人，不要做狮子。既然从苔藓起进化成一个人，便有人的知识，有两不相侵两不相畏的坦途。在这个时代，还要说我是狮子……好说也是梦还没有醒……"（《睡的人醒了》）

综上所述，关于拿破仑预言中国是一头睡狮，一旦醒来将震撼世界的传说，是顾颉刚所谓"层累造史"的典型个案。此说起源于20世纪前基督教话语及西方话语中常见的唤醒东方论，先被曾纪泽借用来阐释中国的外交姿态，继而被梁启超化用并创作了一则关于睡狮不觉的寓言。清末民族主义者以及革命宣传家，则把醒狮当作民族国家的象征符号，应用到各种民族主义宣传之中，广为传播。部分革命宣传家还试图将睡狮论与一些西方政治明星捆到一起，重新组装成一种新的政治寓言。

在这种宣传攻势下，睡狮论很快就超出革命宣传物，融入民众的口头传统当中，而在众多可供选择的故事主角中，口头传统最终选定了拿破仑。到了 21 世纪，这则政治寓言终于找到了一个可供嫁接的历史事件，落实为一段关于拿破仑教训阿美士德，预言中国将有伟大复兴的历史故事。这种貌似偶然的故事变异，在其变化的每一步，我们都能看到那些推动其变化发展的必然因素。

修订再版后记

    2024 年新龙年即将到来之时，真把我忙坏了。举国上下都在酝酿"龙气氛"，各种文化机构都在想着如何做好"龙文章"，许多人把我当成龙文化专家，转弯抹角来约稿约访，把我弄得苦不堪言。天天谈龙文化，反反复复讲述同样的观点和材料，我内心是抗拒的。

    这些年，虽然我一直关注着龙文化的新进展，希望找到些新话题，但是说实话，真没有什么新进展新话题。中国龙文化延续了几千年，最近这十来年的新变化，放在历史的长河中，也就是转眼一瞬间，几乎不值一提。

    不过，有一个早在 2006 年就已经出现的"译名"话题，近十几年间不断发酵，新龙年之际又被一些人捅向媒体，这事似乎可以放在后记中说几句。

    2006 年 12 月，上海外国语大学党委书记吴友富教授向媒体发布其领衔的上海市哲学社会科学规划重大课题"构塑中国国家形象品牌"，提及该课题的一个重要动因："'龙'的英文'Dragon'，在西方世界被认为是一种充满霸气和攻击性的庞然大物。'龙'的形象往往让对中国历史和文化了解甚少的外国人由此片面而武断地产生一些不符合实际的联想。"与此同时，华东师范大学传播学院副教授黄佶趁势在各大网络平台不断发帖呼吁"为龙正名"，建议将中国龙英译为"Loong"，弃用错误翻译"Dragon"，并认为这是避免中国龙受到误解的根本之道。

两人的提议在中文互联网上激起了广泛的舆情，反对和赞成的声音都非常激烈。此事持续发酵，2007年10月，一群"龙学家"聚集在兰州市开了个龙文化研讨会，随后发布了《首届中华龙文化兰州论坛宣言》，提出"为中华龙正'洋名'"的倡议："中华龙与西方Dragon完全不同。中华龙形象神奇，主要象征正义与吉祥；西方的Dragon外貌丑陋，主要代表邪恶与祸祟。应将龙英译为Loong以示区别。"

龙学家解释说：Loong是在英文单词long的基础上演化而来的，读音与龙相似，long的词义与龙的形体特征相同，oo看起来很像中国龙的一双大眼睛，形神与龙皆似。因此一致呼吁我国政府和西方国家政府商量一下，采纳这一建议，将中国龙翻译为Loong，为英文词典增加一个新的单词。

此后十几年间，这些龙学家孜孜不倦地上下奔走，一直努力于将Dragon改成Loong。临近2024年，更是想借龙年之大势，龙跃鱼门。

问题是，改个名字真的有这么大作用吗？如果可以，相信很多人都会抢着把自己的名字改成"马云"。

我们都知道，法国的象征是高卢鸡（Le Coq Gaulois）。"鸡"在中国当代语境中名声不佳，会不会被中国人误以为全民失足呢？那么，法国政府是不是也得跟中国政府商量一下，把高卢鸡的中文译名改成"高卢乐可乐"？

其实，第一个将龙译为 Dragon 的译者，正是深爱中国、死在中国、葬在中国的中西文化交流史上最伟大的汉学家利玛窦。他脱下洋装，换上儒服，潜心汉学，受到明代士大夫的广泛尊敬，被尊称为"泰西儒士"。他难道不知道龙与 Dragon 不对等吗？他当然知道。在他的前面，其他传教士都是把龙直译为 Serpientes（大蛇），利玛窦的译法是当时所能找到的最佳译法，此译一出，马上就被西方社会广泛接受。

那么，利玛窦的译法是否导致了西方社会对于中国的厌憎情绪呢？答案是：没有。早期入华的欧洲传教士，基本都能客观地报道龙在中国的地位以及龙纹的使用状况，他们笔下龙纹总是与皇家气派相伴随。这样的介绍让那些本来就醉心于东方神秘文化的欧洲浪漫贵族心驰神往。17—18 世纪的伦敦、巴黎等中心城市，绣有龙、凤、麒麟图案的服装受到贵族阶层的热捧，被认为具有"难以言状的美感"。那时候，整个欧洲都充满着对于异域中国的奇妙的、浪漫的想象，欧洲许多博物馆至今还保存着上层贵族在中国订制的龙纹瓷器，这些龙纹非常精致、成熟，没有丝毫"邪恶"的意味。

到了 19 世纪，由于中英贸易冲突，以及两次鸦片战争，"欧洲对中国的态度出现了明显的变化"，"上一世纪对中国的热情被蔑视所取代"，中国龙形象也就不再受到欧洲人的喜爱。1900 年庚子事变，中国在欧洲的形象跌至史无前例的低值，丑化中国龙的漫画也就增至史无前例的高值。

第二次世界大战期间，由于中国属于反法西斯同盟，在美国、英国等反法西斯阵营的媒体上，无论是漫画还是文字，述及中国龙均为正面形象，更没有因为 Dragon 的译法问题而歧视中国或丑化中国。

事实上，目前几乎所有权威的西方辞典都对中国龙有比较客观的介绍，比如《牛津词典》在 Dragon 条下就介绍说："龙在东亚社会通常被视为富饶、仁慈的象征，与水和天相关。"《不列颠百科全书》也提道："龙在很多文化的神话传说和民间故事中，是一种大型的蜥蜴类或蛇形的动物，有些文化视其为恶兽，有些文化视其为祥瑞。"它们清晰地区分了不同地域的龙文化差异，并未刻意丑化中国龙。

早在 2001 年，联合国教科文组织就已通过《世界文化多样性宣言》，尊重不同民族和区域的文化传统早已成为国际社会的共同行动守则。何况利玛窦之后，Dragon 与龙的对译已经沿用四百多年，西方人对于中国龙的理解，犹如中国人对于西方龙的了解，彼此都已清清楚楚。以为西方国家真的弱智到需要拿 Dragon 译名做文章，用这种低级、愚蠢的手段来攻击中国，真的是中国龙学家的闭门想象。

其实即便是在中国，龙也具有二重性。民间传说中的龙，恶龙数量远远超过祥龙数量，各种英雄战恶龙的传说广泛流传于全国各地。最著名的是黑龙江的传说，黑龙江以前是小白龙的江，可这小白龙总是发水伤人，沿岸百姓苦不堪言，于是爆发了小黑龙"秃尾巴老李"与小白龙的夺江之战。在这场正与邪的战斗中，每当小黑龙一翻上来，老百姓就赶紧扔馒头，每当小白龙一翻上来，老百姓就使劲扔石头。小白龙挨饥挨饿挨石头，最终败给了小黑龙，这条江从此就叫黑龙江。

祥龙还是恶龙，崇龙抑或屠龙，不是由龙的名字决定的，而是由人的情感和态度决定的。小白龙高帅富，老百姓给他扔石头；小黑龙身上黑，尾巴秃，长相难看，"秃尾巴老李"这名字也不好听，可是老百姓却给他扔馒头。这事放到国际语境中也一样，当别人将你视作异类的时候，你的名字再好听，他也会把你画得穷凶极恶，甚至找出其他丑类来形容你；而当别人将你视作朋友的时候，即使你的名字叫老鼠，他也会把你画成可爱的米老鼠。

施爱东

2024 年 1 月 19 日